Carl-Auer

W0330959

Detlef Krause

»Ich hatte keinen Sex mit Monica Lewinsky!«

Luhmannsche Alltagsbetrachtungen

2007

Mitglieder des wissenschaftlichen Beirats des Carl-Auer Verlags:

Prof. Dr. Dirk Baecker
Prof. Dr. Ulrich Clement
Prof. Dr. Jörg Fengler
Dr. Barbara Heitger
Prof. Dr. Johannes Herwig-Lempp
Prof. Dr. Bruno Hildenbrand
Prof. Dr. Karl L. Holtz
Prof. Dr. Heiko Kleve
Dr. Roswita Königswieser
Prof. Dr. Jürgen Kriz
Prof. Dr. Friedebert Kröger
Dr. Kurt Ludewig
Prof. Dr. Siegfried Mrochen
Dr. Burkhard Peter
Prof. Dr. Bernhard Pörksen
Prof. Dr. Kersten Reich
Prof. Dr. Wolf Ritscher
Dr. Wilhelm Rotthaus
Prof. Dr. Arist von Schlippe
Dr. Gunther Schmidt
Prof. Dr. Siegfried J. Schmidt
Jakob R. Schneider
Prof. Dr. Jochen Schweitzer
Prof. Dr. Fritz B. Simon
Dr. Therese Steiner
Prof. Dr. Helm Stierlin
Karsten Trebesch
Bernhard Trenkle
Prof. Dr. Sigrid Tschöpe-Scheffler
Prof. Dr. Reinhard Voß
Dr. Gunthard Weber
Prof. Dr. Rudolf Wimmer
Prof. Dr. Michael Wirsching

Über alle Rechte der deutschen Ausgabe verfügt Carl-Auer-Systeme Verlag und Verlagsbuchhandlung GmbH Heidelberg
Fotomechanische Wiedergabe nur mit Genehmigung des Verlages
Satz u. Grafik: Drißner-Design u. DTP, Meßstetten
Umschlaggestaltung: Goebel/Riemer
Printed in the Netherlands
Druck und Bindung: Koninklijke Wöhrmann, Zutphen

Erste Auflage 2007
ISBN 978-3-89670-579-2
© 2007 Carl-Auer-Systeme, Heidelberg

Bibliografische Information der Deutschen Nationalbibliothek
Die Deutsche Nationalbibliothek verzeichnet diese Publikation in der Deutschen Nationalbibliografie; detaillierte bibliografische Daten sind im Internet über http://dnb.d-nb.de abrufbar.

Informationen zu unserem gesamten Programm, unseren Autoren und zum Verlag finden Sie unter: **www.carl-auer.de.**

Wenn Sie unseren Newsletter zu aktuellen Neuerscheinungen und anderen Neuigkeiten abonnieren möchten, schicken Sie einfach eine leere E-Mail an: **carl-auer-info-on@carl-auer.de.**

Carl-Auer Verlag
Häusserstraße 14
69115 Heidelberg
Tel. 0 62 21-64 38 0
Fax 0 62 21-64 38 22
E-Mail: info@carl-auer.de

Inhalt

Vorwort

Es ist eine Sache, in ein Denksystem, in eine Theorie, einzuführen, die einzelnen Denkfiguren und Begriffe vorzustellen und in einen Zusammenhang einzubinden. Man sieht sich bei diesem Geschäft allenthalben aufgefordert, veranschaulichende Beispiele zu geben. Die vorliegenden Essays, sämtlich im Laufe eines Vierteljahrhunderts anlässlich von Lehrveranstaltungen zur Systemtheorie Luhmanns entwickelt, sollten den Flug über den Wolken in einen Flug bei aufgerissener Wolkendecke überführen, Blicke auf die Erde freigeben. Die Essays zeigen, dass das geht. Sie bilden ein wohlgeordnetes, reichhaltiges Buffet mit vielen eher leichter und wenigen schwerer verdaulichen Häppchen, mit vielen Häppchen, die ein wissendes Schmunzeln aufs Gesicht zaubern, und mit wenigen Häppchen, die einen widerständig die Stirn runzeln lassen. Man sollte das Buffet schon von vorn nach hinten durchlaufen, so dass sich zunehmender und abrundender Genuss einstellen kann. Sicher kann man auch mal hier und mal dort naschen. Ein ausführliches Schlagwortregister sollte die Buffetordnung noch deutlicher erkennbar machen und vor allem von der Unmenge sonst notwendiger Querverweise zwischen den einzelnen Essays entlasten. Den Essays werden unmittelbar auf das Thema bezogene und weiterführende Hinweise auf Schriften Luhmanns bzw. Belegstellen darin zugeordnet.

Detlef Krause
Bremen, Juni 2007

Aufklärung tut not

Nichts gegen Aufklärung. Beginnen wir mit ihrer Alltäglichkeit. »Ich muss dich doch mal aufklären. Also, Herr Müller hat zu Herrn Meier gesagt ... und daraufhin hat Herr Meier entgegnet ...« Ganz ähnlich liegt die Sache mit den Bienen. Es geht um die Darlegung von Sachverhalten, die, so scheint es, so sind, wie sie halt sind. Unzweifelhaft haben die Herren Müller und Meier das gesagt, was sie gesagt haben. Selbstverständlich setzt die Entstehung neuen Lebens in irgendeiner Form Befruchtung voraus. Zweifel wären fehl am Platze. Dass die Dinge so und nicht anders liegen, darüber wird aufgeklärt – im Verständnis von informiert. Im Müller-Meier-Fall über tatsächlich gesprochene Sätze, im Bienenfall über gesichertes Wissen. Vielleicht könnte noch in gleichem Duktus über die evolutionäre Unwahrscheinlichkeit von gemeinsam verstehbarer Sprache und von allgemein als gesichert geltendem Wissen aufgeklärt werden. Das soll Aufklärung sein? Skepsis ist angesagt.

Gehen wir also in einem Zwischenschritt zu den Vorstellungen von Aufklärung über, die Philosophen der Erbmasse abendländisch-europäischen Denkens einverleibt haben. In unseren Landen hat sich hierzu die Formel verfestigt, es gehe darum, den Menschen als sich selbst und allem anderen zu Grunde liegendes verständiges und vernünftiges Wesen zu sehen. Der Mensch, gedacht als Individuum oder als individuelles Subjekt, kann sich als sich selbst bestimmend und als das bestimmend unterschieden werden, was für ihn und für alle anderen gut ist. Die Befreiung aus genau dies nicht vorsehenden Verhältnissen eingeschlossen. Vernunftaufklärung nennt man das. Über diese wird heutzutage allenthalben in dem Sinne aufgeklärt – im Verständnis von informiert –, als handelte es sich um Selbstverständliches, sogar um etwas, das nicht nur möglich, sondern zu befolgen und sowieso zu bewahren sei. So weit eigentlich nichts Neues. Skepsis ist angesagt.

Mindestens wurde und wird über diese Aufklärung aus höchst unterschiedlicher Sicht derart aufgeklärt, dass übersehen wird, was dem tatsächlich zu Grunde liege, was der vermeintlich fraglos seiner selbst gewisse Mensch letztendlich wollen könne. Da wurden und werden u. a. die ökonomischen Verhältnisse oder ärgerliche soziale Tatsachen oder schlicht und ergreifend die Kaserniertheit in Gesellschaft als verfremdende, wenn nicht gar verunmöglichende Filter benannt. Einmal mehr wird so getan, als ginge es um unbezweifelbare Tatsachen, die zugleich darüber informierten, was denn deshalb zu tun sei, ja, dass man etwas Bestimmtes tun könne und müsse, um den sozial so oder so gefesselten Menschen zur Humanität in wahrhafter Sozialität irgendwie zu entfesseln. Das ist schon eine Art Aufklärung über Aufklärung oder entlarvende Aufklärung. Freilich kommt diese in verschiedenem Gewande daher. Entlarvende Aufklärung ließe sich entlarven als verschieden entlarvende Aufklärung. Könnte es eine einzig richtige Art geben? Skepsis ist angesagt.

Zusammen erscheinen Vernunftaufklärung und entlarvende Aufklärung immerhin als Aufklärungsmöglichkeiten. Diesen ließe sich als weitere Variante abgeklärte Aufklärung hinzufügen. In allen angesprochenen Aufklärungsfällen geht es ja um Möglichkeiten angesichts von Möglichkeiten in der Welt der Möglichkeiten. Sonst wären ja die gehandhabten Unterscheidungen von Aufklärung nicht handhabbar. Offensichtlich ist mithin von einer Mehrzahl bestimmter Unterscheidungen auszugehen, deren jede einzelne möglich, jedoch nicht notwendig ist. Kontingenz nennen wir das. Aufklärung, ade? Mitnichten. Im Einzelnen: Aufzuklären ist zuvorderst darüber, dass Aufklärung im überlieferten Verständnis ihre Rechnung ohne den Komplexitätswirt macht. Zu verschieden sind z. B. die Subjekte samt ihren Vernunftvorstellungen. Wie diese zur Einheit bringen? Wie über diesen Weg über das für alle oder allgemein zu Erstrebende gelangen? Der Komplexitätswirt entpuppt sich zudem als Sozialwirt. Bestimmte soziale Bedingungen, so der umwerfende Einwand, machten Vernunftaufklärung zur Farce. Aber welche sozialen Bedingungen sind jeweils in Haft zu nehmen? Die Angebotspalette ist ja groß, steht gerade deshalb für sich weithin wechselseitig ausschließende Selektivitäten. Skepsis ist angesagt.

Was bleibt, das ist Aufklärung über die Bedingtheit derartiger Bedingtheiten, eben abgeklärte Aufklärung über Komplexität, die sich selbst als nur eine komplexitätsreduzierende Möglichkeit setzt. Sie verspricht keinen besseren Menschen, keine bessere als die gegebene Welt. Da ist Skepsis angesagt, allen komplexitätsplattschlagenden Imperativen gegenüber. Auch diesem Imperativ.

Literaturhinweise

Funktionale Methode und Systemtheorie. In: Soziologische Aufklärung 1. Aufsätze zur Theorie sozialer Systeme. Wiesbaden (Verlag für Sozialwissenschaften), 1964, 7. Aufl. 2004, S. 31–53.

Am Ende der kritischen Soziologie. *Zeitschrift für Soziologie* 1991, 10 (2): 147–152.

Ich sehe was, was Du nicht siehst. In: Soziologische Aufklärung 5. Konstruktivistische Perspektiven. Wiesbaden (Verlag für Sozialwissenschaften), 1990, 3. Aufl. 2004, S. 228–234.

Quod omnes tangit ... Anmerkungen zur Rechtstheorie von Jürgen Habermas. *Rechtshistorisches Journal* 1993, 12: 36–56.

Soziologische Aufklärung. In: Soziologische Aufklärung 1. Aufsätze zur Theorie sozialer Systeme. Wiesbaden (Verlag für Sozialwissenschaften), 1967, 7. Aufl. 2004, S. 66–91.

»Was ist der Fall?« und »Was steckt dahinter?« Die zwei Soziologien und die Gesellschaftstheorie. *Zeitschrift für Soziologie* 1993, 22 (4): 245–260.

»Sie sollten ihr Thema einengen!«
Über Komplexität

»Das von Ihnen vorgeschlagene Thema ist viel zu weit gefasst. Das sollten Sie erheblich einengen.« So meine übliche Antwort angesichts von Vorschlägen für von mir zu betreuenden Referats- und Hausarbeitsthemen. Wieso »viel zu weit gefasst« oder eben »viel zu komplex«? Ich hätte auch sagen können: »Das von Ihnen vorgeschlagene Thema ist komplex.« So oder so meine ich zu wissen, dass das Thema so viele mögliche Seiten hat, dass es schwerfallen dürfte, diesen in einer überschaubaren (weniger komplexen, weniger Elemente und Beziehungen zwischen diesen berücksichtigenden), halbwegs geordneten (die verbliebenen Elemente in ausgewählte Beziehungen zueinander setzenden) Darstellung gerecht zu werden, ob nun viel zu komplex oder lediglich komplex. Komplexität steht zunächst einfach für eine große Zahl von Gesichtspunkten, eine Vielzahl von Möglichkeiten. Und dafür, dass es schwerfallen dürfte, allen Gesichtspunkten bzw. Möglichkeiten zugleich Rechnung tragen zu können. Das ist einzusehen.

Hat das Thema die vermeintlich vielen Seiten von sich aus? Wohl kaum. Schon das Thema, die Thematisierbarkeit von etwas, muss irgendwann einmal in die Welt gesetzt und immer weiter aufgebröselt worden sein. Ich kann ja wohl ohne Rückgriff auf heroische Welterklärungen davon ausgehen, dass die Welt der Unterscheidungsmöglichkeiten sich selbst möglichen Unterscheidungen verdankt. Der insoweit gehandhabte Möglichkeitsbegriff ist völlig unspezifisch gehalten, was zugleich Spezifizierbarkeit ankündigt. Noch reden wir aber von Komplexität als einer nicht abschließend fassbaren Gesamtheit jeweiliger Welten von Möglichkeiten. Komplexität ist also kein Weltsachverhalt von Seinsformat, keine irgendwie objektiv gegebene Größe, so als ob es eine fixe Menge von wählbaren Themen gäbe. Da bringt etwa die Wahl eines Themas die Weltkomplexität (die in die Welt gesetzte Welt jeweils möglicher Themen) in ein handhabbareres Format. So lässt sich Komplexität vermindern. Doch auch: erhöhen. Weil jede gewählte Möglichkeit (z. B. ein Thema) eine nicht gewählte Möglichkeit der Möglichkeit nach erzeugt (z. B. ein anderes Thema): »Warum dieses Thema?« »Warum dieses Thema so und nicht anders?« »Warum nicht angesichts des Themas ein anderes Thema?« Usw. Jede gewählte Möglichkeit erzeugt Anschlussmöglichkeiten. Weitere Verminderungs- und Steigerungsfolgen deuten sich an: »Das sollten Sie erheblich einengen.« Welche Möglichkeiten würden jetzt eingeschlossen, welche ausgeschlossen? Fielen einem bei diesem Geschäft gar bislang nicht bedachte Möglichkeiten ein? Unversehens gibt sich Komplexität auch zu erkennen als ein sich aneinander steigerndes Spiel von stets zugleich mehr und weniger. Man erkennt: Komplexität ermöglicht sich selbst.

Betrachten wir den bisherigen Befund noch aus einem anderen Blickwinkel. Dazu bringen wir einen Beobachter ins Spiel. Ich bin so ein Beobachter; der etwas unterscheiden kann. Ich habe ein Thema als viel zu komplex unterschieden. Komplexität ganz allgemein wäre als das zu unterscheiden, was ein Beobachter unterscheidet. Der Beobachter unterscheidet einfach das, was er unterscheidet (aktuelle Möglichkeiten), und damit etwas, was er nicht unterscheidet, aber durchaus hätte unterscheiden können (potentielle Möglichkeiten). Beides, aktuelle und nicht aktuelle Möglichkeiten, signiert eine jeweilige Welt von Möglichkeiten. So reduziert der Beobachter selbsterzeugte Komplexität. Setzen wir für den Beobachter jetzt den Begriff beobachtende Einheit oder beobachtendes System oder schlicht System ein. Damit meinen wir vorerst nur einen nicht beliebigen Zusammenhang von Elementen in einer nicht dazugehörigen Umwelt. Dann ließe sich sagen, dass das System durch solche spezifischen Möglichkeiten unterschieden ist, die in seinen Wahlhorizont einbezogen sind, und weitaus vielfältigere Möglichkeiten, die in seiner Umwelt vorkommen. Es ist dann weniger komplex als seine Umwelt, aber immer noch komplex. Systemkomplexität beschreibt dann die nicht auf einmal wählbaren Möglichkeiten eines Systems. Umweltkomplexität beschreibt dann die durch das System nicht gewählten, aber für es grundsätzlich wählbar bleibenden Möglichkeiten. Weltkomplexität beschreibt den durch die Innen-außen-Differenz bzw. System-Umwelt-Unterscheidung aufgespannten Horizont von Möglichkeiten. So oder so erweist sich Komplexität hiernach stets als ein durch Systeme erzeugter und deshalb systemrelativer Sachverhalt.

Ein komplexes System steht vor dem Dilemma, in sich mehr Möglichkeiten präsent zu halten, als auf einmal aktualisierbar sind. Es hat sich immer abzuplagen mit der in die (immer schon unterschiedene) Welt von Möglichkeiten (unterscheidbar als Elementen von Möglichkeiten und Möglichkeiten der Verknüpfungen zwischen diesen) gesetzten Differenz von kompletter und selektiver Relationierbarkeit von wählbaren Möglichkeiten. Nehmen wir wieder mich als Beobachter. Ich kann auf vielerlei bekannte Möglichkeiten über die Angemessenheit eines Themas befinden. Wählen kann ich augenblicklich nur eine davon. Ich sage das zum Thema, was ich dazu sagen kann. Ich kann nicht alles zum Thema sagen, was ich sagen könnte oder gar, was sagbar wäre. Ich sage das zum Thema, was ich wegen erlernter und einstweilen verfestigter Auseinandersetzungen mit der Abgrenzung von Themen sagen kann. Es mag in meiner Umwelt, z. B. seitens anderer Betreuer, viel mehr Möglichkeiten geben. So kommt es denn, dass ich mehr Möglichkeiten habe, als ich auf einmal umsetzen kann, und zugleich diese Möglichkeiten ihrerseits geringer sind als die überhaupt möglichen.

Nicht so ohne weiteres zu entscheiden ist, ob mit einer Zunahme von Komplexität, von Möglichkeiten von Welt oder in der Welt, zu rechnen ist oder nicht. Doch hat eine Zunahme in der Form eines sich steigernden Zusammenhangs in der Form sich aneinander steigernder Steigerung und Verminderung von Möglichkeiten einiges für sich. Schließlich hört man landauf, landab, alles werde immer vielfältiger, undurchschaubarer. Man sieht zunehmende Weltmöglichkeiten, Möglichkeiten des Erlebens und Handelns in der Welt. Man übersieht allzu leicht zunehmende Möglichkeiten der Verminderung dieser neu ermöglichten Möglichkeiten. So sind z. B. mehr Themen bzw. Thematisierbarkeiten von Weltsachverhalten möglich geworden. Ebenso gewiss ist ihre Verminderung in der Form von Bündelungen von Thematisierungsmöglichkeiten: z. B. sachliche, soziale, zeitliche Gesichtspunkte. Andererseits eröffnet jede bestimmte Themengruppe wieder neue Möglichkeiten. Soziales ließe sich so etwa unterscheiden nach kulturellen, politischen, wirtschaftlichen, rechtlichen usw. Gesichtspunkten. Man sieht, wie sehr »mehr« und »weniger« miteinander einhergehen. Unterm Strich sieht es wohl nach mehr Möglichkeiten aus – bis auf Weiteres; denn wer weiß, was die Evolution noch im Köcher hat.

Alles in allem mag es als nachrangig betrachtet sein, wie man die vorgetragenen Überlegungen mit Ansprüchen auf Plausibilität ausstattet: z. B. biogenetisch begrenzte Kapazität des Menschen zur Erzeugung und Verarbeitung von Informationen. Oder: Sage ich zum Themenvorschlag deshalb das, was ich sage, weil ich wegen meiner er-

erbten und erworbenen Kenntnisse nichts anderes sagen kann als das, was ich sage? Komplexität ist so oder so zu handhaben. Sei's drum.

Literaturhinweise

Einführung in die Systemtheorie. (Hrsg. v. D. Baecker.) Heidelberg (Carl-Auer), 2002, 3. Aufl. 2006, S. 172–182.

Die Gesellschaft der Gesellschaft. 2 Bände. Frankfurt a. M. (Suhrkamp), 1997, 6. Aufl. 2006, S. 134–144.

Haltlose Komplexität. In: Soziologische Aufklärung 5. Konstruktivistische Perspektiven. Wiesbaden (Verlag für Sozialwissenschaften), 1990, 3. Aufl. 2004, S. 59–76.

Komplexität. In: Soziologische Aufklärung 2. Aufsätze zur Theorie der Gesellschaft. Wiesbaden (Verlag für Sozialwissenschaften), 1975, 5. Aufl. 2004, S. 204–220.

Komplexität und Demokratie. In: Politische Planung. Aufsätze zur Soziologie von Politik und Verwaltung. Opladen (Westdeutscher Verlag), 1969, 4. Aufl. 1994, S. 35–44.

Vertrauen. Ein Mechanismus der Reduktion sozialer Komplexität. Stuttgart (Ferdinand Enke), 1973, 4. Aufl. 2000.

Ein Gespräch über Sinn

Ego sei ein von Luhmann beeindruckter Professor. Alter sei ein von Luhmann nur schwer zu beeindruckender Studierender.

Ego: »Sinn ist nichts weiter als Sinn. Und außerdem: Es gibt nichts Sinnloses. Alles hat Sinn.« Obwohl Ego in Alters Gesicht überdeutliche Fragezeichen sieht, setzt er noch eins drauf: »Ich habe sinnbeanspruchend Aussagen über Sinn gemacht. Danach ist Sinn als eine sich selbst voraussetzende Unterscheidung oder als eine differenzlose Unterscheidung zu unterscheiden.« Alter ganz raffiniert: »Macht das oder hat das Sinn?« Ego: »Natürlich, denn ich habe sinnbeanspruchend Sinn unterschieden. Auch Sie haben sinnbeanspruchend den Sinn oder die Sinnhaftigkeit der sinnbeanspruchenden Unterscheidung von Sinn angezweifelt.« Alter: »Ja, schon. Aber das bringt doch nichts. Mir erscheint Ihre Unterscheidung von Sinn als eine bloße akademische, brotlose Übung.« Ego: »Ihr Verstehen der von mir gehandhabten Unterscheidung von Sinn zeigt, wie schon gesagt, mindestens, dass Sie sinnbeanspruchend den Sinn der sinnbeanspruchenden Unterscheidung von Sinn in Frage stellen. Aus dem Sinnzirkel können wir beide nicht ausbrechen. Auch dann nicht, wenn wir anderen Sinn von Sinn anmahnen sollten, etwa Sinn im Sinne von bedeutungsanzeigend oder -vermittelnd.« Alter: »Aber das wäre was anderes!« Ego: »Jein. Es ginge wieder um nichts anderes als um eine sinnbeanspruchende Unterscheidung, eine bestimmte Unterscheidung von Sinn, so wie auch die Unterscheidung von Sinn als sich selbst voraussetzend nichts weiter als eine bestimmte Unterscheidung von Sinn ist. Und jede bestimmte Unterscheidung ist eine andere. Insofern haben Sie recht. Ich betonte jeweils ›bestimmt‹.« Alter: »Ich will wohl einsehen, dass verschiedene Unterscheidungen bestimmten Sinns von Sinn möglich sind.« Ego: »Na, sehen Sie. Sinn, bestimmter Sinn, wählt immer eine Möglichkeit von Sinn aus, ohne damit die Möglichkeit auszuschließen, anderen Sinnmöglichkeiten den Vorzug zu geben. Selbst die Ausgangsunterscheidung von Sinn gehört dazu. Deshalb lässt sich Sinn als die begrifflich bezeichnete Einheit des Unterschieds von beanspruchten und nicht beanspruchten Sinnmöglichkeiten unterscheiden.«

Alter: »Nun gut. Lassen sich nicht doch noch alle Sinnmöglichkeiten abschließend unterscheiden? Das gäbe mehr Halt.« Ego: »Sehr gute Frage. Sie führt zu des Pudels Kern. Da muss ich freilich ein wenig ausholen. Wenn man zum Beispiel sagt: ›Der Mensch ist von Grund auf friedfertig‹, ist eigentlich klar, dass man auch das Gegenteil oder sonst was über den Menschen hätte behaupten können. Oder wenn man sagt: ›Die Welt ist schön‹, fallen einem gleich viele andere Kennzeichnungen von Welt ein. Zweierlei ist jetzt klar. Einerseits, dass dies oder das unterschieden, bestimmt unterschieden werden kann: der Mensch oder die Welt bzw. die Friedfertigkeit des Menschen oder die Schönheit der Welt – und je beides nicht je zugleich. Andererseits ist mit einer bestimmten Unterscheidung wie der von Welt oder dass die Welt schön ist, nicht schon ausgemacht, was stattdessen hätte unterschieden werden können. Da scheint es keine Grenzen zu geben. Sinnmöglichkeiten erweisen sich als weder abschließend noch einzig richtig angebbar. Jeder unterschiedene Sinn, auch der von Sinn, legt nur fest, welche Sinnmöglichkeiten einem angesichts solchen Sinns noch in den Sinn kommen können, ohne dass man diese wiederum auf irgendeinen Anfang zurückführen könnte. Es kommt noch schlimmer: Sinn wird immer sinnbeanspruchend unterschieden, ohne dass diese vermeintliche Anfangsunterscheidung an etwas anderem als an sich selbst festgemacht werden könnte. Damit hatte ich ja begonnen, und ich konnte auch gar nicht anders beginnen.« Alter: »Mir graut's. So viel Offenheit, so viel paradoxes Zeug halte aus, wer will. Ich nicht.« Ego: »Langsam. Stellen Sie sich vor, Sinn sei ein Medium, das aus einer nicht abschließend bestimmbaren Menge von beanspruchbaren, unverbrauchbaren Sinnmöglichkeiten besteht, die ihrerseits natürlich schon geformt und weiterer Formung zugängig sind. So erhalten Sie eine hübsche Verbindung von immer schon bestimmtem Sinn und bestimmbarem Sinn. Das wäre doch ein anfangsloser Anfang, mit dem man ganz schön anfangen kann!«

Alter: »Na ja. Wie dem auch sei. Ich hatte mir immer vorgestellt, Sinn habe etwas mit Bedeutung, mit gemeinsam geteilter oder gar zu teilender unzweifelhafter Bedeutung von irgendetwas zu tun. Und im Übrigen denke ich an die Sinnfrage.« Ego: »Typisch alteuropäischer Einwand. Aber ausnahmsweise brauchbar. Also: Bedeutung oder geistiger Gehalt von etwas ist immer etwas Sinnhaftes. Wie sagt man so schön: ›Das ergibt Sinn.‹ ›Das hat Sinn‹ ›Das ist eine sinnvolle Aufgabe.‹ Hier wird sinnhaft bestimmter Sinn als Gebrauchssinn unterschieden, wobei allerdings – und das ist ein Unterschied, der einen Unterschied macht! – die Unterscheidung von Sinn an der

Unterscheidung von sinnvoll/sinnlos aufgehängt wird, so als ob es Sinnloses an sich gäbe. Im Medium des Sinns, verstanden als Horizont von Sinnmöglichkeiten, ist die Unterscheidung von sinnvoll/sinnlos lediglich eine kontingente – d. h. eine weder notwendige noch unmögliche – Unterscheidung.« Alter: »Ich ahne Ungemach. Wenn ich den positiven Sinn von etwas behaupte, kann ich nicht wirklich wissen, ob das so sein muss, mich aber trotzdem daran halten. Oder?« Ego: »Sehr richtig. Nehmen Sie die beliebte Sinnfrage. Diese zu stellen heißt u. a., anzunehmen, es gäbe ein grundlegendes Bedürfnis des Menschen, mit seinem Leben oder mit allem, was er so tut oder im Sinn hat, einen besonderen sinnstiftenden Sinn zu verbinden. Das mag empirisch zutreffen, ändert aber nichts an der bloßen Möglichkeit je beanspruchten oder angemahnten Sinns. Ihnen dürfte ja die Neigung von Geistes- und Sozialwissenschaftlern bekannt sein, sich als Sinnstifter zu verstehen.« Alter: »Es wundert mich nicht, dass ausgerechnet Sie das sagen. Soll ich denn allen behaupteten Sinn bezweifeln? Da würd ich doch verrückt.« Ego: »Ach was. Es könnte was bringen, nur ein wenig anders mit allem umzugehen, was mit Sinn und der Sinnfrage zu tun hat. Sehen sie, Sie mahnen Sinnstiftung an. Dieses Bedürfnis will ich gerne befriedigen. Sehen Sie einfach Sinn in der Kontingenz allen Sinns, und entscheiden Sie sich angesichts verschiedener Sinnmöglichkeiten gerade deshalb für eine davon – bis auf Weiteres. Verbinden Sie in diesem Sinne Offenheit mit Geschlossenheit. Verlassen Sie sich auf sichere Unsicherheit!«

Alter: »Ach du großer Gott! Das klingt ja wie Religionsstiftung. Mal was ganz Neues.« Ego: »Kann man so sehen. Jedoch eine Religionsstiftung, die sich selbst als kontingent setzt. Ist das nichts?« Alter: »Ich weiß nicht ...« Ego: »Ich habe den leisen Verdacht, dass Sie immer noch die Sinnfrage mit der Wahrheitsfrage verbinden, so als ob das Nachsinnen über Sinn zu einer einzig richtigen bzw. wahren Beobachtung von Sinn im Allgemeinen und von Sinnstiftungen im Besonderen führen müsste, wobei keine Zweifel zugelassen oder Hintertüren offengehalten wären.« Alter: »Hm. Das muss ich mir mal durch den Kopf gehen lassen. An irgendetwas möchte ich mich schon halten können.« Ego: »Nehmen sie doch Luhmann!«

Literaturhinweise

Einführung in die Systemtheorie. (Hrsg. v. D. Baecker.) Heidelberg (Carl-Auer), 2002, 3. Aufl. 2006, S. 229–242.

Die Gesellschaft der Gesellschaft. 2 Bände. Frankfurt a. M. (Suhrkamp), 1997, 6. Aufl. 2006, S. 44–59.

Sinn als Grundbegriff der Soziologie. In: J. Habermas u. N. Luhmann: Theorie der Gesellschaft oder Sozialtechnologie – Was leistet die Systemforschung? Frankfurt a. M. (Suhrkamp), 1971, 10. Aufl. 1990, S. 25–100.

Soziale Systeme. Grundriß einer allgemeinen Theorie. Frankfurt a. M. (Suhrkamp), 1984, 12. Aufl. 2006, S. 92–147.

Systeme? Gibt's die denn?

Ich sitze im Flugzeug auf einem Fensterplatz. Aus einer Höhe von zehn Kilometern habe ich bei wolkenfreiem Himmel ungetrübten Blick auf die Erde. Was sehe ich? Karierte Flächen, durchzogen von dünnen geraden und kurvenförmigen Linien, dunkle Flächen, Häufungen kleiner Punkte, endlos erscheinende gelbliche oder bläuliche Flächen, unregelmäßige gräuliche Erhebungen usw. Mit den karierten Flächen verbinde ich Felder und Wiesen, mit dunklen Flächen Wälder, mit Punkthäufungen Siedlungen, mit gelblichen Flächen Wüste und mit bläulichen Seen und das Meer, mit gräulichen Erhebungen Berge und Gebirge. Ich denke nach: Alles das kann ich natürlich nur sehen, weil ich mir ein wahrnehmungsfähiges Bewusstsein zurechne, dem ich zurechne, nicht einfach das wahrnehmen zu können, was es will, von der sprachlich-textlichen Beschreibung des Wahrgenommenen ganz abgesehen. Dennoch oder deshalb sehe ich das, was ich sehe, so, wie ich es sehe. Andere sehen das alles doch auch nicht anders.

Sehe ich auch Menschen, die etwas tun, z. B. miteinander reden? Sehe ich eine Zahlung, die Ausübung von Macht, das Sprechen von Recht? Zunächst gilt, dass ich alles das nur sehen kann, weil ich das so unten auf der Erde gelernt habe. Darin bin ich nicht frei. Nur, Felder und Wiesen kann ich optisch deutlich unterscheiden. Auf der Erde oder wenn das Flugzeug nicht mehr so hoch fliegt. Auch Menschen, die etwas tun, z. B. miteinander reden oder mit Geld ihren Einkauf im Supermarkt bezahlen? Um das zu sehen, muss ich wohl wieder mit beiden Füßen auf der Erde stehen. Oder? Was sehe ich denn genau? Optisch nur das Öffnen von Mündern oder die Übergabe von bedrucktem Papier. Optisch nicht sichtbar ist, dass es sich um Reden bzw. Zahlen handeln soll. Derartige Sachverhalte sind lediglich in übertragenem Sinne sichtbar oder beobachtbar. D. h., es werden, wie wir sagen, Beobachtungen gehandhabt, in einem Unterscheidungen und Bezeichnungen von etwas, das nur dadurch zu dem wird, was es dann ist, wenn es entsprechend in einem unterschieden und bezeichnet wird. In diesem Sinne sieht man Reden oder Zahlen oder Rechtsprechen usw. Andere sehen das alles doch auch nicht anders.

Ich vermag im zuletzt genannten Verständnis ferner sehen, wie jemand, an den eine Zahlung geleistet wurde, anschließend seinerseits an jemand anderen eine Zahlung leistet. Ich kann sehen, dass der, der gezahlt hat, seinerseits von jemand anderem wieder eine Zahlung erhält. Ist das so, dann ließe sich das in einem ersten Zugriff als Zusammenhang von Zahlungen oder als Zahlungskreislauf oder gleich als System von Zahlungen unterstellen. Ein System (System!) von Zahlungen ist optisch ebenso wenig sichtbar wie eine optisch sichtbare Übergabe von Geld als Zahlung. Von imaginären Zahlungen in der Form von Verbuchungen ganz zu schweigen. Wenn und solange zu registrieren ist, dass Zahlung an Zahlung anschließt, dies fortlaufend für jedes Zahlen gilt, Zahlung immer wieder Zahlung ermöglicht, dann und nur dann und so lange liegt ein sich selbst ermöglichender Sachverhalt, hier ein System von Zahlungen, vor. Eine Zahlung als solche sagt sodann nichts darüber aus und legt nicht fest, wofür gezahlt wird. Es kann für alles gezahlt werde, wofür gezahlt werden kann. Nehmen wir Zahlung in der Form von Geld, also Geldzahlung, an. Dann ist Geld unterscheidbar als ein Medium, das jedwede bestimmte Zahlung ermöglicht. Als Medium gilt uns also eine unverbrauchbare Menge bestimmter Elemente. Zahlungen wären die Elemente eines Systems, das im Medium des Geldes mit dem Code Zahlen/Nichtzahlen – denn es kann, wie man weiß, gezahlt werden oder auch nicht – operiert und die Bezeichnung wirtschaftliches System erhält. Jedwede Zahlung, von wem oder von wo aus und wann und wofür auch immer erfolgend, aktualisiert augenblicklich das wirtschaftliche System. Das freilich sieht nicht mehr jedermann so.

Wie sieht es aus mit Menschen, die miteinander reden, wie mit politischer Machtausübung, Rechtsprechung usw.? Es ändert sich grundsätzlich nichts. Freilich ist von anderen systemischen Sachverhalten die Rede, die es, um das abermals zu erwähnen, nur kraft nicht willkürlich möglicher Beobachtung gibt. Dann hat man nur noch die definierenden Medien und mit diesen die zugehörigen Elemente auseinanderzuhalten: für das als Gespräch unterschiedene Miteinandereden ein bestimmtes Thema (das Wetter) oder ein geradezu unbestimmtes bestimmtes Thema (Gott und die Welt), für Machtausübung im politischen System Macht als Medium, für die Rechtsprechung im Rechtssystem Recht als Medium usw. Man kann, um auch das nur beiläufig anzumerken, alle bisher unterschiedenen Systeme als kommunikative oder soziale Systeme bestimmen, die allesamt der Abarbeitung von Kommunikationen je eigener Art dienen, z. B. rechtlichen, wirtschaftlichen, politischen. Als nicht soziale

Systeme hätten dann z. B. psychische Systeme zu gelten, die statt mit Kommunikationen als Elementen mit Gedanken als Elementen arbeiten. Beiden Systemtypen würde man den Status von Sinnsystemen zuweisen. Derartige Unterscheidungen werden uns später noch im Detail beschäftigen.

An entscheidenden Stellen der bisherigen Überlegungen hieß es »ist« und »gibt«. »Gibt« es also Systeme? Es gibt sie. In welchem Sinne ist das zu verstehen? Ein System ist oder gibt es, wenn etwas mit dem Begriff System versehen wird. Z. B. ein Zusammenhang von Zahlungen. Z. B. ein sich selbst ermöglichender Zusammenhang von Zahlungen. Jeweils in Abgrenzung zu nicht dazugehörigen Zusammenhängen. Allenthalben wird, um das nochmals zu plausibilisieren, seit längerem im abendländisch-europäischen Kulturraum nicht zufällig von einem wirtschaftlichen, rechtlichen, politischen System usw. gesprochen, ohne dass damit im jeweiligen Fall unbedingt dasselbe gemeint wäre. Entziehen kann man sich solch einer auf eine erfahrbare Wirklichkeit bezogenen Semantik von System schwerlich. Einerlei, was genau ins Auge gefasst wird, wenn man System sagt. Ja, es gibt Systeme. Doch: Es geht allemal um Abstraktionen, um konstruktive Abstraktionen, um Konstrukte. Jedenfalls besitzt ein System so oder so keine Seinsqualität. Das ist der entscheidende Unterschied, der einen Unterschied macht. So neu ist das nun auch wieder nicht.

Literaturhinweise

Einführung in die Systemtheorie. (Hrsg. v. D. Baecker.) Heidelberg (Carl-Auer), 2002, 3. Aufl. 2006, S. 66–91.

Die Gesellschaft der Gesellschaft. 2 Bände. Frankfurt a. M. (Suhrkamp), 1997, 6. Aufl. 2006, S. 60–78.

Neuere Entwicklungen in der Systemtheorie. *Merkur* 1988, 42 (4): 292–300.

Paradigmawechsel in der Systemtheorie. Ein Paradigma für Fortschritt? In: R. Herzog u. R. Koselleck (Hrsg.): Epochenschwelle und Epochenbewußtsein. Poetik und Hermeneutik XII. München (Fink), 1987, S. 305–322.

Soziale Systeme. Grundriß einer allgemeinen Theorie. Frankfurt a. M. (Suhrkamp), 1984, 12. Aufl. 2006, S. 15–29, 34–45.

Zweckbegriff und Systemrationalität. Über die Funktion von Zwecken in sozialen Systemen. Tübingen (Mohr Siebeck), 1968 [Nachdr. 1999, Frankfurt a. M. (Suhrkamp), 6. Aufl.], S. 171–179.

Die Welt, eine Welt von Systemen

Beginnen wir mit einer nur beispielhaften, sortierungsbedürftigen Auflistung. Es gibt Steine, Licht, Luft, Wasser, Feuer, Flüsse, Seen, Berge. Es gibt Wege, Straßen, Häuser, Brücken, Werkstätten, Fabriken, Autos, Atomkraftwerke. Es gibt Pflanzen, Bäume, Sträucher, Tiere, Menschen, Männer und Frauen. Es gibt Familien, Kindergärten, Männerhäuser, Schulen, Universitäten, Unternehmen, Gerichte, Verwaltungen. Es gibt Sprache, Bücher, Zeitungen, Reden, Gespräche, Konflikte. Es gibt Singles, Liebesbeziehungen, Partnerschaften, Freundschaften. Es gibt Märkte, Wahlen, Kirchengemeinden, Gewerkschaften, Streiks, Aussperrungen, Vernissagen, politische Parteien, politische Wahlen, Parlamente, Regierungen. Es gibt Wirtschaft, Politik, Recht, Wissenschaft, Religion, Massenmedien, Kunstwerke. Es gibt Klassen, Schichten, Milieus, Freiheit, Ungerechtigkeit, Ausbeutung, Hartz IV, Mildtätigkeit, Protest. Alles das gibt es. Und noch viel mehr. Das stellt auch Systemtheorie nicht in Abrede. Nur löst sie fast alles, was es gibt, in System-Umwelt-Verhältnisse auf. Löst auf! Sie verschafft sich so ein eigenes Instrument der Beobachtung dessen, was alles so beobachtet wird. Wie macht sie das?

Beobachtet werden Steine, Licht, Luft usw., Pflanzen, Bäume, Tiere. Natur würden wir sagen. Beobachtete Natur wird beobachtet als natürliche Umwelt. Wir würden sagen, als unsere natürliche Umwelt, als Umwelt von uns Menschen. Das darf man für den Augenblick so stehen lassen. Auch den vorerst umgangssprachlich verwendeten Begriff von Beobachtung. Könnte man die Fülle des Beobachtbaren mit dem oder einem Systembegriff ordnen? Ein passender Systembegriff sollte zur Hand sein. Man könnte sagen, als System sei alles das zu beobachten, worauf die Unterscheidung innen/außen anzuwenden wäre und wobei das Innen überschaubarer oder weniger komplex als das Außen erschiene. Ein Stein ein komplexes System in einer komplexeren Umwelt? Eine ungewöhnliche Vorstellung. In unserer Umwelt kommen weiters vor Wege, Straßen und Häuser, Fotos und Kunstwerke, Thermostate, Brücken und Atomkraftwerke – Vergegenständlichungen unseres Handelns. Eine Straße ein komplexes System in einer komplexeren Umwelt? Na ja. Ein Haus ein komplexes System in einer komplexeren Umwelt? Schon eher. So auch ein gelungener

Schnappschuss oder eine ansprechend geformte Skulptur. Und ein Thermostat oder ein Atomkraftwerk? Es ginge um Technik bzw. Technologie. Doch sonderlich komplex ist ein Thermostat nicht gerade, ganz im Gegensatz zu einem Atomkraftwerk. Allerdings bewegt sich hier wie dort etwas, funktioniert etwas mehr oder weniger zuverlässig in der Umwelt, in die es entlassen wurde. Aber nicht wie von selbst. Die Innen-außen-Unterscheidung griffe wohl trotzdem. Ein Baum ein komplexes System in einer komplexeren Umwelt? Ja schon – und irgendwie doch anders. Wir haben belebte natürliche Umwelt vor uns. Dieser, der ganzen Flora und Fauna und Tieren erst recht, würde man bereits irgendwie selbstbewegliches, vielleicht gar sich selbst ermöglichendes Operieren zurechnen. Nicht umsonst spricht man beispielsweise von Ökosystemen.

Weitere Auflösungen sind vonnöten. Von unserer natürlichen Umwelt war die Rede. »Unserer«, das verweist auf Menschen. Machen wir uns also daran, die Einheit Mensch aufzulösen, unterscheiden diesen mir nichts, dir nichts, nach einer körperlichen und einer psychischen Seite hin. Der menschliche Körper ein komplexes System in einer komplexeren Umwelt, gar sich irgendwie selbst erhaltend, ermöglichend? Zweifellos. Pflanzen, Bäume, tierische und menschliche Körper ließen sich als Systeme des Lebens klassifizieren. Alle diese Systeme sind einander Umwelt. Das leuchtet ein. Wir haben auch psychische Systeme auf den Plan treten lassen. Diese seien gekennzeichnet als mit Gedanken arbeitend, Gedanken durch Gedanken erzeugend und erhaltend. Jetzt haben wir neben Systemen des Lebens psychische Systeme als sich selbst ermöglichende Systeme vor uns. Psychische Systeme sind Umwelt füreinander wie auch psychische Systeme und Körper. Sie sind natürlichen Umwelten ausgesetzt, werden auch durch die in die betreffende Umwelt entlassene fremdermöglichte Technik bzw. Technologie affiziert. Die System-Umwelt-Verhältnisse expandieren merklich.

Dem Schicksal der Auflösung vermögen sich auch zwischenmenschliche Beziehungen nicht zu entziehen. Beginnen wir mit dem, was wir gemeinhin Interaktion nennen. Ich kann dich und du kannst mich wahrnehmen. Wir können uns Vorstellungen, Bilder voneinander machen. Ich kann mir und dir und du kannst dir und mir ein bestimmtes Verhalten unterstellen, zurechnen sagen wir. »Du hast gesagt.« Wir können miteinander reden oder, wie man so sagt, kommunizieren. Zwischen uns läuft da etwas ab, was nicht unsere beteiligten körpergebundenen psychischen Systeme zu einer Einheit aufsummiert und dennoch als eine solche zu unterscheiden ist: als zwischenmenschliche Beziehung, als ein, wie man ohne weiteres sagen kann, Zusammenhang aufeinander bezogenen Verhaltens, als System aufeinander bezogenen Verhaltens, jedenfalls als ein System eigener Art, nämlich ein soziales System. Das ist bereits ein ungewöhnlicherer, jedoch nicht ganz unvertrauter Gedanke. Das fragliche soziale System kennzeichnen aber in unserer Sicht statt Menschen oder zwischenmenschlicher Beziehungen Kommunikationen als seine Elemente. Es sind dann diese Elemente, die wir uns an anderer Stelle noch genauer ansehen müssen, die es mir und dir erlauben, uns wechselseitig als individualisierte Individuen in der Form von Personen zu adressieren, miteinander zu reden oder zu »kommunizieren«, so zu tun, als wüssten wir, wer oder was man selbst bzw. der andere ist. Single etwa. Unsere in die Medien Sinn und vorzugsweise Sprache eingeprägten Gedankenwelten bleiben bei alledem füreinander unerreichbar. Ich denke eben nur, dass du denkst, was ich von dir denke. Gedanken gehören zum psychischen System. Das, was ich sage und du dann verstehst, ist etwas anderes. Kommunikationen gehören zum sozialen System. Mit der Unterscheidung interaktiver sozialer Systeme, verdeutlicht an Situationen des Miteinanderredens, haben die System-Umwelt-Verhältnisse einen weiteren expansiven Schub erhalten: flüchtigere oder beständigere, schwächer oder stärker geformte zwischenmenschliche Begegnungen jedweder Art, Gespräche, Freundschaften, Partnerschaften, Liebesbeziehungen, Familien, Konflikte, Vernissagen und dergleichen mehr. Interaktive oder auf Interaktion hin angelegte soziale Systeme unterschiedlich dauerhaften Zuschnitts erfordern Anwesenheit von Personen. Wir kennen auch Organisationen oder organisierte soziale Systeme. Diese erfordern Zugehörigkeit von Personen in der besonderen Form von Mitgliedern. Die Landschaft organisierter sozialer Systeme ist ihrerseits reich bestückt: Kindergärten, Schulen, Männerhäuser, Fußballvereine, Unternehmen, Gerichte, Kirchen, Arbeitgeberverbände, Parteien, Regierungen usw. Selbstredend schließen organisierte soziale Systeme interaktive soziale Systeme ein. Selbstredend sind alle interaktiven und organisationalen Systeme einander Umwelten mit als Einheiten aufgelösten Menschen und sonstigem Leben in ihren Umwelten – und umgekehrt. Die System-Umwelt-Verhältnisse expandieren merklich.

Die insoweit unterscheidbare Aufzählung von System-Umwelt-Verhältnissen findet ihren unabschließbaren Abschluss in der Unterscheidbarkeit funktionaler gesellschaftlicher Teilsysteme. Der Reihe nach: Ich kann mit meiner Frau reden. Ich kann einer Organisation angehören. Ich kann aber auch bei Aldi einkaufen. Mein Einkauf bedeutet meine Beteiligung am wirtschaftlichen System. Ich beteilige mich in der personalisierten Form eines Konsumenten, indem ich eine Ware oder Leistung mit Geld bezahle. Mit abgeschlossenem Einkauf ist meine Beteiligung am wirtschaftlichen System bzw. mein Beitrag zu dessen Aktualisierung auch schon wieder beendet. Die beschriebene Situation setzt voraus, dass ich aus der Gesellschaft ausgeschlossen bin, aber grundsätzlich immer wieder die Möglichkeit habe, in die Gesellschaft zurückzukommen; im gegebenen Fall als Konsument. Einschluss durch Ausschluss nennen wir das. Allgemein kann ich mich in verschiedenen Hinsichten an Gesellschaft beteiligen: wirtschaftlich, politisch, rechtlich, wissenschaftlich, religiös, massenmedial, künstlerisch usw. Hinter alledem steckt, dass sich spezialisierte Kommunikationen ausdifferenziert haben, eigene medial voneinander geschiedene (Geld, Macht, Recht, Wahrheit, Glaube, Information, Kunstwerke) Bereiche, d. h. soziale Teilsysteme für die exklusive gesellschaftliche Abwicklung bestimmter Kommunikationen, entstanden sind. Ungeachtet der dies spezifisch markierenden Bezeichnung funktionale Differenzierung, kommt das sonst unseren gängigen Vorstellungen sehr nahe. Die derart abgegrenzten Teilsysteme sind sämtlich füreinander Umwelt, wie sie auch Umwelten aller anderen Systeme sind – und umgekehrt. Die System-Umwelt-Verhältnisse expandieren merklich.

Zu allem kommen erstens noch System-Umwelt-Verhältnisse hinzu, die sich als Folgen funktionaler gesellschaftlicher Differenzierung begreifen lassen. Wir haben es mit Systemen zu tun, die sich sozusagen auf die Abarbeitung von Folgeproblemen spezialisiert haben, wie Systeme sozialer Hilfe (gegen: Ungleichheit, Ungerechtigkeit; Hartz IV) und Systeme des Protests (gegen: Umweltzerstörung, Diskriminierung, Entdemokratisierung). Schlussendlich sind zweitens jene System-Umwelt-Verhältnisse nicht geringzuschätzen, die sich z. B. in Form segmentärer und schichtmäßiger Differenzierungen präsentieren. In segmentärer Hinsicht ist etwa zu denken an Einpersonenhaushalte, Mehrpersonenhaushalte, vollständige Familien, kleine Gemeinden, Amtsgerichte, Ortsgruppen von Parteien u. Ä.

In schichtmäßiger Hinsicht ist etwa zu denken an soziale Schichten oder Milieus wie Unter-, Mittel-, Oberschicht, Arbeiter, Eliten, Yuppies, Hartz-IV-Empfänger u. Ä. Die System-Umwelt-Verhältnisse expandieren merklich.

Fehlt noch Gesellschaft als soziales System in einer Umwelt. Für den Moment muss eine reichlich verkürzte Kennzeichnung genügen. Gesellschaft umfasst die Gesamtheit füreinander erreichter, weil füreinander erreichbarer Kommunikationen; man denke einstweilen weiterhin an Kommunikationen im landläufigen Verständnis. Gesellschaft schließt ein die Gesamtheit aktualisierter, weil aktualisierbarer interaktiver, organisationaler, funktionaler und sonstwie unterschiedener sozialer Systeme in ihrer inneren (!) Umwelt. Eine äußere soziale Umwelt gibt es nicht; in ihrer äußeren, nicht sozialen Umwelt finden sich jedoch psychische Systeme, Systeme des Lebens, technische Systeme und anorganische Natur. Dies krönt die Auflösung der Welt in System-Umwelt-Verhältnisse.

Wie gesagt: Alles ist in System-Umwelt-Verhältnisse auflösbar.

Literaturhinweise

Funktionen und Folgen formaler Organisation. Mit einem Epilog 1994. Berlin (Duncker & Humblot), 1964, 5. Aufl. 1999, S. 73–88.

Die Gesellschaft der Gesellschaft. 2 Bände. Frankfurt a. M. (Suhrkamp), 1997, 6. Aufl. 2006, S. 595–618.

Interaktion, Organisation, Gesellschaft. In: Soziologische Aufklärung 2. Aufsätze zur Theorie der Gesellschaft. Wiesbaden (Verlag für Sozialwissenschaften), 1975, 5. Aufl. 2004, S. 9–20.

Soziale Systeme. Grundriß einer allgemeinen Theorie. Frankfurt a. M. (Suhrkamp), 1984, 12. Aufl. 2006, S. 242–285.

Von sich selbst ermöglichenden Geschehnissen. Das Geheimnis der Autopoiesis

Es ist schon ein Kreuz. An keiner Stelle seines bekanntlich recht umfänglichen Werks versorgt uns der große Meister mit einer befriedigenden Entfaltung seiner Vorstellung von Autopoiesis. Davon ist endlich eigens zu handeln. Die Übernahme des Begriffs von Maturana stellt der Meister nicht in Abrede, im Gegenteil. Einfach hübsch diese Idee, ein »Werk« erzeuge sich selbst. Sag ich doch: Etwas geschieht, weil das, was geschieht, ebendeshalb geschieht, weil es geschieht, sich selbst ermöglicht. Wenn man nicht Schicksal meint, was dann? Was genau denkt man, wenn man denkt, etwas ermögliche sich selbst? Nun, so ein Gedanke kann nicht gedacht werden, wenn er nicht kraft der Denkbarkeit von Gedanken gedacht werden kann: Gedanken ermöglichen Gedanken, wenn und solange Gedanken Gedanken ermöglichen. Gedanken sind sich folglich vorausgesetzt. Da bietet vertrackterweise auch die Frage nach dem Ursprung von Gedanken keinen Ausweg, setzt doch die gedachte Frage nach der Denkbarkeit des Ursprungs von Gedanken Gedanken voraus. Man denkt einen operativ geschlossenen Zusammenhang von Gedanken. Damit ist schon eine griffige Vorstellung von Autopoiesis erzeugt. Autopoiesis ist eigentlich eine einfache Angelegenheit – sollte man meinen.

So weit, so gut. Was aber, wenn Autopoiesis mit System in Verbindung gebracht wird: autopoietisches System? Bleiben wir der Einfachheit halber bei Gedanken. Wenn und solange Gedanken Gedanken oder eben Gedanken sich selbst ermöglichen, ist es mindestens unproblematisch, einen jeweiligen augenblicklichen Zusammenhang (Zusammenhang!) von Gedanken anzunehmen. Nichts spräche dagegen, einen derartigen jeweiligen Zusammenhang von Gedanken System von Gedanken zu nennen, und dieses im vorliegenden Fall sogar als ein System in Bewegung, als ein sich selbst ermöglichendes System in Bewegung, kurz als ein autopoietisches System. Klar, dass die flotte Unterscheidung von etwas als System nicht ohne die vorherige Unterscheidung von System auskommt. Die Unterscheidung von System hat wieder die vertrackte Eigenart, als eine Unterscheidung unterschieden sein zu müssen, die unterschieden sein muss, damit sie unterschieden werden kann. Wieder stoßen wir auf einen sich selbst ermöglichenden Sachverhalt: System ermöglicht System, ermöglicht sich selbst. Autopoiesis par excellence. Dann gar die Unterscheidung als autopoietisches System, als ein System, das sich vermöge der Operationen (hier: des Prozessierens von Gedanken) ermöglicht, die es als Operationen (hier: das Prozessieren von Gedanken) ermöglicht. Also: Gedanken ermöglichen Gedanken. Das führt am Ende zur Unterscheidung eines autopoietischen psychischen Systems. Analog wäre ein mit Kommunikationen als Elementen arbeitendes autopoietisches soziales System zu bestimmen.

So weit, so gut. Und das soll's gewesen sein? Weit gefehlt. Zur Operationsweise eines autopoietischen Systems gehört, dass operative Geschlossenheit (Gedanke ermöglicht Gedanken) nur unter der Bedingung kognitiver Offenheit zu haben ist. Erst das wirft genug Licht auf die letztlich wie austauschbar zu behandelnden Begriffe autopoietisch und selbstreferentiell. So versorgt sich z. B. das psychische System selbst mit Anlässen zum Denken; wobei es die Anlässe dazu in seiner für es erreichbaren Umwelt entdeckt. Ohne solche Anlässe geht nichts; ein autopoietisches System ist kein Perpetuum mobile. Jedes autopoietische System arbeitet kognitiv offen. Entdeckt wird in der jeweiligen Umwelt freilich nicht etwas, was so für sich einfach da ist, sondern das System erzeugt für sich eine Entdeckung, gewinnt seiner Umwelt eine Information ab: »Ich denke, die Unterscheidung von Sein/Nichtsein, die ich als eine von vielen vielfach gehandhabte Unterscheidung unterscheide, ist eine untaugliche Unterscheidung.« Dabei sind die Entdeckungs- und Verarbeitungsmöglichkeiten des psychischen Systems durch längst in sich auf Wiederverwendungsfähigkeit hin ausgebildete Erwartbarkeiten eingestellt. Das sind wiederum keine abrufbaren Bestände, vielmehr augenblicklich erzeugte Erinnerungen. Meinen Gedanken zu Sein/Nichtsein denke ich, weil alles das, was ich mir bisher so gedacht habe bzw. woran ich mich augenblicklich so erinnere, dieses dirigiert. Ohne Gedächtnis als Einheit des Erinnerns und Vergessens mit einer Vorliebe fürs Vergessen läuft nichts. Statt Gedächtnis setze man einfach Struktur ein. Ein autopoietisches System arbeitet mithin operativ geschlossen, kognitiv offen und strukturabhängig. Auch ohne Umwelt geht nichts. Denn dann könnte ein System sich nicht von seiner Umwelt unterscheiden, dieser gegenüber seine eigenen Grenzen abtrotzen. Da gibt es z. B. viele andere für mich unmittelbar nicht erreichbare psychische Systeme, die auch mich nicht unmittelbar erreichen können, wiewohl sie Bedingungen meiner Möglichkeit sind. Jedenfalls im vorliegenden Fall, sofern sie mit Gedanken zu Sein/Nichtsein operieren und sofern derartige gedankliche Operationen für mich irgendwie erreichbar sind, sei es über die Lektüre kluger Texte, sei es über die Teilnahme an einem philosophischen Seminar oder sonstwie. Das zeichnet Umweltabhängigkeit aus. Ein autopoietisches System arbeitet mithin operativ geschlossen, kognitiv offen, struktur- und umweltabhängig. Fast erübrigt es sich, ein derart eingefasstes operatives Geschehen als bloß augenblickliches auszuflaggen. Das System ändert sich von Moment zu Moment, ist dasselbe und ein anderes. Ständig betont unser Meister: The same is different. Was sonst? Mit alledem nicht genug: Wenn's z. B. der Körper nicht mehr toleriert, ist's aus mit dem Denken. Oder: »Ohne Wasser macht die Qualle schlapp.« Zerstörerische Umwelt! Das alles ändert nichts daran, dass meine Gedanken meine Gedanken bleiben und nur meine Gedanken. Niemand sonst kann darauf unmittelbar zugreifen. Autopoiesis par excellence.

So weit, so gut. Erklärt ist aber rein gar nichts. Und es soll auch nichts erklärt werden. Das sagt selbst der Meister. Autopoiesis bzw. die Theorie autopoietischer Systeme steht vielmehr für den entschiedenen Versuch, es mal anders als üblich mit dem Zugriff auf die Welt der Dinge und die Welt des Erlebens und Handelns, darin deren Erkennbarkeit eingeschlossen, zu probieren. Dieser Zugriff mag konstruktivistisch, genauer: operativ-konstruktivistisch genannt werden. Dazu nur so viel: Sich selbst ermöglichende Ereignisse oder Geschehnisse allgemein und dann besonders autopoietische Systeme bekommt man nur zu sehen, wenn man derlei beobachtet und es kraft Unterscheidung und gleichzeitiger Bezeichnung des Unterschiedenen in die Welt setzt. So etwas »gibt« es nicht im seinswissenschaftlichen Verständnis. Das und nichts anderes ist der Fall. Wenn nun Autopoiesis nichts erklärt, im überlieferten Verständnis von »erklärt«, wozu denn das alles? Man kann ja mal probieren, was man zu sehen bekommt, wenn man sich die entsprechende Brille aufsetzt. Wer hätte das gedacht!

Literaturhinweise

Autopoiesis als soziologischer Begriff. In: Aufsätze und Reden. (Hrsg. v. O. Jahraus.) Stuttgart (Reclam), 1987, Nachdr. 2004, S. 137–158.

Die Autopoiesis des Bewußtseins. In: Soziologische Aufklärung 6. Die Soziologie und der Mensch. Wiesbaden (Verlag für Sozialwissenschaften), 1985, 2. Aufl. 2004, S. 55–112.

Einführung in die Systemtheorie. (Hrsg. v. D. Baecker.) Heidelberg (Carl-Auer), 2002, 3. Aufl. 2006, S. 109–117.

Die Gesellschaft der Gesellschaft. 2 Bände. Frankfurt a. M. (Suhrkamp), 1997, 6. Aufl. 2006, S. 600–607.

Neuere Entwicklungen in der Systemtheorie. *Merkur* 1988, 42 (4): 292–300.

Organisation und Entscheidung. Wiesbaden (Verlag für Sozialwissenschaften), 2000, 2. Aufl. 2006, S. 44–56.

Soziale Systeme. Grundriß einer allgemeinen Theorie. Frankfurt a. M. (Suhrkamp), 1984, 12. Aufl. 2006, S. 57–70.

Zeit und Gedächtnis. Soziale Systeme 1996, 2 (2): 307–330.

Von wegen freier Wille oder: Sind die Gedanken wirklich frei?

Wie kann man wissen, was ein Organismus, ein Körper, ein Blutkreislauf, ein Gehirn, ein Nervensystem, eine Psyche, ein Bewusstsein, ein Ich, ein freier Wille usw. ist? Da findet man z. B. folgenden Satz: »In der menschlichen Hirnrinde gibt es 10^{10} Nervenzellen ...«. Oder: »Unser Stirnhirn, der präfrontale Cortex, ist der Ort der Absichten und Planungen. Was dort geplant wird, [...] wird zuerst aus der Hirnrinde heraus ins Unbewusste zu den Basalganglien geschickt«. Otto: »Gehirn meldet an Faust: Ballen und dann zuschlagen.« Deutsches Liedgut: »Die Gedanken sind frei, wer kann sie erraten?«

Bleiben wir zunächst beim menschlichen Gehirn. Das, was man Gehirn nennt, genauer: unterscheidet und als Gehirn bezeichnet (beobachtet!), kann man offensichtlich sehen, mindestens auf dem Seziertisch des Pathologen. Das sei nicht weiter hinterfragt. Stattdessen: Dem Gehirn insgesamt oder seinen unterschiedenen Teilen rechnet man Funktionen zu. Funktion ist wieder eine Unterscheidung von etwas, das es ohne diese Unterscheidung nicht gäbe. Funktion ist eine Beobachtung. Man beobachtet weiter: ohne Gehirnaktivität kein Leben. Jetzt wird eine Funktion zugerechnet. Gehirnaktivität muss dann unterscheidbar, gar messbar sein, und dann wohl auch Leben. Und weiter: Es ist beobachtbar, dass bestimmte Operationen einer lebenden Einheit, z. B. des Menschen – eine schwierige Beobachtung – nicht oder nur begrenzt möglich sind, wenn bestimmte unterschiedene Teile des Gehirns nicht oder nur begrenzt funktionsfähig zu sein scheinen. Nach einem Schlaganfall möge ein bestimmter Mensch seine Körperbewegungen nur noch mit Mühe koordinieren können. Eine zeitweilig unterbrochene Durchblutung des Gehirns habe, so eine mögliche Annahme, die zuständige Kommandostelle im Gehirn geschädigt. Zurechnungen von Funktionen, insbesondere nach dem Muster von Kausalität, erscheinen auf der Agenda. Was ist nun wofür verantwortlich? Das Gehirn für die Beeinträchtigung bestimmter Körperfunktionen? Eine ungesunde und bewegungsarme Lebensweise des betreffenden Menschen mit der Folge der Verengung der Blutbahnen? Oder gar: das Gehirn für sich selbst, der Blutkreislauf für sich selbst?

Es scheint allemal irgendwie um Beziehungen zu gehen. Man könnte auch umgangssprachlich von Kopplungen sprechen. Am liebsten möchte man freilich Kausalitäten vor sich haben. Wenn Kausalitäten, dann Durchgriffskausalitäten (der beeinträchtige Blutkreislauf beeinträchtigt unmittelbar das Gehirn oder umgekehrt) oder Auslösekausalitäten (das Gehirn reagiert im Rahmen seiner Möglichkeiten mittelbar auf den Blutkreislauf bzw. der Blutkreislauf im Rahmen seiner Möglichkeiten auf Impulse des Gehirns). Wie ließen sich dann derartige Durchgriffe bzw. Auslösungen näher bestimmen? Gibt es gemeinsam oder/und nur selbst beanspruchte Medien der Vermittlung? Z. B. Lichtwellen für das Sehen des Gehirns auf dem Seziertisch, Nervenzellen für die Verbindung von Gehirn und Blutkreislauf, Neuronen für die Abwicklung von Vorgängen innerhalb des Gehirns. Schon hier passt die Frage, was denn nun was wie bewirkt oder sonstwie welche Reaktion im Gefolge hat. Ziehen wir den mehrdeutigen Begriff Manipulation heran. Manipuliert das Gehirn den Blutkreislauf oder der Blutkreislauf das Gehirn? Manipuliert der Organismus oder Körper insgesamt sich selbst? Manipuliert die Lebensweise des Menschen seinen Organismus oder der Organismus die Lebensweise? Und wenn so oder so, wie das genauer? Wie könnte ein mögliches Zusammenspiel von Abhängigkeiten und Unabhängigkeiten aussehen? Viel weiter sind wir noch nicht gekommen.

Die Überlegungen seien deshalb auf die Spitze getrieben. Ich behaupte zum Zwecke des Arguments (!), dass alles das, was der Mensch tut, gar was sich letztlich als Wesen des Menschen auszeichnen lässt, allgemein vom Organismus oder vom Körper und speziell vom Gehirn abhängig ist. Im Einzelnen: Das Gehirn schafft aus sich selbst heraus etwas, was sich als Bewusstsein bezeichnen lässt. Oder: Das Bewusstsein mag man als vom Gehirn selbst unterschieden und als aus relationierten oder standardisierten neuronalen Operationen bestehend sehen. Das gemeinte Bewusstsein enthält die für Wiederverwendung gespeicherten Erfahrungen, die der Organismus im Laufe seines Bestehens nach Maßgabe des Bewahrens von Bewährtem gemacht hat. Anders gefasst: Die grundsätzlichen Möglichkeiten des Verhaltens bzw. Handelns sind dem Organismus biologisch-genetisch eingeprägt. Diese Möglichkeiten, die ihrerseits schon unterschiedlich ausfallen können, harren ihrerseits der Formung durch Lernen. Zu denken ist an Selbstformung des Organismus, speziell des Gehirns, den Lebenslauf des Organismus in Kontakten mit seiner biogenetisch geformten Umwelt, besonders aber auch mit seiner sinnhaften soziokulturellen Umwelt. Das Bewusstsein wird also unterschieden als ein, wie man sagen könnte, historischer Bewertungszusammenhang, der auswählt, was passt und was nicht. Nach dem Otto-Beispiel hieße das: Der betreffende Mensch befindet sich in einer Situation, die der Organismus kennt und für die er qua seines vom Organismus inszenierten Bewusstseins die schematische Maßnahme vorsieht, die Faust zu ballen und zuzuschlagen. Wäre das tatsächlich so, dann wäre letztlich dem Organismus die Verantwortung für das zuzurechnen, was der Mensch tut. So irrwitzig erscheinen diese Betrachtungen gar nicht. Sie setzen immerhin ein Bewusstsein voraus, das über seine mögliche Herkunft nachsinnt.

Das reizt zu weiteren ärgerlichen Überlegungen. So gibt es zuhauf die Rede von einem freien Willen, der einem sich selbst zu Grunde liegenden, seiner selbst gewissen und grundsätzlich vernunftfähigen Subjekt angesonnen wird. Bezogen auf das Otto-Beispiel, hieße das: Der betreffende Mensch (das Individuum, das Subjekt) entschiede frei, die Faust zu ballen und zuzuschlagen. Dagegen stünde zunächst der vermeintlich erbringbare Beleg, dass eine Handlung erst dann bewusst wird, nachdem sie längst begonnen hat. Der Organismus und nicht der freie Wille entschiede. Die Sachlage wird immer verwickelter. Es müsste sich das vom Gehirn unterscheidende Bewusstsein eine Art Bewusstsein seines Bewusstseins zurechnen. Das Ich wäre dann vorzustellen als eine Form der selbstkonstruierten Wahrnehmung des Bewusstseins seiner selbst. Erst dann stünden Denkfiguren wie bewusstes Ich und damit freier Wille zur Verfügung: »Die Gedanken sind frei …« Wirklich? Ich argumentiere: Der Organismus oder der Körper schafft sich ein von sich verschiedenes Bewusstsein, das sich wiederum in der Form eines Ich selbst unterscheidet. Damit wäre festgelegt, was der Mensch als Ort der Einheit der Differenz von Organismus oder Körper und Bewusstsein tun oder unterlassen könnte. Danach richtete der Organismus oder der Körper eine Entscheidungsinstanz ein, das bewusste Ich, das sich vorstellt, über alles das, was es will, selbst entscheiden zu können. Dies alles stellt sich ein Bewusstsein vor. Und dieses kann sich nur vorstellen, was es sich vorstellen kann. Grauslich!

Alles, was bisher gesagt wurde, ist systemtheoretisch (re)konstruierbar. Man hätte nur von Systemen zu sprechen: vom Organismus oder Körper als System, vom Bewusstsein als System usw.; die operativen

Eigenheiten der Systeme wären zu benennen: Gedanken, Neuronen ... Man hätte nur Systeme als in Auseinandersetzung mit je anderen Systemen in ihren Umwelten oder mit nicht systemischen Umwelten sich selbst ermöglichend einzusetzen usw. Ego: »Ich will mich jetzt ein wenig ausruhen, weil ich müde bin.« Ego sieht sich als wahrnehmungs- und bewusstseinsfähige und kraft dessen als zu absichtsgeleitetem Handeln befähigte Einheit. Ego glaubt also, irgendwelche Anzeichen von Ermüdung wahrnehmen zu können, die ein Ausruhen nahelegen. Ego meint sogleich, entscheiden zu können, sich ausruhen zu wollen. Der freie Wille als selbstfabrizierte Imagination. Vorgängig unterscheidet Ego gar sich selbst: »Ich ...« Genauer: Ego sieht sich als Einheit oder, besser, Zurechnungsgesichtspunkt für etwas, für sein Tun, hier die sprachlich bekundete Absicht, sich infolge Müdigkeit ausruhen zu wollen. Damit erkennt sich Ego als System, als wahrnehmungs- und bewusstseinsfähiges System oder, kurz, als psychisches System. Seine die Wahrnehmung und die Gedanken beanspruchende Vorstellung von sich selbst ist die einer sich selbst zu Grunde liegenden Einheit, also eines sich selbst begründenden autopoietischen Systems. Was nicht »Ich« ist, das ist für »Ich« Umwelt. Ein wahrhaft konstruktiver Akt.

Ist Ego erst einmal als autopoietisches System erkannt, durch sich selbst oder jeden anderen, ist er als System-in-einer-Umwelt-mit-einer-System-Umwelt-Geschichte erkannt. Das gilt für alle Egos. Das heißt: Als System, das bewusstseinsvermittelt wahrzunehmen und Wahrgenommenes bewusstseinsmäßig zu formen vermag, insbesondere vermöge sprachförmig gleichermaßen ermöglichten wie vermittelten Denkens, kann es in seiner Umwelt nur bestehen, wenn es bisher in Auseinandersetzung mit seiner Umwelt und mit sich selbst Wahrgenommenes und Gedachtes auswahlhaft und in mehr oder minder geordneter Form in seinem Gedächtnis gespeichert hat, um darauf – sozusagen transaktionskostensenkend – bei Bedarf auch änderungsbereit in seinen weiteren Operationen zurückgreifen zu können. Der freie Wille beschränkt sich selbst.

Fassen wir die Umwelt näher ins Auge. In seiner Umwelt mag Ego z. B. andere psychische Systeme und Systeme des Lebens, aber auch soziale Systeme ausmachen. Das gilt wieder für alle Egos bzw. alle Systeme, welcher Unterscheidung auch immer. Autopoietische Systeme, wohin man sieht. Die gemeinten Systeme – und andere Umweltgegebenheiten – sind Existenzbedingung für Ego; genauer:

Er gewinnt seiner Umwelt eigenselektiv die Informationen ab, die er zwecks Fortführung seiner Autopoiesis benötigt. Also: Ego unterscheidet in seiner Umwelt von Systemen des Lebens etwa ein System Gehirn; er unterscheidet des Weiteren, dass (u. a.) sein Gehirn ihm sein Bewusstsein ermöglicht. Der unmittelbare Zugriff auf die Operationen seines Gehirns ist ihm verwehrt. Das betrifft wieder alle Egos. Die Operationen des Bewusstseins, nämlich Gedanken an Gedanken anzuschließen, werden durch das Gedächtnis als Einrichtung des Bewusstseins in Form bewährter Gedanken geführt. Die Gedanken sind frei? Schließlich unterscheidet Ego in seiner Umwelt soziale Systeme, die ihrerseits als Bedingung ihrer Möglichkeit u. a. eigenselektiv auf die Operationen psychischer Systeme in ihren Umwelten zurückgreifen; psychische Systeme, die ihrerseits eigenselektiv (u. a.) auf die Operationen sozialer Systeme in ihren Umwelten zurückgreifen. Aus alledem folgt: Alles, was einem an Erleben und Handeln möglich ist, ist Ergebnis der eigenen biogenetisch und soziogenetisch mehr oder weniger konditionierten psychogenetischen Geschichte. Tautologisch ausgedrückt: Ich kann nur wollen, was ich wollen kann. Paradox ausgedrückt: Das, was ich wollen kann, kann ich wollen, obwohl oder weil ich es nicht wollen kann. Oder: Das, was ich wollen kann, mag ich gar als eigene freie Entscheidung ausflaggen, mich damit tröstend, dass dies nur möglich ist, weil es nicht möglich ist.

Am Ende lässt sich Dramatisches verkünden: Das Subjekt als freier Autor seiner selbst ist von seiner Freiheit befreit worden: Es verdankt seine Freiheit seiner Unfreiheit. Der freie menschliche Wille, diese Freiheit des menschlichen Geistes, dieses Bewusstsein des menschlichen Geistes von seiner Freiheit, dieser geistige und nur dem Menschen eigene Akt: erfunden, das Erstrebenswerte zu wählen, geopfert auf dem Altar der Systemtheorie? Vielleicht nicht gerade geopfert, sondern nur anders (re)inthronisiert. Reflexive Distanz ist geboten.

Literaturhinweise

Autopoiesis als soziologischer Begriff. In: Aufsätze und Reden. (Hrsg. v. O. Jahraus.) Stuttgart (Reclam), 1987, Nachdr. 2004, S. 137–158.

Die Autopoiesis des Bewußtseins. In: Soziologische Aufklärung 6. Die Soziologie und der Mensch. Wiesbaden (Verlag für Sozialwissenschaften), 1985, 2. Aufl. 2004, S. 55–112.

Die Gesellschaft der Gesellschaft. 2 Bände. Frankfurt a. M. (Suhrkamp), 1997, 6. Aufl. 2006, S. 1016–1036.

Organisation und Entscheidung. Wiesbaden (Verlag für Sozialwissenschaften), 2000, 2. Aufl. 2006, S. 180–182 u. 452–459.

Soziale Systeme. Grundriß einer allgemeinen Theorie. Frankfurt a. M. (Suhrkamp), 1984, 12. Aufl. 2006, S. 346–376.

Wie ist Bewußtsein an Kommunikation beteiligt? In: Soziologische Aufklärung 6. Die Soziologie und der Mensch. Wiesbaden (Verlag für Sozialwissenschaften), 1988, 2. Aufl. 2004, S. 37–54.

Kreißte der Berg, und gebar er wirklich nur eine Maus? Kommunikation, Kommunikation über alles

Der Berg kreißt. Da soll es Schwierigkeiten mit der Wahrnehmung geben, mit der Wahrnehmung von Außenwelt! Der Baum steht doch da! Unterscheidet der sich selbst? Sagt er uns, was er ist? Da soll die Wirklichkeit des Menschen geleugnet werden! Sind wir nicht alle Menschen!? Ich bitte Sie!? Da soll dem Menschen oder was von ihm übriggeblieben ist, die Fähigkeit zum Handeln abgesprochen werden! Dabei handelt doch jeder jederzeit jedenorts! Es sei denn, er schläft gerade. Selbst Kommunikation im landläufigen Sinne soll vom Thron gestoßen werden! Wie? Was? Wir können nicht mehr miteinander reden? Wir können einander nicht mehr verstehen? Man kann nur die Stirn runzeln! Da soll das, was vom Menschen übriggeblieben ist, gar noch nicht mehr in Gesellschaft aufzufinden sein! Leben wir nicht alle in Gesellschaft!? Es sieht so aus, als mache man es sich unnötig schwer, wo doch alles eigentlich ganz einfach ist. Mal sehen! Zu alledem muss leider eine etwas längere Geschichte erzählt werden. Überhaupt ist eine reichlich katholizistische Darstellung geboten, weil sonst das Geflecht von für die gesamte Theoriearchitektur Luhmanns maßgeblichen Unterscheidungen wie Erleben/Handeln, Kommunikation/Handeln, psychischem System/sozialem System und Person nicht so entwirrt werden kann, dass für Einwände konventioneller Bauart kaum noch Raum bleibt.

Ego und Alter seien zunächst der Einfachheit halber unterschieden als Zurechnungsadressen, die ihrerseits unterschieden seien als körperlich gebundene wahrnehmungs- und bewusstseinsfähige sowie verhaltensbefähigte Einheiten. Ego geht am Rhein entlang. Im strikten Wortsinne kann eine Adresse natürlich nicht gehen. Ego sieht oder, genauer, nimmt wahr: »Im Rhein treiben tote Fische.« Im Einzelnen dürfte der Wahrnehmungsvorgang nicht gerade leicht zu klären sein. Jedenfalls wäre z. B. auch nicht sprachliche Wahrnehmung einbeziehbar, jedoch schwer sprachlich zu beschreiben. Ego kann nur das wahrnehmen, was sich sein wahrnehmendes Bewusstsein nolens volens als Wahrnehmung zurechnet. Egos eigenselektiv wahrnehmendes Bewusstsein wird durch ein zufälliges, d. h. in dem Augenblick nicht vorgesehenes Ereignis in seiner äußeren nicht sinnhaften Umwelt irritiert oder fasziniert. Der Sinn, den das Ereignis für Ego hat, oder, besser: der informative Gehalt seiner Wahrnehmung ist an seine Geschichte gebunden, erkennbar am Eigenwert oder der Struktur seiner Wahrnehmungsmöglichkeiten. So verweist etwa die sprachlich vermittelte Wahrnehmung eines Ereignisses – das sprachlich wahrgenommene Ereignis selbst ist hier sprachlich als nicht sprachlicher Art unterschieden – bereits auf eine ganz spezifisch ausdifferenzierte Selektivität von sinnhaften, im Medium des Sinns unterscheidbaren Wahrnehmungsmöglichkeiten von Ego hin. Kurz: Ego nimmt selektiv wahr: »Im Rhein treiben tote Fische.« Ego geht irgendwann später in seine Kneipe. Der Weg dorthin ist ihm auf Grund von Erfahrung bekannt. Dort adressiert er Alter: »Im Rhein treiben tote Fische.« Alter nimmt Ego wahr und nimmt wahr oder hört, unter Inanspruchnahme der Medien Schall und Sinn z. B., dass Ego etwas sagt, und auch, was Ego sagt. Alters wahrnehmendes Bewusstsein wird selektiv durch ein für ihn und nur für ihn sinnhaftes Ereignis in seiner Umwelt irritiert oder fasziniert. Im Übrigen gilt für Alter, was für Ego gilt. Kurz, Alter nimmt selektiv wahr: »Im Rhein treiben tote Fische.«

Dass Ego und Alter über ein wahrnehmungsfähiges Bewusstsein verfügen, macht sie als Bewusstseins- oder psychische Systeme erkennbar, als Systeme, die wesentlich mit Gedanken als Elementen operieren, Gedanken an Gedanken anschließen. Können diese Systeme einander verstehen? Alter versteht doch wie Ego, was es heißt, dass im Rhein tote Fische treiben. Wo ist da das Problem? Nun: Es ist Alters und nur Alters Leistung, dem Ego eine bestimmte Mitteilung einer bestimmten Information und ihr Erleben sich selbst zuzurechnen. Alter besitzt die besondere Fähigkeit, die auch Ego besitzt, zwischen Information und Mitteilung zu unterscheiden und in diesem Sinne zu verstehen. Bleiben wir auf der Seite von Alter. Ego hätte aus der Sicht von Alter etwas anderes sagen können, z. B.: »Im verunreinigten Wasser des Rheins treiben wieder einmal tote Fische.« Ego hätte also eine andere Unterscheidung und Bezeichnung des Unterschiedenen benutzen, eine andere Information auswählen können. Doch warum hat Ego das gesagt, was er gesagt hat, das mitgeteilt, was er mitgeteilt hat? Wollte er lediglich mit mir, dem Alter, ins Gespräch kommen? Wollte er mein Umweltbewusstsein testen? Außer der Information vermag Alter ferner die Form der Mitteilung zu unterscheiden. Erfolgt sie schriftlich, in der Situation kaum vorstellbar, oder mündlich, und wenn also mündlich, wie artikuliert Ego, eventuell gestisch und mimisch unterstützt? Und warum so und nicht anders? Warum das alles so und nicht anders?

Wir sind soeben auf den Begriff (Begriff!) der Kommunikation gestoßen, Kommunikation als dreifach selektive Differenz von: Information – Mitteilung – Verstehen. Das, was zwischen Ego und Alter stattfindet, ist keine einfache, sprachebeanspruchende Übertragung des unverwechselbaren Inhalts einer Wahrnehmung von Ego zu Alter. Es geht um einen mehrfach selektiven Vorgang, weil eine Selektion aus selektivem Bewusstsein (die Information muss erst erzeugt werden) selektiv sprachlich mitgeteilt (in das Medium der Sprache ist eine Form einzuzeichnen) und selektiv verstanden wird – was eine eigene (!) Unterscheidung von Information und Mitteilung erfordert –, wobei für beide beteiligten Systeme lediglich gemeinsam beanspruchbare, medial vermittelte Verstehensmöglichkeiten – hier namentlich in Form von Sprache – vorauszusetzen sind. Es findet keine Kurzschließung der beteiligten psychischen Systeme im Sinne eines Input-Output- oder Sender-Empfänger-Modells statt. Die beteiligten Systeme bleiben füreinander schwarze Kästen. Das, was den einen Kasten verlässt, ist etwas anderes als das, was davon im anderen Kasten ankommt. Für den gegebenen Fall scheint das ziemlich akademisch zu sein. Natürlich wissen, wie gesagt, beide Beteiligten, was es heißt, dass im Rhein tote Fische treiben. Wieso aber wird das mitgeteilt? Denkt Ego sich dabei dasselbe wie Alter?

Wir haben gerade nur den Begriff Kommunikation eingeführt. Also weiter: Das Geschehen ist noch nicht abgeschlossen. Alter antwortet: »Ach ja!« Er hätte auch etwas anderes antworten oder sonst wie »kommunizieren« können, ob er sich überhaupt und, wenn ja, positiv oder negativ angesprochen fühlt. Erst jetzt ist ein kommunikatives Angebot angenommen oder abgelehnt und dieses mitgeteilt worden, uno actu ein soziales Systems zustande gekommen. Eine einzelne kommunikative Einheit schließt an eine einzelne kommunikative Einheit an; wir könnten auch von Einzelkommunikationen sprechen. Jedenfalls benutzen, wie es sich auch ausdrücken ließe, soziale Systeme Kommunikationen als ihre Elemente, ermöglichen Kommunikation durch Kommunikation, operieren als autopoietische Systeme. Jetzt lässt sich auch die plakative kommunikative Offerte »Kommunikation kommuniziert« verstehen. Zurück zum Beispiel. Im Augenblick nach der Annahme (»Ach ja!«) der kommunikativen Offerte (»Im Rhein treiben tote Fische«) fällt das soziale System in sich zusammen, wenn es nicht als ein anderes fortgesetzt wird. Die Situation in der Kneipe möge sich unter Beteiligung weiterer Anwesender aber wie folgt weiterentwickeln: C: »Das wird immer schlimmer.« D: »Die haben bestimmt wieder Gift in den Rhein geleitet.« F: »Und die Politiker tun nichts dagegen.« D: »Das wollte ich nicht gesagt haben.« C: »Das hat sich aber so angehört.« Ego: »Du mit deinen Unterstellungen.« Alter: »So wie letztes Mal beim Foul von Matthäus.«... Da gibt im wahrsten Sinne des Wortes ein Wort das andere. Keinem kommunikativen Beitrag ist zu entnehmen, welcher kommunikative Beitrag daran angeschlossen wird, und trotzdem oder gerade deshalb bleibt Anschlussfähigkeit gesichert, solange das Gespräch dauert, aber kein bisschen länger. Das Gespräch ist, wie gesagt, vollends ein kommunikatives oder soziales System, das sich von Moment zu Moment immer wieder als System reproduziert und gleichwohl in jedem Moment ein anderes ist. Das Gespräch nimmt im wahrsten Sinne des Wortes seinen eigenen Lauf. Es aktualisiert sich in jedem Moment als ein anderes. Denn: The same is different. Würde man das Gespräch von außen beobachten, könnte man ohne weiteres zugeben, dass irgendwie ein Unterschied zwischen dem, was da abläuft, und den am Gespräch Beteiligten auszumachen ist. Außerdem kann man sich leicht denken, dass jeder Beteiligte das Gespräch anders erlebt und als etwas erlebt, was er nicht in der Hand hat, was für sich etwas Eigenes ist. Es gibt also im Grenzfall so viele Wahrnehmungen des Gesprächs, wie es Gesprächsteilnehmer oder andere Beobachter gibt, z. B. den Wirt hinter der Theke. Das würde man spätestens merken, wenn jeder Beteiligte einzeln gebeten würde, über das Gespräch zu berichten. Und das wäre Kommunikation über Kommunikation, ebenfalls eine soziale Veranstaltung. Außerhalb der Kommunikation und der Kommunikation darüber gibt es keinen Grund für Kommunikation. Wäre das nicht so, könnte nicht darüber kommuniziert werden. Ein paradoxes Spielchen. Kommunikation kommuniziert.

Noch einmal: Die bewusstseinsförmigen oder gedankenbeanspruchenden Ereignisse auf der Ebene der an Kommunikation beteiligten psychischen Systeme sind zu unterscheiden vom kommunikativen Ereignis selbst. Die Gedanken sind operative Elemente eines psychischen Systems mit einer eigenen Geschichte in einer eigenen Umwelt sinnfrei (gedacht ist wieder an Systeme des Lebens) und sinnhaft (nur psychische und soziale Systeme kommen in Frage) operierender Systeme. Jede einzelne Kommunikation ist ihrerseits operatives Element eines sozialen Systems, eines Systems mit einer eigenen Geschichte in einer eigenen Umwelt sinnhaft wie auch sinnfrei operierender Systeme. Operativer Vollzug heißt immer eigenselektiver (systemselektiver) Anschluss von Operation an Operation, hier von Gedanken an Gedanken bzw. von Kommunikation an Kommunikation. Unsere beiden Königskinder bedürfen einander trotz aller Unerreichbarkeit sehr. Bewusstsein bedarf insbesondere der Anregung durch Kommunikation. Wie könnte Ego sonst sagen: »Du mit deinen Unterstellungen.« Kommunikation kann nicht ohne Inanspruchnahme von Bewusstsein stattfinden. Sonst könnte Alter nicht an Ego anschließen: »So wie letztes Mal beim Foul von Matthäus.« Soziale Vermittlung macht's möglich. Sprache übernimmt bei diesem Vermittlungsgeschäft eine prominente Rolle.

Doch auch so ist das Vermittlungsgeschäft nicht abschließend zu fassen. Bisher wurde unterschieden, dass psychische Systeme in der Umwelt sozialer und soziale Systeme in der Umwelt psychischer Systeme vorkommen, dass psychische Systeme sich eigenselektiv auf soziale Systeme bzw. soziale Systeme eigenselektiv auf psychische Systeme beziehen. Auch das Sprachmedium steht nur für die Bedingung der Möglichkeit der Inanspruchnahme je systemfremder zum Aufbau je systemeigener Möglichkeiten. Es fehlt noch etwas. Sobald sich Ego und Alter wahrnehmend oder kommunikativ adressieren, haben wir ein einfaches Sozialsystem vor uns. Das reicht uns erst einmal. Jetzt beziehen sich Ego und Alter in der Form von Personen aufeinander. Person hat den Status einer Zurechnungsadresse für einseitige oder wechselseitige Erwartungen. An die Person mag eine eher diffuse Erwartung gerichtet sein: Person bezeichnet allgemein jene Form, in der ein sinnhaft operierendes System an ein anderes sinnhaft operierendes System Verhaltenszumutungen richtet oder sich die Verhaltenszumutungen eines anderen sinnhaft operierenden Systems zurechnet bzw. in der ihm durch ein drittes System Verhaltenszumutungen entsprechend zugerechnet werden. So ist die Beobachtungsfigur Person als eine soziale Figur unterschieden. Person ist dann als dasjenige Medium zu bezeichnen, auf das Systeme sich in ihren Bezugnahmen aufeinander beziehen und in das sie verschiedene Formen einzeichnen. Der Personbegriff ist gleichermaßen für ein psychisches wie für ein soziales System zu verwenden. Im Falle psychischer Systeme steht der Begriff für die Teilnahme an einem sozialen System. Im Falle sozialer Systeme ist eine vergleichbare Betrachtung möglich: Eine Familie, eine Partei, eine soziale Bewegung, ein Verband, ein Unternehmen usw. vermögen sich zweifellos der Selbst- oder Fremdbeobachtung als Erlebens- oder Handlungseinheit auszusetzen – was das Erleben betrifft, natürlich nur in der Form des Erlebens von Handlungen. Also Vorsicht. Person ist nicht das, was man gemeinhin meint, wenn man Person sagt. Die hier gemeinte Person jedenfalls denkt nicht, spricht nicht, ist nicht zu sehen, ist eine bloße Fiktion; erfunden, um den Gesichtspunkt der Sozialität in Beziehungen zwischen Systemen zu retten. Gleichwohl sind der individuelle und der kollektive Akteur in der Form von Personen als kommunikativen Konstrukten auf den Plan getreten. Immerhin!

Gleichsam durch die Hintertür erlebt das Konstrukt Handeln seine Auferstehung. Ego rechnet sich als sinnhaftes Mitteilungshandeln die sprachliche Aussage zu: »Im Rhein treiben tote Fische.« Ego nimmt an, dass Alter die Mitteilung »Im Rhein treiben tote Fische« versteht. Ego beobachtet seinen Output als Input von Alter. So sieht auch Alter die Dinge. Oder: Ego leistet in der personalen Form oder Rolle des Konsumenten eine Zahlung. Usw. Die dreifache Selektivität des vollständigen Kommunikationsmodells ist jetzt durch ein einfach selektives Mitteilungs- oder Input-Output- oder Sender-Empfänger-Modell ersetzt worden. Kommunikation wird in der Reduktion auf Handeln operationsfähig gemacht. Wir können verallgemeinern: Soziale Systeme beobachten sich als Handlungssysteme. An die Stelle des als Einheit sowieso nicht beobachtbaren Elements Kommunikation rückt das Element (Mitteilungs-)Handeln. Mit der Verkürzung von Kommunikation auf Handeln ermöglichen sich soziale Systeme sozusagen mehr oder weniger erfolgreich den Umgang mit ihrer eigenen Ausdifferenzierung. Nichtmögliches wird möglich. Man mag auch sagen: Handeln kann als selbstfabrizierte Simplifizierung eines sonst oder sowieso nicht durchschaubaren kommunikativen Geschehens erkannt werden. Ansonsten ändert das alles nichts an der Autopoiesis je involvierter Systeme. Was für eine Trickserei!

Gebar der kreißende Berg nun eine Maus oder nicht? Klar: Außenwelt gibt's. Sie wird ja unterschieden. Eine Konstruktion. Ihre Wahrnehmung ist nicht unmittelbar möglich. Konstruktion steckt dahinter. Der Rhein, die Strömung, die Fische, die Fische in der Strömung des Rheins. Ego und Alter sind zunächst unterschieden als vom Menschen abstrahierte, diesen jedoch voraussetzende Beobachtungsfiguren, dann präziser als körpergebundene psychische Systeme mit Gedanken als sich selbst ermöglichenden operativen Elementen. Wahrhaft ein Konstrukt. Keines der fraglichen Systeme kann in das jeweils andere System hineinsehen. Bereits das schließt Verstehen im landläufigen Verständnis von Verstehen aus. Ego und Alter, so wie eben unterschieden, können auch nicht Elemente eines sozialen Systems und somit der Gesellschaft sein. Soziale oder kommunikative Systeme benutzen ja Kommunikationen als ihre Operatoren. Wir haben es mit Systemen je eigener Art zu tun, die einander bedürfen, nicht aber ineinander aufgehen. Wie das? Ein System ist kein Perpetuum mobile. Bedingung seiner Selbstermöglichung ist, um es locker zu fassen, sich mit seinen Möglichkeiten auf etwas beziehen zu können, was nicht zu ihm gehört. Wie das hinkriegen? Nun, Ego nimmt einfach an, dass er Alter etwas mitteilt und dass Alter diese Mitteilung auch genau so wie mitgeteilt versteht, jeweils vor allem sprachebeanspruchend. Was bleibt ihm auch übrig, will er nicht als Monade verkümmern. Nichts anderes gilt für alle Alteregos. Sofern Ego und Alter etwas voneinander annehmen oder sich vom jeweils anderen unterscheiden, damit Sozialität Referenz erweisen, betrachten sie sich als Personen, nicht im Sinne von Persönlichkeiten, sondern von Erwartungscollagen. Sofern sie sich oder dem jeweils anderen ein bestimmtes Verhalten zurechnen, betrachten sie sich als Handelnde oder Handeln Erlebende. So können am Ende Ego und Alter, die nicht zueinanderkommen können, doch noch zueinanderkommen, freilich nicht in ihrer ursprünglichen Form. Verstehen sich Ego und Alter jetzt? Nein! Das schließt die veränderte Vorstellung von Kommunikation aus. Kommunikative Verständigung darüber? Ja! Ansonsten, alltäglich ohnehin, sind Vereinfachungen gefragt. Alles wie gehabt. Nur ein wenig anders, offener und mit mehr Spannweite konstruiert. Da entlässt in der Tat der Elefant Kommunikation aus sich heraus die Maus Handlung. Diese Maus ist aber nicht mehr das, was sie vorher war.

Literaturhinweise

Einführung in die Systemtheorie. (Hrsg. v. D. Baecker.) Heidelberg (Carl-Auer), 2002, 3. Aufl. 2006, S. 288–314.

Erleben und Handeln. In: Soziologische Aufklärung 3. Soziales System, Gesellschaft, Organisation. Wiesbaden (Verlag für Sozialwissenschaften), 1978, 4. Aufl. 2004, S. 67–80.

Die Form »Person«. In: Soziologische Aufklärung 6. Die Soziologie und der Mensch. Wiesbaden (Verlag für Sozialwissenschaften), 1991, 2. Aufl. 2004, S. 142–154.

Interpenetration – Zum Verhältnis personaler und sozialer Systeme. In: Soziologische Aufklärung 3. Soziales System, Gesellschaft, Organisation. Wiesbaden (Verlag für Sozialwissenschaften), 1977, 4. Aufl. 2004, S. 151–169.

Intersubjektivität oder Kommunikation: Unterschiedliche Ausgangspunkte soziologischer Theoriebildung. In: Soziologische Aufklärung 6. Die Soziologie und der Mensch. Wiesbaden (Verlag für Sozialwissenschaften), 1986, 2. Aufl. 2004, S. 169–188.

Soziale Systeme. Grundriß einer allgemeinen Theorie. Frankfurt a. M. (Suhrkamp), 1984, 12. Aufl. 2006, S. 191–241.

Die Unwahrscheinlichkeit der Kommunikation. In: Soziologische Aufklärung 3. Soziales System, Gesellschaft, Organisation. Wiesbaden (Verlag für Sozialwissenschaften), 1981, 4. Aufl. 2004, S. 25–34.

Was ist Kommunikation? In: Soziologische Aufklärung 6. Die Soziologie und der Mensch. Wiesbaden (Verlag für Sozialwissenschaften), 1987, 2. Aufl. 2004, S. 4–16.

Wie ist Bewußtsein an Kommunikation beteiligt? In: Soziologische Aufklärung 6. Die Soziologie und der Mensch. Wiesbaden (Verlag für Sozialwissenschaften), 1988, 2. Aufl. 2004, S. 37–54.

Klingeln an einer Haustür. Zur Ehrenrettung des Handelns

Es wird mit Fug und Recht gesagt, Klingeln an einer Haustür sei doch wohl eine Handlung, eine soziale zumal, wenn erwartet wird, dass von irgendjemandem daraufhin die Haustür geöffnet werden sollte. Na klar, was denn sonst!? Man habe nun aber gehört, Luhmann habe sich vom Handlungsbegriff verabschiedet und diesen durch einen neuartigen Kommunikationsbegriff ersetzt. In der Tat, man könnte mit dem neuartigen Begriff der Kommunikation beginnen. Stattdessen sei erst einmal so getan, als seien die neuartige Vorstellung von Kommunikation und das Scharnier zwischen Kommunikation und Handeln noch unbekannt.

Legen wir uns fest: Handeln ist unterscheidbar als ein sinnhaftes Verhalten, das körperlich oder/und intentional sein kann: Handeln (einschließlich Unterlassen von Handeln) ist einer sich verhaltenden Einheit zugerechnetes sinnhaftes Verhalten. Erwin klingelt an einer Haustür. Erwin erwartet, dass Elke das Klingeln hört und die Haustür öffnet. Dieser Sozialform des Handelns steht die Sozialform des Erlebens gegenüber. Erleben ist beobachtbar als sinnhaftes körperliches oder/und intentionales Verhalten, das dem Adressaten zugerechnet wird. Elke hört das Klingeln und verbindet damit die Erwartung, die Haustür öffnen zu sollen. Über Zurechnungen der genannten Art entscheidet stets ein Beobachter, der Beobachter beobachtet, sich selbst eingeschlossen. Beobachten heißt uns ja, etwas in einem zu unterscheiden und zu bezeichnen, was es sonst nicht gäbe. Erwin beobachtet, ist ein Beobachter, auch Elke, auch der Erwin oder/und Elke beobachtende Beobachter. So kann z. B. Erwin sich selbst als handelnd erleben. »Ich habe an der Haustür geklingelt …« Erwin kann Elke als handelnd erleben: »Elke hat die Haustür geöffnet …« Erwin kann erleben, dass Elke ihn als handelnd erlebt: »Elke hört mein Klingeln.« Weitere Alternativen seitens Erwin wären denkbar; und mit Bezug auf Elke wären sie gar zu doppeln.

Wenn eine Zurechnung erfolgt, was laufend geschieht, wird immer entschieden, was gewählt wird und was nicht, wobei die nicht gewählten Möglichkeiten weiter wählbar (»virtuell präsent«) bleiben. Ein bestimmtes Einlassbegehren hätte anders ausfallen – z. B.: Alternative des Hinaufrufens zu einem offenen Fenster – oder jedes Einlassbegehren einstweilen unterbleiben können. Es geht um kontingente, d. h. weder notwendige noch unmögliche Alternativen. Man kann das aus etwas anderem Blickwinkel auch wie folgt lesen: Handeln impliziert Ungleichheit: Erwin und Elke haben die Möglichkeit, auch anders zu handeln. Erwin muss nicht an der Haustür klingeln, und Elke muss die Haustür nicht öffnen. Bei der Wahl unter angenommenen Alternativen ginge es dann um Entscheidungen. Diese zeichnen sich dadurch aus, dass Handlungen nicht bloß erwartungsorientiert erfolgen, sondern die auf sie gerichteten Erwartungen mitbedacht werden, und dass dann erwartungskonform oder -abweichend gehandelt wird. Elke z. B. könnte sich sehr wohl überlegen, ob es für sie Sinn ergibt, die Haustür zu öffnen oder nicht. »Den lass ich nicht rein!« Erleben impliziert Gleichheit: Erwins Erleben lebt von der Erwartung gleichen Erlebens von Elke und umgekehrt. Mit dem Klingeln an der Haustür muss ein gleicher Sinn verbunden werden können, die Bitte oder Aufforderung in Hinblick auf das Öffnen der Tür. Sonst ginge nichts. Beschreibungen dieser Art dürften einleuchten.

Eher beiläufig ist von verschiedenen Möglichkeiten des Handelns (und Erlebens) gesprochen worden. Offensichtlich ist es einsehbar oder plausibel, eine Überfülle von Handlungsmöglichkeiten in der Welt zu unterscheiden: Weltkomplexität nennen wir das. Diese umfasst die Innenseite dessen, was unterschieden wurde, und seine Außenseite, das, was deshalb nicht unterschieden wurde. Ein Seinssachverhalt kann nicht gemeint sein. Reduktion von Komplexität ist angesagt. Hier Bildung von Handlungssystemen als Zusammenhängen aufeinander verweisender und einander immer wieder ermöglichender Handlungen in den Grenzen ermöglichter Handlungen. An eine Haustür mag geklopft oder an einer Haustür mag geklingelt oder es mag zum Fenster hinaufgerufen werden. Gäbe es keine Haustüren, gäbe es die bemühten Alternativen nicht, auch nicht die Möglichkeit, per Handy um Einlass nachzufragen, wenn es keine Handys gibt. Unterschieden ist, dass stets nur auf je verfügbare Handlungsmöglichkeiten zurückgegriffen werden kann, je nicht ermöglichte bekannte wie noch unbekannte Handlungen deshalb aber gleichwohl möglich bleiben: Wie wollte man das bestreiten?

Handeln ermöglicht Handeln, ermöglicht sich selbst. So unsere triviale Aussage. Gleichsam unter der Hand ist der Handlungsbegriff entnaturalisiert (handelnd verwirklicht der Mensch seine Natur), entsubjektiviert (das seiner selbst gewisse Subjekt bestimmt sich selbst), ja entsubstantialisiert (das verweist auf Auflösung von Substanzen in Funktionen), d. h. als bloßes Moment der Selbstermöglichung von Handlungssystemen (das verweist auf Autopoiesis) als je augenblicklich aktualisierten füreinander erreichbaren Handlungen eingeführt worden: Handlungssysteme sind temporäre Systeme. Wenn Elke die Haustür geöffnet hat, wär's vorbei, wenn nicht weiteres Handeln anschlösse. Anschlussfähigkeit muss gegeben sein. Erhalten geblieben ist die Bestimmung eines Handelns vom Zweck her, über den freilich nicht mehr fraglos zu befinden ist. Die überlieferte (naturalisierte, subjektivierte, auch instrumentell gedachte) Zweckbindung ist sozusagen entzweckt worden. Mehr noch. Zwecke, gar solche vermeintlich fraglos um ihrer selbst willen zu bevorzugender Art – da denkt man an Werte –, finden sich schlussendlich herabgestuft zu kaum vermeidbaren, höchst brüchigen Krücken des Handelns, und ihrer gar kausal zu denkenden Bewirkbarkeit – da denkt man an zweckrationales Handeln – wird die gelbe Karte gezeigt. Zu hoch sind die Begründungslasten und gar zu vielfältig die möglichen Mittel-Zweck-Beziehungen. Was bleibt, das sind stets auch anders mögliche Zurechenbarkeiten. Hat Erwin geklingelt, um auf sich aufmerksam zu machen? So und nicht anders kann und muss man sich wohl die soziale Welt des Handelns und Erlebens zurechtlegen.

Zurück zum Anfang. Das Klingeln an einer Haustür durch Erwin und deren Geöffnetwerden durch Elke ließen sich als ein Akt der Kommunikation begreifen. Es ist doch klar, was Erwin Elke mitteilen will und dass Elke klar ist, sie versteht, was Erwin ihr mitteilt, von ihr will. Diese Vereinfachung ist nicht zu verwerfen, wenn sie als Vereinfachung begriffen wird. Vergewissern wir uns: Soziale Systeme bestehen aus Kommunikationen, genauer: Soziale Systeme benutzen Kommunikationen als ihre Elemente und aktualisieren sich als Systeme durch die je augenblicklich aktualisierten Kommunikationen. Eine Kommunikation ist die (begriffliche oder Beobachtungs-)Einheit der dreifach selektiven Differenz von Information, Mitteilung und Verstehen. Verstehen heißt, zwischen Information und Mitteilung unterscheiden zu können. Kommunikation wird also wesentlich vom Verstehen her verstanden. Da einzelne Kommunikationen als Elemente sozialer Systeme nicht beobachtbar sind, vereinfachen sich soziale Systeme ihre Selbstbeobachtung, indem sie sich als Handlungssysteme beobachtbar machen: Erwin rechnet sich zu, Elke eine bestimmte

Information mitgeteilt, gehandelt zu haben: »Ich habe an der Haustür geklingelt, um eingelassen zu werden.« Erwin versteht sein Handeln, denn er weiß zwischen Information und Mitteilung zu unterscheiden. So auch Elke: »Erwin teilt mir mit, Einlass zu begehren.« Elke öffnet die Tür. Handeln ist hiernach unterschieden als das bloße augenblickliche (ereignis- oder momenthafte) Mitteilen von Informationen oder als Mitteilungshandeln. In diesem Verständnis sind das Klingeln an einer Haustür und ihr Geöffnetwerden als einzelne, aufeinander verweisende soziale Handlungen zu verstehen. Deshalb mag von kommunikativem Handeln als an Kommunikation beteiligtem Handeln gesprochen werden. Mit alledem soll Kommunikation weder als Begriff noch als Vorgang zureichend erklärt sein. Es ging allein darum, Handeln als von mancherlei historischem Ballast befreitem und vom Kopf Kommunikation auf die Füße Handeln umgestelltem sozialen Sachverhalt zu neuem Glanz zu verhelfen. Ganz im Sinne des großen Meisters.

Literaturhinweise

Autopoiesis, Handlung und kommunikative Verständigung. *Zeitschrift für Soziologie* 1982, 11 (4): 366–379.

Erleben und Handeln. In: Soziologische Aufklärung 3. Soziales System, Gesellschaft, Organisation. Wiesbaden (Verlag für Sozialwissenschaften), 1978, 4. Aufl. 2004, S. 67–80.

Handlungstheorie und Systemtheorie. In: Soziologische Aufklärung 3. Soziales System, Gesellschaft, Organisation. Wiesbaden (Verlag für Sozialwissenschaften), 1978, 4. Aufl. 2004, S. 50–66.

Soziale Systeme. Grundriß einer allgemeinen Theorie. Frankfurt a. M. (Suhrkamp), 1984, 12. Aufl. 2006, S. 191–241.

Soziologie als Theorie sozialer Systeme. In: Soziologische Aufklärung 1. Aufsätze zur Theorie sozialer Systeme. Wiesbaden (Verlag für Sozialwissenschaften), 1967, 7. Aufl. 2004, S. 113–136.

Temporalstrukturen des Handlungssystems. Zum Zusammenhang von Handlungs- und Systemtheorie. In: Soziologische Aufklärung 3. Soziales System, Gesellschaft, Organisation. Wiesbaden (Verlag für Sozialwissenschaften), 1980, 4. Aufl. 2004, S. 126–150.

Zweckbegriff und Systemrationalität. Über die Funktion von Zwecken in sozialen Systemen. Tübingen (Mohr Siebeck), 1968 [Nachdr. 1999, Frankfurt a. M. (Suhrkamp), 6. Aufl.], S. 18–54.

Robinson und Freitag: Über doppelte Kontingenz

Doppelte Kontingenz. Ist doch ganz einfach! Ich muss mich auf dich einstellen und du dich auf mich. Ich bin von dir abhängig, und du bist von mir abhängig. So falsch ist das nicht, jedoch auch nicht ganz richtig. Da ist einiges zurechtzurücken.

Zunächst zu den relevanten Beobachtungseinheiten. Wir könnten von Ego (ich) und Alter (du) als vom Menschen abstrahierten Bezugseinheiten sprechen oder gleich exakter von psychischen Systemen als vom Menschen abstrahierten Bezugseinheiten. Bekommen es diese miteinander zu tun, dürfen wir die soziale Form Person für beide unterstellen. Letzteres denken wir uns, wenn wir jetzt Robinson und Freitag auf der Bühne erscheinen lassen. Also: Am Anfang seien Robinson und Freitag unterschieden. Wir wissen schon, wer gemeint ist. Beide mögen einander zufällig begegnen. Sie wissen nichts voneinander, sind einander unzugängig, können nicht in den jeweils anderen hineinsehen. Sie sind schwarze Kästen füreinander. Bereits die schlichte Begegnung hat es in sich. Robinson und Freitag müssen sich wechselseitig wahrnehmen können. Das geht nur, wenn ihnen so etwas wie Wahrnehmungsfähigkeit oder wahrnehmungsfähiges Bewusstsein als Voraussetzung für Unterscheidungsleistungen anzusinnen ist. Sie mögen sich wahrnehmen als einander ziemlich ähnliche Erscheinungen; der Begriff Mensch ist ihnen ja wohl fremd. Doch ist eine Reziprozität der Perspektiven gegeben. Das ist ein erster Schritt der Erzeugung von Weißheit oder von Realitätsgewissheit.

Wie gesagt, Robinson und Freitag ist anzusinnen, sich verhalten zu können, eigenes und fremdes Verhalten unterscheiden zu können. Je für sich. Bezogen auf ihre Begegnung: Robinson sieht, dass Freitag seinen Wurfspeer vor sich in den Boden steckt, statt ihn mit erhobenem Arm auf ihn zu richten. Robinson hat selbst so ein Gerät, das wir Wurfspeer nennen, und weiß, was man damit machen kann. Er entscheidet sich, sich genauso wie Freitag zu verhalten. Wir könnten die Situation analog von Freitag aus sehen. Ob das jeweilige Verhalten richtig ist? Das kann man zunächst nicht wissen. Bevor das geklärt werden kann, ist auf weitere Unterscheidungen hinzuweisen. Die Unterscheidung eigenen, jeweils sich selbst zugerechneten Verhaltens verweist auf Handeln als sinnbeanspruchende Form von Verhalten.

Für die Unterscheidung anderen, fremden Verhaltens, also Verhalten, das einem anderen zugerechnet wird, nimmt dessen Verhalten für den Zurechnenden die sinnbeanspruchende Form des Erlebens an. Erst jeweils auf einen anderen bezogenes Verhalten in der Form des Handelns markiert soziales Handeln. Anders ausgedrückt: Beide, Robinson und Freitag, sind nolens volens gehalten, wechselseitig zu erleben, auf welches Handeln welches Handeln folgt. Wissen können sie darüber tatsächlich nichts. Aber erproben können sie es. Selbstbezügliches Abtasten von jeweils eigenen Handlungsmöglichkeiten in Reaktion auf erlebte andere Handlungen ist angesagt. Beide Speere stecken im Boden. Also kein Kampf. Unter Bedingungen von Intransparenz wird Transparenz möglich. Muss das so sein? Wird das immer so sein? Kann man sich darauf einstellen, darauf verlassen? Wohlgemerkt, es stehen nur selektive Erwartbarkeiten zur Debatte. Was sonst noch erwartbar sein könnte, ist bis dato unbekannt. Doch nicht Kampf? Immerhin ist ein Anschlusswert für weiteres Handeln entstanden, zufällig.

Es liegt auf der Hand, den insoweit beschriebenen Zusammenhang von an Erwartungen orientierten Handlungen als sinnhafte Einheit »soziales System« zu unterscheiden, hier in Form eines Handlungssystems. Unversehens ist die Frage nach der Möglichkeit sozialer Systeme oder, alltäglicher gefasst, sozialer Ordnung auf der Agenda erschienen. Wie aber ist diese Möglichkeit näher zu unterscheiden? Der Umstand, dass eigene oder Selbstfestlegungen andere nicht festlegen und umgekehrt und dass jeweils eigenes Handeln eben gerade an der Unsicherheit des erwartbaren jeweils anderen Handelns orientiert ist, drückt eine Situation doppelter Unwahrscheinlichkeit sozialer Systembildung aus. Zufällig wird augenblicklich ein soziales System in die Welt gesetzt, ein System eigener oder, wie genauer zu sagen wäre, emergenter Art. Robinson und Freitag selbst sind nicht dessen Elemente. Es sind ihre von ihnen losgelöst aufeinander bezogenen Handlungen, kommunikative oder an Kommunikationen beteiligte Handlungen. Kurzum: Der augenblicklich in Gang gesetzte kommunikative Kontakt konstituiert uno actu eine neue Einheit, die auf keinen der Beteiligten, keines der beteiligten Systeme bruchlos zurückgeführt werden kann. Ego und Alter sind nicht Elemente des entstandenen sozialen Systems. Doppelte Kontingenz heißt folglich nicht nur Referenz von Robinson auf Freitag und von Freitag auf Robinson zugleich. Sie ist Konstitutionsbedingung sozialer Systeme mit eigenen Elementen, die letztlich als Kommunikationen zu unterscheiden sind bzw. in vereinfachter Weise als Handlungen der in der Form von Personen an sozialen Systemen beteiligten psychischen Systeme.

Doppelte Kontingenz hat den Rang eines Systembildners. Dies nicht so, als sei mit dem Entstehen sozialer Ordnung das Ordnungsproblem ein für alle Mal gelöst. Doppelte Kontingenz ist nur ein anderer Ausdruck für den prekären Bestand eines sozialen Systems. Eine augenblicklich etablierte soziale Ordnung will laufend bestätigt werden. Weiterhin kein Kampf? Diese Ordnung ermöglicht andere anschließende Selbstfestlegungen. Gemeinsam jagen? Vielleicht. Die erjagte Beute teilen? Mag sein. Das alles vielleicht sogar relativ dauerhaft. Ich bin von dir abhängig, und du bist von mir abhängig, solange wir voneinander abhängig sind, uns in unserer Abhängigkeit fortlaufend bestätigen. Wenn nicht, dann ist's aus mit unserer Beziehung. Doppelte Kontingenz ist ein unüberwindbares Dauerproblem an der Wiege sozialer Systeme.

Literaturhinweise

Generalized Media and the Problem of Contingency. In: J. J. Loubser et al. (eds.): Explorations in General Theory in the Social Sciences. Essays in Honor of Talcott Parsons. Vol. II. New York et al. (The Free Press et al.), 1976, pp. 507–532.

Soziale Systeme. Grundriß einer allgemeinen Theorie. Frankfurt a. M. (Suhrkamp), 1984, 12. Aufl. 2006, S. 148–190.

Wie ist soziale Ordnung möglich? In: Gesellschaftsstruktur und Semantik. Studien zur Wissenssoziologie der modernen Gesellschaft. Bd. 2. Frankfurt a. M. (Suhrkamp) 1981, Nachdr. 2000, S. 195–285.

Szenen einer Ehe: »Du verstehst mich ja doch nicht!« – Unerreichbare Partner

Sie: »Ich möchte, dass du ein bisschen mehr auf mich eingehst, ein wenig aufmerksamer, zärtlicher, liebevoller bist. Früher warst du ganz anders.« Er: »Ich weiß gar nicht, was du willst. Ich hab dich doch lieb. Muss ich das denn immerzu sagen!? Und außerdem bist du früher auch häufiger angekommen.« Sie: »Siehste, das ist genau, was ich meine. Es geht dir doch bloß um das Eine. Was ich dagegen meine, ist, dass du überhaupt mehr auf mich zugehst, mich einfach mal so in den Arm nimmst, einfach nett zu mir bist, ohne gleich mehr zu wollen.« Er: »Also komm, so ist es ja nicht. Du meinst immer gleich, ich wollte mehr. Und außerdem, so ganz unrecht ist dir das nun auch nicht.« Sie: »Na ja, aber das kann doch nicht alles sein. Versteh mich doch.« Er: »Ich versteh dich schon, aber unsere Flitterwochen sind längst vorüber. Die Arbeit, die Kinder und all das.« Sie: »Sicher, aber gerade drum. Wo bleib da ich? Was ist mit uns? Ich will eben mehr.« Er: »Wir haben doch alles, was wir brauchen. Wir haben uns.« Sie: »Haben wir eben nicht! Versteh mich doch!« Er: »Ich versteh dich ja irgendwie.« Sie: »Nein, du verstehst mich überhaupt nicht! Ein Mann kann eine Frau sowieso nicht verstehen.« Er: »Da wären wir wieder beim Thema. Ich versteh dich nicht.« Sie: »Eben, ich versteh nicht, dass du mich einfach nicht verstehst.« Usw. usw. usw.

Gemeinhin würde man sagen, hier kommunizierten zwei als Frau und Mann unterschiedene, in formell dauerhafter partnerschaftlicher Beziehung zueinander stehende Menschen. Es gehe um eine besondere soziale Beziehung. Das Soziale sehe man in der offenen oder verdeckten jeweiligen Berücksichtigung des Handelns des jeweils anderen in der Form des für eigenes Handeln erheblichen Erlebens dieses Handelns. Es lasse sich gar von einer sozialen Austauschbeziehung sprechen. Als Gegenstand des Austausches erschienen, wie es so schön heißt, Kommunikationen, die hauptsächlich sprachlicher, aber auch nicht sprachlicher Art sein können. Solche Kommunikationen erschienen als grundsätzlich verstehbar. Oder: Der subjektiv gemeinte Sinn von Kommunikationen scheint recht zuverlässig erschließbar oder in ebendiesem Sinne verstehbar zu sein, und zwar gleichsinnig für alle Beteiligten. Jeder weiß, was das Gesagte bedeuten soll. »Ich hab dich doch lieb.« Ist doch beiden Partnern klar, dass das heißt: »Ich hab dich doch lieb.« Gäbe es da Auffassungsunterschiede hinsichtlich des gemeinten Sinns des sprachlichen Ausdrucks, ließen sie sich durch rückversichernde Nachfragen beheben – dann würde über Kommunikation kommuniziert – oder im günstigsten Fall sogar konsensuell kurzschließen, in Identität aufheben. Selbst über Identitäten von Nichtidentitäten könnte man sich verständigen. Wenn etwa beide Partner sich wechselseitig vergewisserten, aus dem oder dem Grund einander nicht zu verstehen, hätte man einen solchen Fall. Konsentierter Dissens wäre angesagt: »Darüber müssen wir noch mal reden.« Für den Fall des Scheiterns stünden immer noch Therapeuten Gewehr bei Fuß.

Ganz so einfach liegen die Dinge allerdings nicht, wie jedermann weiß. Mindestens ist das Denken in potentiell gleichgewichtigen Input-Output-Beziehungen, deren Gegenstand als von den Beteiligten grundsätzlich bedeutungsgleich anzusehende, mit sich selbst identische mitgeteilte Informationen sind (»Ich hab dich doch lieb«), aufzulösen. Das erfordert einen anderen Kommunikationsbegriff und mit diesem die Entthronung des Denkens in Einheiten durch das Denken in Differenzen Kommunikation ist entsprechend unterschieden als dreifach selektive Differenz von: Information – Mitteilung – Verstehen. Von der letzten Differenz oder vom Ende her aufgerollt: Verstehen ist nicht zu verstehen als Verstehen einer mitgeteilten Information, sondern als Unterscheidung von Information und Mitteilung oder als Nichtverstehen – seitens des Adressaten einer Kommunikation, des Verstehenden. Es ist die verstehende Einheit, die für sich unterscheidet, welche Information ihr wohl warum und auch wie bzw. in welcher Form mitgeteilt wird. Er hört, dass sie sagt, ihm gehe es nur um das Eine. Warum um alles in der Welt sagt sie das? Will sie mir mal wieder eins auswischen? Warum hebt sie ihre Stimme so verdächtig? Sie hört, dass er sagt, dass er sie doch liebe. Was will er damit sagen? Doch wohl, dass er sie nicht wirklich so liebt, wie sie erwartet, geliebt zu werden! Übrigens zeigt allein das bereits, wie vertrackt es sein kann, Aufrichtigkeit kommunizieren zu wollen: »Glaub mir, ich meine, was ich sage!« Stets nähren mitgeteilte Motive Motivverdacht. Authentizität im Allgemeinen und Aufrichtigkeit im Besonderen sind nicht wirklich kommunizierbar.

Um zu verstehen, wie verwickelt die Sache mit dem Verstehen ist, muss man noch weitere Differenzen hervorkramen: die Differenz zwischen Systemen allgemein und besonders die Differenz zwischen psychischen Systemen und sozialem System. Oben war die Rede von als Frau und Mann unterschiedenen Menschen. Der, sagen wir, empirische Mensch sei dagegen nunmehr unterschieden als eine Art differentieller Einheit, bestehend aus einem System des Lebens und einem psychischen System. Die Unterscheidung von Frau und Mann sei in diesem Zusammenhang als einfache Gattungsunterscheidung eingesetzt. Des Weiteren wurde oben die partnerschaftliche Beziehung zwischen Frau und Mann als soziale Beziehung vorgestellt. Dafür sei nunmehr die Bezeichnung soziales System eingesetzt. Der Witz derartiger Unterscheidungen erhellt sich erst so richtig über die Unterscheidung der unterschiedenen Systeme als autopoietischer Systeme. Das sind qua Unterscheidung Systeme, die ihre systemkonstituierenden Elemente durch ihre systemkonstituierenden Elemente erzeugen; es sind Systeme, die operativ geschlossen, kognitiv offen, strukturbestimmt, umweltangepasst und je temporär aktualisiert operieren. So operiert ein psychisches System mit Gedanken und ein soziales System mit Kommunikationen als Elementen. Es geht um je verschiedene Systeme und um verschiedene Elemente! Jetzt wird's kritisch: Die Gedanken der Frau (sagen wir: das, was in ihrem Kopf vorgeht) können dann per se nicht die Gedanken des Mannes (sagen wir: das, was in seinem Kopf vorgeht) sein, und das trotz einer mehr oder minder langen gemeinsamen Geschichte der beiden als je bestimmtes Systems mit einem bestimmten System in seiner Umwelt, und das trotz Einbettung der psychischen Systeme und des Beziehungssystems in eine gemeinsame sprachliche und soziokulturelle Umwelt usw. Sie: »Wenn ich nur in dich hineingucken könnte! Ein finsteres Loch!« Er: »Du sagst es!« Nein, keiner kann in einen anderen hineinsehen. Jeder Versuch, sich der inneren Welt eines anderen zu versichern, dürfte kläglich scheitern. Und das ist noch nicht alles. Die als soziales System unterschiedene Zweierbeziehung besteht (besteht!) nicht aus Menschen. Schon die Körper der Beteiligten bleiben füreinander unerreichbar, selbst bei augenblicklich als körperverschmelzend erlebtem biologischem Kontakt. Das soziale System besteht auch nicht aus psychischen Systemen. Letztere sind nur in der Form von Personen als Adressen und Adressaten von Kommunikationen am sozialen System beteiligt. Die Bilder, welche die Partner voneinander haben bzw. zu haben glauben, die sich im Laufe längerer kommunikativer System-Umwelt-Geschichten entwickelt oder ausgeformt haben, sind nichts anderes als bloße soziale Konstrukte: »Das habe ich mir gedacht, dass du so denkst! Typisch Frau (Mann)!«

Selbstredend kann Verstehen trotzdem gelingen, aber eben nicht als authentisches Verstehen der konkret-unmittelbaren psychischen Befindlichkeit, der inneren Erlebens- und Gedankenwelt eines anderen. Identitäten sind nur als Differenzen zu haben: »Ich bin ich, und du bist du.« Die jeweiligen Psychen bleiben wechselseitig füreinander schwarze Kästen, unerreichbar. Verstehen ist bestenfalls in der Form von sozial konstruierter Verständigung erreichbar. Er: »Ich versteh ja, dass du dich über ein paar schöne Blumen freuen würdest.« (Eigentlich: »... obwohl ich das nicht wirklich verstehe.«) Den schwarzen psychischen Kästen wird ein weißer Anstrich verpasst; an die Stelle der Schwarzheit tritt Weis(s)heit. Das mag helfen. Verstehende Soziologie könnte sich anbieten. Doch: Verstehen wird so ganz erst als Verstehen von Nichtverstehen verstehbar: Er/Sie: »Seit ich verstehe, dass du nicht verstehen kannst, dass ich dich nicht verstehe, verstehe ich dich viel besser.« Nichtverstehbarkeit ist ausgeflaggt als Königsweg des Verstehens. Systemtheorie bietet sich an. Das hilft bestimmt – und erspart den Therapeuten.

Literaturhinweise

Autopoiesis, Handlung und kommunikative Verständigung. *Zeitschrift für Soziologie* 1982, 11 (4): 366–379.

Glück und Unglück der Kommunikation in Familien: Zur Genese von Pathologien. In: Soziologische Aufklärung 5. Konstruktivistische Perspektiven. Wiesbaden (Verlag für Sozialwissenschaften), 1990, 3. Aufl. 2004, S. 218–227.

Soziale Systeme. Grundriß einer allgemeinen Theorie. Frankfurt a. M. (Suhrkamp), 1984, 12. Aufl. 2006, S. 296–310.

Systeme verstehen Systeme. In: N. Luhmann u. K. E. Schorr: Zwischen Intransparenz und Verstehen. Fragen an die Pädagogik. Frankfurt a. M. (Suhrkamp), 1986, S. 72–117.

Die Wissenschaft der Gesellschaft. Frankfurt a. M. (Suhrkamp), 1990, 4. Aufl. 2002, S. 25–30.

Können Computer kommunizieren? Mal sehen

Wir wollen einen ungewöhnlichen Blick auf die Welt der Computer freigeben. Dazu müssen wir weiter ausholen. Halten wir uns erst einmal an eher Selbstverständliches. Der Computer ist eine Maschine. Er besteht aus fester Materie in Form von Metallen und Kunststoffen, insbesondere elektronischen Bauelementen. Die wesentlichsten elektronischen Bauelemente sind Prozessor, Festplatte und diverse elektronische Module wie Arbeitsspeicher, Grafikkarte und Modem. Hinzu kommen Geräte der Peripherie wie Tastatur, Maus, Bildschirm und Drucker. So weit die Seite der Hardware. Damit der Computer laufen kann, benötigt er Programme. Dies sind erstens ein mittels logischer Sprache geschriebenes komplexes Programm für die Bearbeitung digitalisierter Informationen für verschiedene Anwendungen: Betriebssystem, dies sind zweitens mittels logischer Sprache geschriebene Programme für die digitalisierte Bearbeitung bestimmter Informationen: Anwendersoftware wie Text-, Grafik-, Tabellen-, Statistikprogramme. So weit die Seite der Software. Funktion des Computers ist es, auf der Grundlage ihm eingegebener Programme Informationen zu bearbeiten, nach einem fixen Algorithmus eingehende in ausgehende Informationen umzuformen. Das macht den Computer zu einer trivialen Maschine, zu einem, wie wir sagen können, fremdgeregelten oder allopoietischen System. Der Computer macht das, was ich von ihm verlange, sofern er das kann. Ich gebe in einem Textprogramm per Tastatur einen laufenden Text ein. Gerade habe ich geschrieben: »Das macht den Computer zu einer trivialen Maschine ...« Diesen Satz bekomme ich augenblicklich auf dem Bildschirm zu sehen. Ich sehe mir den Satz im Textzusammenhang an und entscheide mich, ihn zu markieren und per Maus an eine passendere Stelle zu verschieben. Das klappt. So weit Selbstverständliches.

Hinterfragen wir. Computer als materielle Hilfsmittel des Umgangs mit immateriellen Sachverhalten, also als informationentraktierende triviale Maschinen, werden kraft selbsterzeugten Wissens sinnhafter Systeme (wir denken an psychische Systeme, die mit Gedanken als Elementen arbeiten) hergestellt, in die Umwelt ihrer Hersteller entlassen als Mittel des Bewirkens von Wirkungen. Ich unterscheide z. B., dass es mir mein Computer ermöglicht, Texte leichter in eine

Form zu bringen, die das durch Sprache Unterschiedene verständlicher macht. Ein typischer Fall von angenommener Bewirkbarkeit von Wirkungen im Medium der Kausalität. Das Wissen jedoch, das Computer ermöglicht, ist ja weder vom Himmel gefallen noch der Natur irgendwie unmittelbar abgelauscht worden. Es ist der Natur unterlegtes Wissen. Naturgesetze sind nämlich nichts, was uns die Natur mitteilt (»Ich bin das ohmsche Gesetz«), sondern etwas, das von außen an die Natur herangetragen wird. Wird solches Wissen in Technik bzw. Technologie übersetzt und funktioniert die Technik bzw. Technologie wie beabsichtigt, dann wurde nicht Natur Punkt für Punkt nachgebaut, sondern an ihr erprobtes Wissen ihrer Bewährung ausgesetzt. Funktionierende Simplifikation nennen wir das. Als technische bzw. technologische Systeme sind also Computer in die äußere Umwelt sinnhafter Systeme entlassen worden. Die sinnhaften Systeme bedienen sich dieser nicht sinnhaften Systeme in ihren Umwelten, um etwas zu bewirken, z. B. Informationen sicherer und schneller verfügbar zu machen, leichter bearbeitbar zu halten oder mehr Informationen für jederzeitigen Zugriff für jedermann zur Verfügung zu stellen oder sich selbst Überraschungen auszusetzen. »Was habe ich denn da gemacht?« Es scheint klar zu sein, was eine Information ist. Etwa: »Der Computer ist eine triviale Maschine.« Doch diese Information wurde als Information erst erzeugt. Vorher war sie nicht da. Information ist hier nicht mehr das, was sie ist bzw. zu sein scheint, sondern etwas, was einen Unterschied macht, nämlich für den, der sie als Information unterscheidet. Wie der Computer erweist sich die Information als Konstrukt.

Computer sind ebenso Verbreitungsmedien wie Briefe, Bücher, Zeitungen, Telefone und Fernseher. Es geht auf jeden Fall um materielle Hilfsmittel und in diesem Verständnis um Medien der Mitteilung von Informationen. Verbreitungsmedien sind für nahezu beliebige Informationen verwendbar. Derart mitgeteilte Informationen sind grundsätzlich verstehbar, genauer: erst als mitgeteilte Informationen unterscheidbar, was auf Kommunikation verweist. Die gesteigerte Unsichtbarkeit bzw. Unbekanntheit des Informanten erschwert allenfalls das Verstehensgeschäft. Für psychische und soziale Systeme erweitert das Medium Computer wie alle übrigen Verbreitungsmedien die Menge speicherbarer, verarbeitbarer und erzeugbarer Informationen und setzt im Vergleich zu den übrigen Verbreitungsmedien teilweise noch radikaler die Schranken der Erreichbarkeit beliebiger werdender Kommunikationen füreinander herab.

Nun sind wir hinreichend vorbereitet, uns den entscheidenden Fragen zuzuwenden: Lässt sich mit einem Computer kommunizieren? Können gar Computer miteinander kommunizieren? Die Antwort auf beide Fragen hängt zunächst davon ab, ob sich Computer auch als autopoietische Systeme und ob sich die relevanten Bezugnahmen der dann unterschiedenen autopoietischen Systeme aufeinander als Kommunikationen begreifen lassen. Wir sehen: Ohne Stromzufuhr macht der Computer schlapp. Ohne Nahrungszufuhr stirbt der Mensch. Ohne seinen physisch-elektronischen Unterbau funktioniert der Computer nicht. Ohne seinen Körper bzw. insbesondere sein physisch-biologisches Gehirn funktioniert der Mensch nicht. Wie der Computer hat der Mensch so etwas wie ein Betriebssystem, ein Nervensystem. Betriebssystem und Nervensystem können digitale Informationen prozessieren. Ohne Anwendungssoftware ist mit dem Computer nichts anzufangen. Einen Menschen können wir uns ohne die Fähigkeit zum Denken nicht vorstellen. Aber: der Computer ein autopoietisches System? Gar noch: Doppelexistenz des Computers als allopoietisches und autopoietisches System? Kann das gehen? Man bedenke nur: Ein autopoietisches System arbeitet, wie wir wissen, geschlossen (Computer: Information erzeugt Information; psychisches System: Gedanke erzeugt Gedanken), offen (Computer: ohne Eingabe einer Information keine Information; psychisches System: ohne Irritation kein Gedanke), strukturabhängig (Computer: Programme; psychisches System: Gedächtnis), umweltabhängig (Computer und psychisches System: sinnfreie und sinnhafte Umwelt) sowie temporär (Computer: bis der Befehl abgearbeitet ist; psychisches System: so lange, wie gedacht wird). Parallelen über Parallelen.

Wenn und insoweit der Computer als ein autopoietisches System zu beobachten wäre – wählen wir vorsichtshalber den Konjunktiv –, bliebe noch zu fragen, ob das für die Sinneinheit Kommunikation maßgebliche Kriterium des Verstehens als erfüllt gelten kann. Kann der Computer wie ein Bewusstseinssystem wahrnehmen? Sicher noch nicht, doch Anfänge sind zu sehen: Spracherkennung (»Sag das noch mal«.), Stimmungssensoren (»Sauer heute?«). Kann der Computer selbst (!) zwischen Information und Mitteilung unterscheiden, im Unterschied zur weiter oben angesprochenen Verstehbarkeit? Er müsste zuerst für sich das unterscheiden können, was für ihn eine Information ist. Das kann er programmgemäß. Er müsste sich auch fragen können, welchen Sinn die Information für ihn hat. Selbst das kann er programmgemäß: »Damit kann ich etwas anfangen.« Fehlermeldung. »So nicht, mein Lieber!« Ich spreche aus Erfahrung. Dem Computer ist durchaus das Denken des Denkens übertragen worden. Dabei bedenke man: Gedanken sind auch nichts weiter als Informationen, und auf Gedanken angewendete Gedanken sind auch nicht mehr. Freilich, das alles nur, wenn der Computer eingeschaltet ist. Immerhin funktioniert auch das psychische System nur unter der Voraussetzung von Leben. Es käme allerdings nur dann zu dem, was man eine vollständige Kommunikation nennen könnte, wenn auf die jeweilige kommunikative Offerte mit einer kommunikativen Offerte reagiert würde: »Berechne das noch mal.« »So ist's besser.« Jetzt erst wäre ein eigenes soziales System beobachtet: Kommunikation mit dem Computer? Das ginge gar über die selbst vom Meister eingeräumte »Kommunikation mit Zettelkästen« hinaus! Die Ausdehnung auf Kommunikationen von technologischen Systemen der Informationsverarbeitung untereinander erforderte lediglich die Erinnerung an den Abstraktionsschritt zur reinen Formbildungsfähigkeit hin: »Hallo, hier bin ich. Was willst du?« Kommunikation unter Computern? Ja, gemäß darauf bezogener Programmierung beiderseits und bei programmatisch vorgesehener selbsttätiger Aktivierung der Vernetzung. So etwas kann man wohl nur denken, wenn man die berüchtigte menschliche Intelligenz von ihrem Thron der Einzigartigkeit herunterholt. Der Computer wird ja nur deshalb als ein lebloses, gefühlloses und seelenloses Ding betrachtet, weil wir immer noch Begriffe wie Leben, Gefühl und Seele als nicht weiter auflösbare Begriffe, als Begriffe unseres Nichtwissens verwenden.

Das Medium Computer wirkt zweifellos auf psychische wie soziale oder kommunikative Systeme. Es irritiert psychische Systeme, wie jedes technische bzw. technologische System oder schlicht jede funktionierende Simplifikation auf seine Schöpfer zurückstrahlt. Es fasziniert ihr Bewusstsein. »Schon schön, was man so alles machen kann.« Es regt zu selbstreferentiellen Beobachtungen von Fremdreferenz an. Ich sinniere: »Wer hat sich weshalb im Internet über das Hotel X in seiner Bewertung so geäußert, wie er sich geäußert hat?« Die psychischen Systeme begeben sich in Abhängigkeiten, wenn sie bei ihren Denkoperationen auf externalisierte Ergebnisse ihrer eigenen Denkoperationen zurückgreifen. Verblöden wir durch Computer? Über diesen Weg sind sogar soziale Systeme als irritiert beobachtbar. Kann nur noch die Computerisierung wirtschaftliche Probleme lösen,

Rechtsfindung ermöglichen usw.? Vielleicht nicht gerade lösen, aber doch vereinfachen. Die einen Rechtsfall kennzeichnenden Stichworte eingeben und per Mausklick das mutmaßliche Urteil anfordern? Nicht auszuschließen. Künstliche Intelligenz ante portas?!

Nach welchen Seiten hin auch immer das Phänomen Computer beobachtet werden mag, es scheint zu Überschreitungen beinahe schon vertraut gewordener Grenzen in den Grenzen systemtheoretischen Denkens Anlass zu geben. Das scheint das Phänomen Computer mit dem Phänomen Kunst gemeinsam zu haben. Die Dinge so zu sehen, das stößt an die Schwelle traditionellen anthropologisierten Sinnverstehens. Bei Annahme eines vollständig auf reine Formbildung in irgendeinem Medium abstrahierten Sinnverstehens hat man allen Ballast abgeworfen. Formbildung im Medium des Sinns wird sinnhaft als sinnhaft entleerte bloße Ereignishaftigkeit von Sinn beobachtbar. Am Horizont sieht man eine Beliebigkeit des Unterscheidens, eines bloßen Prozessierens von bloßen Formen dimensionslos gewordenen Sinns heraufziehen. Aber nur am unerreichbaren Horizont.

Literaturhinweise

Die Gesellschaft der Gesellschaft. 2 Bände. Frankfurt a. M. (Suhrkamp), 1997, 6. Aufl. 2006, S. 302–311, 517–536.

Kommunikation mit Zettelkästen. Ein Erfahrungsbericht. In: A. Kieserling (Hrsg.: Universität als Milieu. Bielefeld (Haux), 1981, Nachdr. 1992, S. 53–61.

Organisation und Entscheidung. Wiesbaden (Verlag für Sozialwissenschaften), 2000, 2. Aufl. 2006, S. 361–379.

Soziologie des Risikos. Berlin/New York (de Gruyter), 1991, Nachdr. 2003, S. 93–110.

Das Kabelkalb. Ein Gespräch über Kunst. In: N. Luhman, F. D. Bunsen u. D. Baecker: Unbeobachtbare Welt. Bielefeld (Haux), 1990, S. 51–66.

»Ich hatte keinen Sex mit dieser Frau, Miss Lewinsky.« Zur Auflösung der Einheit des Menschen

Die Soziologie kennt ausweislich des *Lexikons zur Soziologie* (hrsg. von W. Fuchs-Heinritz, Opladen, Westdeutscher Verlag 1995) weder einen Menschen noch ein Individuum. Man staunt. Luhmann meint – immerhin! –, dass es Menschen und Individuen »gibt«. Fangen wir wie üblich an. Natürlich gibt es Menschen. Wir sind Menschen. Zweifel haben hier keinen Platz. Anschlussunterscheidungen sind möglich, z. B. Menschheit als Einheit von in gleicher Weise unterschiedenen Menschen. Tatsächliche Einheit? Gedachte Einheit? Doch weiter: Wird derartiger Gleichheit der Menschen noch bestimmte Verschiedenheit in der Gleichheit angesonnen, z. B. kraft der Unterschiedlichkeit ihrer körperlichen oder/und geistigen (dann auch: seelischen, verstandes-/vernunftmäßigen) Beschaffenheiten bzw. Fähigkeiten, wird der Mensch zum Individuum, zum individualisierten Individuum, zu einer je einzigartigen unteilbaren Einheit. Wieder: Tatsächliche Einheit? Gedachte Einheit? Doch weiter: Die Beobachtung – der Begriff Beobachtung ist ab jetzt als unterscheidende und Unterschiedenes bezeichnende Konstruktionsleistung mitzuführen – einer Individualisierung des menschlichen Individuums erfährt eine weitere Formveränderung mit der Beobachtung einer sich selbst wirklich als wirkliche Einheit beobachtenden Einheit, die ihrer selbst mächtig ist, sich selbst individualisiert: Das individualisierte menschliche Individuum wird zum menschlich gedachten und per se einzigartigen Subjekt. Eine erneute Vereinheitlichung von Verschiedenem: Alle sind unterschiedslos Subjekte. Eine weitere Formveränderung der sich selbst als individuelles Subjekt unterscheidenden Einheit ist mit der Beobachtung sich selbst unterscheidender Einheiten systemischen Zuschnitts in der Form von Beobachtern angesagt. Ein psychisches System oder Bewusstseinssystem (unser Beobachter) wird unterschieden (beobachtet) als sich selbst unterscheidend (beobachtend), mit der Möglichkeit, sich als Beobachter seiner selbst zu beobachten.

Ich sage, d. h. beobachte, d. h. unterscheide und bezeichne »Mensch«. Das geschieht tatsächlich. Das Wort Mensch kann freilich nicht dem gleich sein, was es unterscheiden und bezeichnen soll.

Kurzum: Bereits die Beobachtung von etwas als Mensch läuft auf eine wirkliche (reale) Imagination von Wirklichem (Realität) hinaus. Systemtheoretisch geht die Geschichte wie folgt weiter: Der Mensch wird nicht mehr als Einheit beobachtet. Der Mensch wird nicht mehr in altvertrauter Weise schlicht und einfach als Mensch und, bereits anspruchsvoller, nicht mehr als menschliches Subjekt gedacht. Die Beobachtungsfigur Subjekt findet sich ersetzt, wir hatten das eben bereits angedeutet, durch die Beobachtungsfigur Beobachter als System. Man kann auch sagen, dass das Subjekt entsubjektiviert und als systemischer Beobachter objektiviert wird. Unser Beobachter beobachtet (!) ein Ensemble von wirklichen Systemen in der Form autopoietisch operierender Systeme. Jetzt werden psychisches System und lebendes System als den empirischen Menschen kennzeichnende, von ihm gleichsam abstrahierte Systeme beobachtet, die wechselseitig füreinander Umwelt sind, auf der Ebene ihrer elementaren Operationen für sich wie füreinander intransparent und unzugängig. Was sie verbindet, das sind Kopplungen diverser Art (z. B.: ohne Leben kein Erleben und umgekehrt, die Psyche macht den Körper krank – wenn's denn der Körper zulässt). Und weiter: Die derart beobachteten Systeme werden als beobachtende Systeme beobachtet, als sich selbst und andere Systeme beobachtend. Das psychische System beobachtet sich als sich von seinem organischen Körper unterscheidend. Dann mag es seinen Körper als wohlgeformt oder weniger vorteilhaft proportioniert, als gesund oder krank usw. beobachten. Es mag sich selbst z. B. als traurig oder glücklich, als krank oder gesund oder gar als ein Selbst oder Ich beobachten. Es kann auch von anderen psychischen Systemen als sich auf diese Weise beobachtend oder überhaupt erst so beobachtet werden. Beobachtende Systeme können sich wechselseitig als sich beobachtend beobachten und alles, was für sie dabei herauskommt, ihren weiteren Beobachtungen zu Grunde legen. Dann und insoweit verwandelt sich das Beobachtungsgeschehen in ein sozial eingebundenes Geschehen.

Nun gilt es noch, plausibel zu machen, dass die Möglichkeiten der Selbst- und Fremdbeobachtung von Systemen ein Ergebnis der Evolution von Systemen sind. Plausibel ist eine in der Zeit zunehmende Differenzierung des Psychischen gegen das Körperliche, eine zunehmende Differenzierung der Möglichkeiten des Erlebens und Handelns psychischer Systeme, eine zunehmende Differenzierung des Erlebens und Handelns in Bezug auf zunehmend differenzierte

Aspekte der Körperlichkeit. Als anschauliches Beispiel kann die Ausdifferenzierung von Liebe und Sexualität dienen. Liebe wird zunehmend von Sexualität unterscheidbar (das galt schon für platonische Liebe) – so kann man es jedenfalls sehen. Liebe differenziert sich etwa gegen sozial definierte Zumutungen (Stichworte: verwandtschaftlich bestimmte Heirat, standesgemäße Heirat) als eher zwischenmenschliche Angelegenheit aus, differenziert sich dann selbst in verschiedene Formen (Passion, romantische Liebe, eheliche Liebe, nicht eheliche bzw. freie Liebe), ermöglicht dabei jeweils ihr eigenes Reflexivwerden (das Lieben der Liebe). Liebe vermag sich schließlich als individualisiert-entsozialisierte Form des Erlebens zu etablieren (Selbstliebe). Ähnlich und begleitend differenziert sich Sexualität aus, zunächst im Kontext von Liebe, dann befreit von den Fesseln der Ehe und der Liebe. Verschiedenste Formen der Sexualität werden erleb- und handelbar, auch wieder individualisiert-entsozialisierte. Man spricht von Sexualpraktiken. Alle Formen sexuellen Erlebens und Handelns können wiederum reflexiv werden (das Begehren des Begehrens). Inflation bzw. Deflation der Einzeichnung von Formen in die Medien der Liebe und der Sexualität unter Bedingungen der Ausdifferenzierung von Aspekten des Menschen wären im vorliegenden Fall das Thema.

Zu bedenken ist bei alledem zweierlei: 1. Alle Ausdifferenzierung von Aspekten des Psychischen und Körperlichen und ihre Differenzierung sind eingebettet in und wirken verschärfend auf die Unzugänglichkeit der jeweiligen Systeme für sich selbst und füreinander. Das läuft auf Steigerung der Ansprüche an das interaktiv (sozial) und individuell (auf der psychischen und körperlichen Ebene) möglich Gewordene (auch in Form von Liebes- bzw. Sexualtechniken, auch in Form des Zugriffs auf die eigene körperliche Umwelt mittels Viagra o. Ä.), seine Rekombinierbarkeiten (Liebe plus einseitige Erfüllung sexueller Wünsche) und seine riskanteren Balancierbarkeiten (zu intensive Liebe plus gar kein oder zu wenig Sex?) gegeneinander hinaus.

2. Ausdifferenzierungen des Psychischen und des Körperlichen sind zuallererst als soziale oder kommunikativ erzeugte, d. h. unter Inanspruchnahme des Bewusstseins psychischer Systeme in die Welt gesetzte soziale Sachverhalte relevant. Als solche werden sie wiederum qua Kommunikation von psychischen Systemen beansprucht. Sonst könnte über Liebe und Sexualität gar nicht nachgedacht und gesprochen werden. Über was alles konnte man sich plötzlich nach

dem Kinsey-Report unterhalten! Wer hätte vor dem im Medium der Öffentlichkeit geformten Lewinsky-Fall daran gedacht, die Befriedigung eigener sexueller Bedürfnisse durch einen anderen als entsozialisiertes soziales Geschehen unter aktiver Beteiligung von zwei Körpern – genauer wohl: Körperteilen – für möglich zu halten?! »Ich hatte keinen Sex mit dieser Frau, Miss Lewinsky.« Das sollte heißen: Liebe und Sex gehören eigentlich zusammen. Wirklicher Sex bedarf der Liebe. Und Liebe ist, laut öffentlich gehandelter Moral, eine Veranstaltung mit sozial hohem Zumutungsgehalt, mindestens was das mehr als nur augenblickliche wechselseitige Für- und Durcheinandersein der Beteiligten betrifft. Da, wo solche Rahmung der Liebe und damit Liebe überhaupt fehlt, kann dann auch kein wirklicher, nämlich in Liebe eingebundener Sex mehr sein, nur bloßer Sex. Eine reine Veranstaltung zwischen zwei Körpern, ein bloßer biologischer Kontakt. Solcher Sex ohne Liebe ist kein wirklicher Sex. Oder ging es sogar um entsozialisierte soziale sexuelle Selbstbefriedigung? Denn Clinton wollte doch wohl nicht Monica Lewinsky befriedigen! Ja, so war's. Nur verstanden haben's nicht alle so. Die Auflösung der Einheit des Menschen macht's jedoch möglich. Weiter nichts.

Die Frage liegt nahe, ob die beobachtbaren Differenzierungen bzw. dadurch freigesetzten Möglichkeiten begrenzt werden könnten. Klar, Kommunikation im Medium der Moral böte sich an. Das macht sich immer gut. Moral ist jedoch lediglich noch als entmoralisierte Moral zu haben, als Moral, die nicht mehr ethisch begründbar ist, denn eine ethische Begründung müsste sich die Frage nach ihrer Moralität gefallen lassen. Vielleicht wird deshalb nicht nur in Angelegenheiten von Liebe und Sexualität so gerne moralisch argumentiert.

Literaturhinweise

Die Autopoiesis des Bewußtseins. In: Soziologische Aufklärung 6. Die Soziologie und der Mensch. Wiesbaden (Verlag für Sozialwissenschaften), 1985, 2. Aufl. 2004, S. 55–112.

Die Form »Person«. In: Soziologische Aufklärung 6. Die Soziologie und der Mensch. Wiesbaden (Verlag für Sozialwissenschaften), 1991, 2. Aufl. 2004, S. 142–154.

Die Gesellschaft der Gesellschaft. 2 Bände. Frankfurt a. M. (Suhrkamp), 1997, 6. Aufl. 2006, S. 595–608.

Die Soziologie und der Mensch. In: Soziologische Aufklärung 6. Die Soziologie und der Mensch. Wiesbaden (Verlag für Sozialwissenschaften), 1985, 2. Aufl. 2004, S. 265–274.

Die Tücke des Subjekts und die Frage nach dem Menschen. In: Soziologische Aufklärung 6. Die Soziologie und der Mensch. Wiesbaden (Verlag für Sozialwissenschaften), 1994, 2. Aufl. 2004, S. 155–168.

Wahrnehmung und Kommunikation sexueller Interessen. In: Soziologische Aufklärung 6. Die Soziologie und der Mensch. Wiesbaden (Verlag für Sozialwissenschaften), 1989, 2. Aufl. 2004, S. 189–203.

Wie ist Bewußtsein an Kommunikation beteiligt? In: Soziologische Aufklärung 6. Die Soziologie und der Mensch. Wiesbaden (Verlag für Sozialwissenschaften), 1988, 2. Aufl. 2004, S. 37–54.

Die Besonderheit Frau unter dem Systemskop

Dem gegenwärtigen Blick auf die frühe Neuzeit des Abendlandes erscheint die Frau als Objekt der Begierde des alles und sie beherrschenden Mannes, jedenfalls soweit die gepflegte Semantik in den derzeitigen Oberschichten darüber Auskunft zu geben vermag, jedenfalls soweit Luhmann gepflegt semantisch darüber berichtet. Was wirklich war und wie es in den Unterschichten aussah, in der Alltäglichkeit unbeobachtbaren Geschlechterlebens sowieso, darüber erfahren wir nichts. Damals wie heute.

Gesellschaftliche Ordnung spielt eine Rolle. Die gesellschaftliche Ordnung war einst z. B. primär hierarchisch-patriarchalisch verfasst. Für Mann und Frau waren sozial die Formen von haushaltsgebundener Ehe bzw. haushaltsgebundener ehelich gerahmter Familie als segmentär differenzierten Orten auch der Ermöglichung sexuell basierter Intimität vorgesehen, wobei wieder sozial der Möglichkeitsbereich dieser Sozialformen elterlich bzw. herkunftsfamilial sowie schicht- bzw. statusmäßig flankiert wurde. Die hierarchisch-patriarchalische gesellschaftliche Ordnung wurde in die haushaltlich-ehelich-familiale Ordnung hineincopiert. Dem Geschlechterspiel lagen sexuelle Verschiedenheit, die Erfüllung von sexuelle Verschiedenheit voraussetzenden sexuellen Wünschen und die Einbettung beider Sachverhalte in das generative Geschehen fraglos zu Grunde. Eigener Thematisierung bedurfte es nicht. Das Spiel zwischen den Geschlechtern wies dem hierarchisch oben platzierten Mann die aktive Rolle und der Frau unter ihm den Rest zu. Insgesamt: Die sexuelle Asymmetrie von Mann und Frau wurde als durch die männlicher Logik folgende soziale Asymmetrie von Mann und Frau naturalisiert.

Nehmen wir das Geschlechterspiel in den Oberschichten der frühen Neuzeit zum Ausgangspunkt unserer weiteren Überlegungen. Liebe musste nicht unbedingt der Ehe vorausgehen, konnte sich während der Ehe einstellen oder auch nicht, konnte sexuell basiert sein oder auch nicht. So verwundert es kaum, wenn sich die Freiheit der Liebeswahl, der Wahl einer – einstweilen nicht: des – Geliebten, zunächst außerehelich Bahn bricht. Mit der Ehe beginnt die Freiheit. Vor allem für den Mann. Als geborener Verführer sollte er seine Frau wohlweislich auch nicht vor Verführern warnen. Der Mann bemüht sich um die Eroberung der Frau, der Dame seines Herzens. Er kämpft geradezu, ist bereit, sich der Geliebten mit Haut und Haaren zu unterwerfen – süßes Martyrium –, zumindest bis zum Erfolg. Immerhin sollte die Frau unberührt sein, der Mann natürlich nicht. Unbeabsichtigte Folgen absichtsgeleiteten Handelns brechen sich Bahn. Die Frau erhält zunehmend die Möglichkeit zu entscheiden, ob sie dem Liebeswerben nachgeben will oder nicht, zunehmend unabhängig von begrenzenden sozialen Kontexten. Die Frau gewinnt Freiheit, hilft der Sozialform Liebe auf die Beine. Dabei wird erlebbar, dass es Liebe nicht leicht hat, den schönen Augenblick auf einige Dauer zu stellen, was wiederum der Emergenz der Sozialform zugutekommt.

Mit der Konturierung einer eigenen Sozialform Liebe verlieren dann sowieso als geschlechtsspezifisch naturalisierte Motive für Liebe an Bedeutung. Liebe ermöglicht sich selbst, alle Grenzen sprengend. Ein wahrhaft beachtlicher Schritt zur Entmachtung der Männer, wenn auch erst in Liebesangelegenheiten. Mit der Ermöglichung und Anerkennung der Freiheit(en) der Frau im Sicheinlassen auf Liebesbeziehungen wird auch der Weg zur Entdeckung der Frau als irgendwie doch gleichberechtigten Menschen geebnet. Es ist auf jeden Fall mehr und mehr dem Zufall freigegeben, ob es zu Liebesbeziehungen zwischen Mann und Frau kommt oder nicht, wo und wann und wer mit wem überhaupt. Je mehr Profil Liebe als Medium für besondere, ausdifferenzierte Intimbeziehungen gewinnt, sich die Liebe aus den Fesseln der Gesellschaft befreit, desto mehr taucht die Möglichkeit einer Gründung von Ehe auf Liebe am Horizont der Möglichkeiten auf. Da sich Liebesbeziehungen als zerbrechlich erweisen, könnte Ehe die Möglichkeit dazu bieten, auf Dauer oder auf dauernde Wiederermöglichung zu setzen und Sexualität zu kasernieren. Enttäuschungen können sich leicht einstellen. Ehen werden bekanntlich im Himmel geschlossen. Im Auto gehen sie auseinander. Mit der Ehe beginnt die Unfreiheit. Wieder mal nur der Frau?

Erhebliches zeichnet sich ab: Die Ausdifferenzierung von Liebe produziert vollends die Differenz von Liebe und Ehe. Dann ist der Schritt zur Differenzierung von Liebe gegen Sexualität nicht mehr überraschend. Beides läuft auf die vorläufig endgültige Emanzipation von Liebe und mit ihr die Emanzipation der Frau aus den Fängen des Mannes hinaus. Die Frau kann beginnen, die verbliebenen Reste des Patriarchats abzuschütteln. Doch: Die endgültige Entmachtung der Männer scheint der funktionalen Differenzierung, der Ausdifferenzierung gesellschaftlicher Teilsysteme für die exklusive Abwicklung bestimmter Kommunikationen, vorbehalten zu sein. Jeder kann eine Zahlung leisten, zur Arbeit gehen, vor Gericht ziehen, ein Kind tadeln usw. Jeder kann das! Jedenfalls grundsätzlich. Erst mit funktionaler Differenzierung vermögen sich die Menschen aus den Fesseln der Gesellschaft zu befreien, um sich dann wieder von ihr fesseln zu lassen. Nur irgendwie freier oder lockerer und mit mehr Alternativen garniert als zuvor. Es spielt jetzt keine Rolle mehr, ob man als Frau oder als Mann außerhalb der Gesellschaft herumvagabundiert und nach Bedarf in das Gehäuse der Hörigkeit zurückkehrt. Deshalb ist auch Enthierarchisierung in jeder Hinsicht zu haben: sozial entfesselte partnerschaftliche Liebesbeziehungen auf Haushaltsbasis; mal liegt der eine oben, mal die andere usw. Insoweit (!) wird tatsächlich sozial konstruierter differenter Geschlechtlichkeit der Boden entzogen. Man mag Zweifel haben. Trotz aller Rückbildungen geschlechtsspezifischer Sozialisation, allen Abschleifens weiblicher Statuspassagen oder Normalbiografien bleiben soziale Ungleichheiten zwischen Mann und Frau augenfällig. Die Frage ist nur, ob es jetzt wirklich noch um die Mann-Frau-Differenz geht.

Spencer Brown, unser Formenlogiker, tritt auf den Plan. Wenn denn die evolutionäre Vorgabe von geschlechtlicher Verschiedenheit statt nach dem Muster einer in der Einheit von Geschlecht aufgehobenen Gattungsunterscheidung nach dem Muster einer Zwei-Seiten-Unterscheidung gebaut wäre, wäre dann Mann/Frau die Zwei-Seiten-Form oder binär codierte Form? Gemäß Formenlogik wäre an die Innenseite des Codes, an Mann, als Akzeptanzwert anzuschließen. Von Mann bzw. Frau aus ist zweifellos unterscheidbar, was Frau bzw. Mann ist. Man weiß doch ohnehin, was vorliegt. Doch ist wirklich Mann der Akzeptanzwert und Frau der Rejektionswert? Mit Blick auf die Frauenbewegung ließe sich das so sehen. Der bisherige Akzeptanzwert Mann ist, wie es dort manchmal so unschuldig vorgetragen heißt, durch Frau zu ersetzen. Damit würde aber nur (?) eine männliche durch eine frauliche Asymmetrie ersetzt. Von Frau aus ließe sich jetzt Frau/Mann unterscheiden. Es bliebe bei einer Differenz, nunmehr der Frau-Mann-Differenz. Ließe sich noch eine andere Möglichkeit denken? Die Selbstunterscheidung von Frau oder weiblicher Identität – Letzteres wäre eine andere Unterscheidung als Frau! – ließe sich keinesfalls ohne Fremdreferenz machen: neben der Unterscheidung vom Mann die Unterscheidung von anderen Frauen oder vom eigenen

Körper. Eine als androgyn gedachte Differenzaufhebung dürfte kaum weiterhelfen.

Was bleibt, ist ein Programm der Gleichheit oder Gleichstellung. Damit wäre eine Programmierung des Frauseins möglich. Aber als was? Als Gleich-dem-Manne-Seins? Vielleicht nur in allen sozialen Hinsichten. Das hieße, den Code Frau/Mann als Supercode aller Codes anzusetzen. Denn was könnte noch ungleich sein, wenn alles gleich wäre? Eine Form ohne Innen- und Außenseite oder: eine formlose Form widerspräche mindestens der Formenlogik. Weniger entschieden käme diesbezüglich folgende Beobachtung daher: Tatsächlich dethematisiert Gleichheit Geschlecht und ist Gleichheit nur als Ungleichheit zu inszenieren. Denn Bevorzugung der einen ist Benachteiligung des anderen. Sozial definierte oder diesbezüglich belangvolle Unterschiede, die Frau und Mann unterschiedlich betreffen, wie groß/klein, diätbewusst/nicht diätbewusst, arm/reich, Stadt/Land, einflussreich/einflussarm, erwerbstätig/nicht erwerbstätig usw., müssten aus der Welt geschafft werden. Unmöglich!? Da mag es beruhigen, dass geschlechtliche Verschiedenheit ohnehin nicht aufhebbar ist. Luhmann sei Dank.

Literaturhinweise

Frauen, Männer und George Spencer Brown. In: Protest. Systemtheorie und soziale Bewegungen. (Hrsg. v. K.-U. Hellmann.) Frankfurt a. M. (Suhrkamp), 1988, 2. Aufl. 1997, S. 107–155.

Geschlecht – und Gesellschaft? Soziologische Revue 1995, 18 (3): 314–319.

Liebe als Passion. Zur Codierung von Intimität. Frankfurt a. M. (Suhrkamp), 1982, 8. Aufl. 2004.

»Big Brother is watching you!« Von Jürgen, Zlatko, Sabrina ... oder: Interaktionen massenmedial beobachtet

Stellen wir uns zuerst einmal vor, in einem geschlossenen Raum innerhalb des Verwaltungsgebäudes eines Unternehmens habe sich eine achtköpfige Gruppe von Mitgliedern des Unternehmens versammelt. Die Gruppe habe sich vorgenommen, über ein organisatorisches Problem zu beraten, und sich dafür einen Zeitrahmen von zwei bis drei Stunden gesetzt. Die Gruppenmitglieder unterschiedlicher Position und Funktion seien mit dem Problem oder Thema unterschiedlich vertraut. Sie kennen einander mehr oder weniger und adressieren sich als Personen: »Herr Müller, so sehe ich das auch.« Sie nehmen sich unvermeidlich wechselseitig wahr (äußeres Erscheinungsbild, Mimik, Gestik) und nehmen auch wahr, wahrgenommen zu werden. »Was die bloß wieder anhat!« »Wie der mich ansieht.« Sie können sich den jeweiligen unausgesprochenen und ausgesprochenen Verhaltenszumutungen nicht entziehen; sie sind fortlaufend in einen dichten kommunikativen Zusammenhang eingebunden. Sie können nur schwerlich verbergen, wie sie sich gerade berührt fühlen (auffällig signalisierte neutrale Anteilnahme, Stirnrunzeln, gehobener Blick), sich zu einem Diskussionsbeitrag genötigt fühlen (»Dazu möchte ich anmerken ...«) oder nicht. Sie sind so oder so an Kommunikation beteiligt, denn sie verstehen, d. h. unterscheiden für sich, was wohl von wem weshalb wie vorgetragen wird: »Ausgerechnet der muss das sagen.« Sie knüpfen dessen eingedenk ihrerseits an kommunikative Offerten an: »Wie Sie richtig gesagt haben ...« So gibt ein Wort das andere. Das Gespräch besteht aus einer Abfolge von Gesprächen. In nuce haben wir alle Merkmale eines einfachen Sozialsystems in der Form eines Interaktionssystems vor uns. Ein soziales oder kommunikatives System ist ja durch Kommunikationen gekennzeichnet. Um ein interaktives soziales System geht es, weil sich die anwesenden Beteiligten in ihrem Verhalten unmittelbar aufeinander beziehen. Einfach ist ein Sozialsystem deshalb, weil die Zahl der Beteiligten überschaubar ist.

Die Bedingungen, die Interaktionssysteme ermöglichen und sie formen, sind äußerst variabel. Auf dem Flur begegnet man einander seltener als zu Hause, im zeitlich auf 15 Sitzungen terminierten Luhmann-Seminar trifft man sich für 90 Minuten pro Sitzung. Die Anwesenden im Big-Brother-Haus der ersten Generation sind dagegen auf begrenzte, wenngleich nicht gerade kurze Zeit einer Situation ausgesetzt, in der allein schon wegen engräumlicher Kasernierung und verbauter Fluchtwege die Wahrscheinlichkeiten für einzelne eher flüchtige Interaktionen, Interaktionssysteme mit wechselnden Beteiligungen und konfliktanfälligen Typs hoch sind. Mal treffen Manuela und Hanka, mal Jürgen und Sabrina, mal alle aufeinander, mal netter, mal weniger nett. Es differenzieren sich also eigene soziale Systeme aus, die dann nicht mehr bloße Teile eines übergeordneten Interaktionssystems sein können. Dabei wird kräftig zugerechnet. Steffi zu Christian: »Du kannst mich nicht einfach 'ne Zicke nennen!« Übersetzt: Ich erlebe dein Handeln als mich verletzend, d. h. als nicht meinem Erleben meiner selbst als Einheit des Handelns und Erlebens entsprechend. Erlebe du mich bitte als dein Handeln so erlebend, wie ich es erlebe, und stelle dein Handeln demgemäß auf mein Erleben ein. Typisch Zicke. Die kommunikative Offerte mag Erfolg haben oder nicht. Hat sie Erfolg, gibt's trotz unveränderter doppelter Kontingenz relativ situationsfeste Systembildungen. Dabei formt, wie gesagt, jede Interaktion ein eigenes Interaktionssystem. Jürgen und Sabrina spielen gehemmt enthemmtes Nur-Freunde-Sein. Zlatko und Jürgen betreiben gemeinsam Bodybuilding. Christian und Hanka formen ein konfliktäres Interaktionssystem: Körper an Körper lehnend, bei gleichzeitigem martialischen Gebrauch von Sprachfetzen. Da gibt es ferner das ritualisierte abendliche Gespräch über vorgegebene Themen – ein intermittierendes, thematisch strukturiertes Interaktionssystem nennen wir das – über Gott und die Welt, z. B. ob Liebe auch ohne Sex auskommt. Selbst ein allgemeines Gruppengedächtnis zeigt Flagge, besonders bei Änderungen der personellen Zusammensetzung. »Du, so einfach geht das nicht! Wir haben das anders geregelt.«

Gerade bei Big Brother kommt es noch heftiger. Hier gibt es Anzeichen totaler Inklusion. Man lebt und wohnt und spielt und arbeitet und ... in einem Raum – so der traditionelle Begriff von totaler Interaktion. Das ist fast so hart wie auf einem Schiff, doch, wie man vermuten könnte, viel weniger hart als in einer kommunikativ von ihren Enthemmungen enthemmten Partnerschaft. Weitere Anzeichen deuten auf totalitäre Inklusion hin. Hier gilt nicht die Beschränkung auf Kommunikation unter Anwesenden, Kommunikation über Abwesende – und in diesem Sinne der Behandlung Abwesender wie Anwesender – eingeschlossen. Hier kann unter Anwesenden über Anwesende und unter Anwesenden über Abwesende kommuniziert werden. »In der Gruppe«, wie es so schön heißt, der am Tisch Sitzenden wird über am Tisch Sitzende gesprochen. Besprochen werden so harmlose Dinge wie die egalitäre Beteiligung an Hausarbeit, aber auch folgenreichere Dinge wie: »Wenn du weiterhin deine Mitarbeit an der Erfüllung unserer Wochenaufgabe so wie bisher schleifen lässt, dann wundre dich nicht über die Folgen.« Gemeint ist die Nominierung für einen potentiellen Auszug, den kompletten Ausschluss. Oder: »Ich will ja nichts über Jürgen sagen. Aber ich finde es nicht gut, wenn der jetzt draußen Gewichte stemmt.« Heftigere Illustrationen gibt es für totalitäre Gesellschaften: »Du schadest nicht nur mir, sondern unserer ganzen Familie, wenn du dich weiterhin von deinem jüdischen Arzt behandeln lässt.« »Wer sich nicht freiwillig an verpflichtender sozialistischer Gemeinschaftsarbeit beteiligt, muss mit dem Ausschluss aus der sozialistischen Gemeinschaft rechnen.«

Big Brother kommt doppelt vor, drinnen und draußen. Big Brother draußen, das sind wir, die Voyeure, die Gesellschaft, ob wir nun tatsächlich zugucken oder nicht. Die Bewohner können beim Betreten des Containers ihre persönliche, als interaktionsnah erlebte und gepflegte gesellschaftliche Geschichte nicht abstreifen und gerade deshalb von wert-, moral- und normgetränkten kommunikativen Zumutungen kräftig Gebrauch machen. Auch wir Voyeure sind nur Exekutoren des gesellschaftlichen Willens, waschen bevorzugt angesichts wert-, moral- und normgetränkter Beteiligungen an gesellschaftlicher Kommunikation unsere Hände in gesellschaftlicher Unschuld. »Das ist doch perverser Voyeurismus!« »Wie kann man nur das Intimste menschlichen Zusammenlebens so schamlos öffentlich zu Schau stellen!« Viele glauben, sehen zu können, was es zu sehen gibt, obwohl sie nicht einmal hingesehen haben. Sie empfehlen, als Seher oder Blinde, es sei schon am besten, nicht hinzusehen. So weit weg ist die öffentlich inszenierte, von moraltheologischer, sozialphilosophischer, sozialkritischer, psychologischer und alltagsinteraktiver (beim Frisör, beim Kaffeeklatsch, am Stammtisch) Artillerie durchsetzte öffentliche Meinung gar nicht. Die Gesellschaft ist überall und lässt sich nicht austricksen. Die Gesellschaft als Großinquisitor? Big Brother is watching you!

Was ist dabei eigentlich zu beobachten? Wir können uns durchaus schadlos an den unscharfen üblichen Begriff von Beobachtung halten.

Wir alle und die Bewohner des Big-Brother-Hauses sind Beobachter, die Beobachter beobachten. John beobachtet Zlatko und alle anderen, und wir beobachten diese Beobachter als Beobachter, die bei ihrem Beobachten beobachten, dass sie als Beobachter beobachtet werden. Sie beobachten ihre Mitbewohner daraufhin, wie diese sie beobachten und ihrerseits wohl beobachtet werden möchten. Sie beobachten, wie die Öffentlichkeit sie als Beobachter beobachten mag und staten (so der Jargon): »Ich gebe mich hier ganz natürlich, so wie ich auch draußen bin.« Sie mögen meinen, sich nach innen oder/und außen so darzustellen, wie sie sind oder wie sie sein möchten oder wie sie möchten, dass die drinnen oder/und draußen sie als diejenigen beobachten, die sie sind oder sein möchten. Und wir Voyeure? Wir sehen Zlatko, der nackt unter der Brause steht. Sogar verdächtige Bewegungen unter einer Bettdecke. Erschrecken wir uns etwa vor uns selbst, vor dem, was alltäglich sowieso geschieht, nur nicht öffentlich? Die Öffentlichkeit des Geschehens ist nicht wirklich neu. Im Roman, auf der Bühne, im Spielfilm, im Fernsehfilm, auf Video, am Strand sind derlei interaktive und interaktionsfreie Darbietungen bestens eingeführt. Das Neuartige liegt wohl in der im Prinzip für alle zugängigen realzeitlichen allgemeinen Beobachtbarkeit eines ansonsten altvertrauten und auch schon öffentlich(-rechtlich) beobachtbaren Geschehens. Dies gar unter der Bedingung einfach erkennbaren, sichtbar gemachten reflexiven Beobachtens. Zudem ist niemand genötigt, die eigene Beobachtung reflexiven Beobachtens selbst dem Beobachten auszusetzen. Vielmehr steigert die Beobachtbarkeit mittels Fernsehen und Video und Livecam die Möglichkeiten, als Beobachter unbeobachtbar zu bleiben, Distanz zu wahren. Die im Fernsehen und die, die über die im Fernsehen urteilen, die können mich beim Fernsehen ja nicht sehen und mein Beobachten nicht irgendwie unmittelbar dirigieren.

Das alles ist beobachtbar. Wozu also die ganze öffentliche Aufregung oder vorgeschützte Ablehnung? Die Bühne als moralische Anstalt hat die interaktive Welt nicht verändert. Das Container-Schauspiel hat da keine Ausnahme gemacht. Geboten wurde vielmehr ein durchaus neuartiges Lehrstück für die Beobachtung von Interaktionen mit unabsichtlich eingebauter Anleitung für ihr reflektiertes bzw. distanziertes Verstehen: »Ja, so sind die Menschen.« Das alles, ohne sich selbst einbeziehen zu müssen: »Ach, wie gut, dass niemand weiß, dass ich Rumpelstilzchen heiß!«

Literaturhinweise

Einfache Sozialsysteme. In: Soziologische Aufklärung 2. Aufsätze zur Theorie der Gesellschaft. Wiesbaden (Verlag für Sozialwissenschaften), 1972, 5. Aufl. 2004, S. 21–38.

The Evolutionary Differentiation Between Society and Interaction. In: J. C. Alexander, B. Giesen, R. Münch a. N. J. Smelser (eds.): The Micro-Macro Link. Berkeley/Los Angeles/London (University of California), 1987, pp. 112–131.

Die Gesellschaft der Gesellschaft. 2 Bände. Frankfurt a. M. (Suhrkamp), 1997, 6. Aufl. 2006, S. 812–826.

Interaktion, Organisation, Gesellschaft. In: Soziologische Aufklärung 2. Aufsätze zur Theorie der Gesellschaft. Wiesbaden (Verlag für Sozialwissenschaften), 1975, 5. Aufl. 2004, S. 9–20.

Schematismen der Interaktion. In: Soziologische Aufklärung 3. Soziales System, Gesellschaft, Organisation. Wiesbaden (Verlag für Sozialwissenschaften), 1979, 4. Aufl. 2004, S. 81–100.

Organisationen als Herrschaftssysteme?

Es ist gängige Münze, Organisationen als bewusst von Menschen, ja von Herrschaftsinteressenten in die Welt gesetzte herrschaftlich verfasste Einrichtungen zur Verfolgung spezifischer Zwecke zu beobachten. Gehen wir die Sache vorsichtiger und mit letzten Endes verblüffendem Ergebnis an.

Im Gegensatz zu Interaktionssystemen gilt für organisierte Sozialsysteme die leitende Annahme der Mitgliedschaft. Mitgliedschaft ist ein Merkmal, das die Absehbarkeit von bestimmten Personen als Mitgliedern – aber: nicht von Personen als kommunikativen Adressen – und die Anerkennung von personenunabhängig geltenden Mitgliedschaftsbedingungen beinhaltet. Die Mitgliedschaftsbedingungen bestehen in Erwartungen an die Rolle als Mitglied, insbesondere in der Hinnahme der Organisationszwecke und der auf ihre Verwirklichung hin entworfenen Entscheidungsprogramme, in der Hintanstellung aller nicht organisationsrelevanten personalen Merkmale bei der Vergabe der Mitgliedschaft und beim Handeln in der Organisation. Dies wird typischerweise über die personenunabhängige Einrichtung von Stellen und ihre Besetzung mit austauschbaren Personen erreicht. Das kennt zumindest jeder, der Mitglied einer Organisation ist oder schon einmal Mitglied einer Organisation war. Eine Organisation ist in diesem Verständnis vor allem formale Organisation. Das formale Arrangement als solches weist noch keine herrschaftliche Signatur auf, obwohl eine Ahnung von ihrer Unvermeidlichkeit mitschwingt.

Dieses bereits ein wenig zurechtgerückte Bild von Organisation ist einzulagern in ein vollends neues Bild von Organisation. Hiernach benutzen Organisationen als soziale Systeme eigener Art Kommunikationen in der Form von Entscheidungen als systemkonstituierende Elemente. Als Entscheidungen setzen wir solche den Entscheidern zurechenbare Handlungen ein, bei denen das angestrebte Ergebnis mitbedacht wird. Die Erzeugung von Entscheidungen durch Entscheidungen weist eine Organisation als autopoietisches System aus. Organisationen sind in erster Linie mit der entscheidungsmäßigen Abarbeitung selbst entscheidungsmäßig erzeugter Unsicherheit, mit Unsicherheitsabsorption, beschäftigt. Insoweit wird das Zweckmodell ersetzt. Organisationen versorgen sich selbst mit den sie ermöglichenden Entscheidungen. »Der Markt verlangt von uns ein Produkt im Premiumsegment.« Entscheidungen setzen ihrerseits Alternativen voraus, die ihre Unterscheidungen als Alternativen Entscheidungen verdanken. »Wir können uns für Produkt A oder Produkt B entscheiden.« An eine entscheidungsmäßig unterschiedene Alternative kann mit der Entscheidung für die bevorzugte Seite der Unterscheidung (»Die Entscheidung ist zu Gunsten von Produkt A ausgegangen«) mit weiteren Entscheidungen angeknüpft (»Wir haben zu entscheiden, ob Produkt A als homogenes Produkt für alle Märkte angeboten werden soll oder nicht«) und damit die jeweils andere Seite als nicht bevorzugt markiert und einstweilen dem Systemgedächtnis überlassen werden. Die Entscheidbarkeit von Entscheidungen setzt des Weiteren Entscheidungen über Entscheidungen oder Entscheidungsprämissen voraus, die Entscheidbarkeiten einschränken. »Unser oberstes Ziel ist die Befriedigung der Bedürfnisse der Konsumenten.« Unter den entscheidbaren Entscheidungsprämissen stößt man vor allem auf Entscheidungsprogramme; zu denken ist an: Entscheidungen über Organisationszwecke, Organisationsgrundsätze, Einrichtung von Stellen. Man stößt auf Entscheidungen über Kommunikationswege und -formen; zu denken ist an: horizontale und vertikale Kommunikation, immaterielle und materielle Organisationstechniken. Man stößt auf Entscheidungen über Personal; zu denken ist an: Festlegen von Verfahren der Personalauswahl bzw. für Stellenbesetzungen, Karrieren, Entlassungen. Dieses neuartige entscheidungsbezogene Arrangement signiert als solches ebenfalls noch keine herrschaftlichen Sachverhalte, obwohl eine Ahnung von ihrer Unvermeidlichkeit mitschwingt.

Also: Organisationen sind als formalisierte soziale Systeme zu betrachten, die im Medium von Entscheidungen operieren. Sie trotzen ihre Existenz ihrer Umwelt ab, indem sie Unsicherheit absorbieren und sie für sich in entscheidungsmäßiger Form beherrschbar machen. Im Innenverhältnis strukturieren sich Organisationen durch Entscheidungen über Entscheidungen. Entscheidungen entscheiden sich dabei nicht selbst, was trivial ist, sondern müssen Personen als Entscheidern zurechenbar sein. Dabei regeln insbesondere Entscheidungen über Kommunikationswege und -formen (»Der Vorstand hat entschieden, dass …«) und vor allem Entscheidungen über Personalentscheidungen wie schließlich Personalentscheidungen selbst (»Der Aufsichtsrat hat entschieden, Frau X zum Vorstand für Marketing zu machen«) Entscheidungskompetenzen von Personen als Entscheidungsträgern.

Entscheidungen von Personen über Personen sind zugleich Entscheidungen über Entscheidungen von Personen. »Die Entscheidung für Frau X wird am ehesten unserer Kundenorientierung gerecht.« Organisationen sind von daher zuerst soziale Systeme, die im Medium von Entscheidungen von Entscheidern operieren, oder, kurz, Entscheidungssysteme und als solche noch keine Herrschaftssysteme, obwohl eine Ahnung von ihrer Unvermeidlichkeit mitschwingt.

Unsicherheitsabsorption zwingt zur Reduktion von Komplexität. Asymmetrische Entscheidungskommunikation mag sich als geeignetes Mittel dazu anbieten. Erst wenn und insoweit dies der Fall ist, werden Entscheidungen funktional (d. h. der Sache nach) und personal hierarchisiert, bilden sich letztlich sachlich begründete Vorgesetzten-Untergebenen-Verhältnisse als personale Verhältnisse aus. Jetzt hätte man es mit Herrschaft als einem Verhältnis zwischen Personen mit tun. »Frau X wird es schon schaffen, ihren Entscheidungen Nachhaltigkeit zu verleihen.« Der in der Tat regelhaft zu beobachtende herrschaftliche Charakter von Organisationen steht nicht an ihrer Wiege, sondern ist wesentlich Folge davon, dass die Organisation darauf verwiesen ist, Unsicherheit zu absorbieren, sie in Form asymmetrischer Entscheidungskommunikationen beherrschbar zu machen. »Den Entscheidungen von Frau X ist unbedingt Folge zu leisten.« Unsicherheitsabsorption begünstigt tendenziell asymmetrische oder herrschaftliche Entscheidungskommunikation, weshalb dann, wie man ohne negativen Beigeschmack sagen kann, Herrschaft als Parasit eines organisationalen Stabilitätsinteresses in Erscheinung tritt. Es hängt dann wesentlich von den System-Umwelt-Verhältnissen ab, ob sich nennenswerte Herrschaft herausbildet und, wenn ja, welches Ausmaß und welche Form von Herrschaft sich einstellen oder kontrafaktisch (d. h. im Herrschaftsinteresse) beibehalten werden. Ein durchaus verblüffendes Ergebnis.

Weitere Sachverhalte werfen Schlaglichter auf die gesellschaftlich prominente, um nicht zu sagen: auf die beherrschende Rolle von Organisationen und auf ihren vielbeklagten Herrschaftscharakter. Organisationen kommen in der Gesellschaft vor, operieren in gesellschaftsinternen und – externen Umwelten. Zu den jeweils erheblichen gesellschaftsinternen Umwelten gehören alle anderen sozialen Systeme (vor allem Funktionssysteme wie rechtliches System, politisches System, Erziehungssystem usw.; Funktionssysteme sind uns ja Systeme, die der gesellschaftsweiten Abwicklung bestimmter Kommunikationen dienen) einschließlich anderer Organisationen. In den externen Umwelten von Organisationen findet man Menschen, technische Systeme, sonstige materielle und natürliche Gegebenheiten. Organisationssysteme unterscheiden sich von Funktionssystemen hinsichtlich der Handhabung von Inklusionen und Exklusionen. In der Form von Personen sind psychische Systeme in der nicht sozialen Umwelt der Gesellschaft potentiell in alle Funktionssysteme der Gesellschaft eingeschlossen. Jeder kann grundsätzlich, so er will, einkaufen gehen, die Schule besuchen, einem Gottesdienst beiwohnen usw., ohne dass das eine das andere ausschlösse. In der Form von Nichtmitgliedern sind alle Personen potentiell aus dem gesellschaftlichen Organisationssystem in der sozialen Umwelt der Gesellschaft ausgeschlossen. Organisationen suchen sich selbst ihre Mitglieder nach eigenen Kriterien aus, und nicht jeder kann jederzeit Mitglied einer Organisation werden oder sein. Universale gesellschaftliche Inklusion wird mit selektiver organisationaler Inklusion kombiniert. So vermitteln Organisationen über selektive und differenzierte Mitgliedschaften ungleiche Chancen für die Teilhabe an Gesellschaft, eben Macht- und Herrschaftschancen. Damit bringt Organisation in eine auf grundsätzlich gleiche Inklusion aller ihrer Mitglieder in ihre Funktionssysteme angelegte Gesellschaft ein gutes Stück Ungleichheit wieder ein. Bei alledem ginge es freilich nicht um Herrschaftsbegründung im überlieferten Sinne, sondern wieder um Formen ihrer parasitären Ermöglichung.

Wir staunen. Sieht doch alle Welt in Organisationen in herrschaftlichem Interesse entworfene herrschaftliche Gebilde. Stattdessen soll sich organisationale bzw. organisational vermittelte Herrschaft zuvorderst als Parasit eines organisationalen Stabilitätsinteresses entpuppen?! Na und! Jetzt wird doch der überlieferten organisationsbezogenen Herrschaftsrhetorik weitgehend der Boden entzogen; sie taugt mindestens nicht mehr zureichend als Folie für die Begründung eines herrschaftlich gewandelten Interesses an einer Beteiligung an organisationaler Herrschaft. Insoweit: Mitbestimmung ade!

Literaturhinweise

Allgemeine Theorie organisierter Sozialsysteme. In: Soziologische Aufklärung 2. Aufsätze zur Theorie der Gesellschaft. Wiesbaden (Verlag für Sozialwissenschaften), 1976, 5. Aufl. 2004, S. 39–50.

Funktionen und Folgen formaler Organisation. Mit einem Epilog 1994. Berlin (Duncker & Humblot), 1964, 5. Aufl. 1999.

Die Gesellschaft der Gesellschaft. 2 Bände. Frankfurt a. M. (Suhrkamp), 1997, 6. Aufl. 2006, S. 826–847.

Inklusion und Exklusion. In: Soziologische Aufklärung 6. Die Soziologie und der Mensch. Wiesbaden (Verlag für Sozialwissenschaften), 1994, 2. Aufl. 2004, S. 237–264.

Organisation und Entscheidung. In: Soziologische Aufklärung 3. Soziales System, Gesellschaft, Organisation. Wiesbaden (Verlag für Sozialwissenschaften), 1978, 4. Aufl. 2004, S. 335–389.

Organisationen im Wirtschaftssystem. In: Soziologische Aufklärung 3. Soziales System, Gesellschaft, Organisation. Wiesbaden (Verlag für Sozialwissenschaften), 1981, 4. Aufl. 2004, S. 390–414.

Menschen kommen in der Gesellschaft nicht vor! Wie das?

Die Rede ist von bzw. vom Menschen und von Gesellschaft. Wovon ist eigentlich die Rede, wenn von bzw. vom Menschen und von Gesellschaft geredet wird? Wie kann man sich das Verhältnis von Mensch und Gesellschaft dann noch vorstellen? Es ist ein verdammt schwieriges Geschäft, darüber aufzuklären.

An der Auflösung der Einheit des Menschen hatten wir uns schon einmal versucht. Fangen wir Menschen trotzdem abermals mit der Rede von bzw. vom Menschen an. Etwa so: Der Mensch unterscheidet sich, nämlich als das, als was er sich unterscheidet, also als: Mensch. »Ich bin ein Mensch.« Eine offensichtliche Tautologie. Wie soll das gehen, wenn nicht zugleich oder zuvor der Mensch sich als etwas unterscheidet bzw. unterschieden hat oder von einem Menschen unterschieden wird bzw. worden ist? Eine Unterscheidung wäre sich selbst vorausgesetzt, ohne dass die vorausgesetzte Unterscheidung ihrerseits unterschieden werden könnte. Eine offensichtliche Paradoxie, denn es wird unterschieden, obwohl nicht unterschieden werden kann. »Ich als Mensch unterscheide mich als Mensch. Als was sonst kann ich mich unterscheiden?« Mehr noch: Der Bezeichnung oder dem Wort Mensch entspricht kein reales Substrat Mensch. Nun gut. Tatsächlich unterscheidet sich ja der Mensch oder wird von einem Menschen unterschieden als Einheit oder als aus Teilen zusammengesetzte Einheit oder als durch die betreffenden Teile in summa repräsentiert oder als Einheit einer Differenz. Da stößt man z. B. auf Unterscheidungen wie Einheit von Leib/Seele, Körper/Geist oder Leben/Psyche. Doch wer oder was könnte solche Unterscheidungen vollziehen? Der Mensch als Einheit wohl kaum. Wenn nicht als Einheit, dann durch einen Teil in oder von sich, der bereits die Selbstunterscheidung als Mensch ermöglicht? Schon eher. Dieser Teil könnte selbst- oder fremdunterschieden werden als Seele oder Geist oder Psyche oder einfach als Bewusstsein. Doch wie der Mensch ist auch das Bewusstsein seiner Unterscheidung vorausgesetzt. Usw. Auch der Bezeichnung oder dem Wort Psyche oder Bewusstsein entspricht kein reales Substrat. Halten wir fest: Es »gibt« nichts, was semantisch unterschiedenen Einheiten wie Mensch bzw. psychisches System oder Bewusstsein real entspräche. Wir haben fiktionale Einheiten vor uns. Könnte die Gesellschaft aus fiktionalen Einheiten bestehen? Bestehen!

Gehen wir also zur Gesellschaft über. Gesellschaft wird gemeinhin gedacht (unterschieden!) vom Menschen her, freilich durch die bzw. den Menschen. Immerhin wird Gesellschaft hiernach erklärtermaßen vom Menschen als vom Menschen verschieden unterschieden. Unterschieden! Wiederum üblich ist es dabei, die Menschen als in Gesellschaft vorkommend zu unterscheiden. Aber als was genauer? In Form nicht weiter auflösbarer Einheiten? Als Einheiten von Leib/Seele, Körper/Geist oder Leben/Psyche? Als Ich, als Subjekt oder gar als In-dividuum/in-dividuelles Subjekt? Ob so oder so, Gesellschaft wäre nach alledem als bloße Einheit der Vielheit der unterschiedenen Einheiten gedacht. Kurzum: Gesellschaft erschiene jeweils als Gesamtheit von jeweiligen einheitlichen oder einheitlich-differentiellen Einheiten mit sehr viel Nähe zu Ganzes-Teil-Vorstellungen. Auch hier wären, und darauf kommt es uns an, weder die einzelnen Einheiten noch ihre Gesellschaft genannte Gesamtheit als reale Einheiten zu betrachten. Es bliebe auch hier bei fiktionalen Realitäten des Typs: Die Gesellschaft »besteht« aus Menschen, oder der Mensch »kommt in Gesellschaft vor«. Insoweit besteht zwischen den Semantiken von Mensch und von Gesellschaft kein Unterschied. Noch hat niemand als reale Einheit das sehen können, was Wörtern wie Mensch oder Gesellschaft oder dem Satz »Eine Gesellschaft besteht aus Menschen« entsprechen könnte. Daran änderte sich nichts, wenn man statt der semantischen Form Mensch semantische Formen wie Ich, Subjekt oder Individuum einsetzen würde. Insoweit nichts Neues.

Die Semantik von »besteht aus« oder »kommt vor in« führt zwar den Unterschied von Mensch und Gesellschaft mit, schließt aber den Menschen in die Gesellschaft (wieder) ein, was nur geht, wenn er zuvor aus ihr ausgeschlossen wurde. Semantisch, nicht tatsächlich. Das nennt man Ausschluss durch Einschluss. Dieses Szenario scheint sich entschieden zu wandeln, wird von Beobachtungsfiguren Abstand genommen, die entweder den Menschen irgendwie als real vorgestellte, nicht weiter auflösbare oder unteilbare Einheit im Gepäck haben oder die es bei als real vorgestellten Einheiten wie Subjekt oder Individuum belassen. Jetzt ist es spätestens an der Zeit, die Vorstellung vom ganzen Menschen als Baustein der Gesellschaft zu verabschieden. Es bliebe die Möglichkeit, auf Beziehungen zwischen Menschen zu achten. Die Einheit »Beziehungen zwischen Menschen« ist etwas Neues, kann aber vom Menschen nicht wirklich Abschied nehmen, platziert sie ihn doch als Einheit dieser oder jener Art an der Wiege der Gesellschaft, ist doch die Rede von »Beziehungen zwischen Menschen«, persönlichen wie unpersönlich vermittelten. Doch Beziehungen für sich sind nun mal keine Menschen, sondern etwas Eigenes, was allerdings menschlichen Mitwirkens bedarf. Dazu gleich mehr. Gesellschaft wäre jedenfalls denkbar als aus zwischenmenschlichen oder sozialen Beziehungen bestehend. Hätte man etwa nur die anthropomorph gedachte Unterscheidung von Subjekt im Sinn, erschiene Gesellschaft als Gesamtheit von Beziehungen von Subjekten unter- bzw. aufeinander. Doch feierten in dem einem wie dem anderen Fall die Bestandsformel (»besteht aus«) in der Relationsformel (»besteht aus Beziehungen zwischen«) und damit die Ganzes-Teil-Vorstellung eine fröhliche Wiedergeburt.

Die ganze Mühe bisherigen Abgrenzens war wohl nichts. Doch Vorsicht. Zwei sich wechselseitig bedingende und aneinander steigernde Möglichkeiten sind noch nicht so recht ans Licht gezerrt worden. Da ist einerseits zu testen, was es brächte, ersetzte man konsequent(er) die Einheitsformel durch die Differenzformel. Denn jede Vorstellung vom Menschen bzw. von Gesellschaft als realen Einheiten ist vom Ansatz her bereits vom Bazillus der Differenz infiziert. Die Vorstellung einer aus Menschen oder aus Beziehungen zwischen ihnen bestehenden Gesellschaft ist unzweifelhaft der impliziten Annahme einer Differenz von Mensch und Gesellschaft geschuldet. An Differenzen ist folglich leicht anzuknüpfen. Ist gar eine coevolutionäre Ausdifferenzierung von Aspekten des Menschen oder des Menschlichen und von Aspekten des Gesellschaftlichen oder Sozialen und von Differenzierungen des so Differenzierten gegeneinander anzunehmen, ist der Anfang vom Ende aller Rettungsversuche unter semantischen Flaggen wie Einheit, Ganzes/Teil, Bestandsförmigkeit eingeläutet. Aspekte des Menschlichen meint Aspekt(e) des Körperlichen und des Psychischen. Aspekte des Gesellschaftlichen meint Aspekt(e) des Politischen, Religiösen, Rechtlichen, Wirtschaftlichen, Erzieherischen, Künstlerischen usw. Mit Differenzierungen des so gegeneinander Differenzierten sind einerseits gemeint Differenzierungen des Körperlichen gegen das Psychische und andererseits des Politischen gegen das Rechtliche, des Religiösen gegen das Erzieherische usw. Wie also an Differenzen anknüpfen?

Greifen wir zurück auf die bereits vertraute Differenz von psychischem und sozialem System und unsere Kenntnis von ihrer wechselseitigen Ermöglichung. Führen wir der sprachlichen Einfachheit halber den Begriff Mensch weiterhin mit. Setzen wir ohne mancherlei erforderliche Weiterungen für Gesellschaft die Gesamtheit jeweils aktualisierter, weil aktualisierbarer Kommunikationen ein. Wir können nunmehr sagen: Der Mensch ist konstitutiv in die Umwelt sozialer Systeme, letztlich der Gesellschaft verbannt. Eine profitable Angelegenheit für ihn, sieht er sich doch nur zeitweilig-partiell und nicht dauerhaft-total in die Gesellschaft wieder einschließbar. Das betrifft besonders die Beteiligungen an Teilsystemen wie dem wirtschaftlichen, politischen oder rechtlichen System: Er kann seine Flasche Bier kaufen oder das lassen; auf jeden Fall hat er sich dabei nicht zugleich an einer politischen Wahl beteiligt oder sich der Möglichkeit begeben, wegen des hohen Flaschenpfands später mal vor Gericht zu ziehen. Das betrifft auch Beteiligungen an Intimsystemen (z. B. Familie) oder Interaktionssystemen (vgl. den missbilligenden Blick zum Tischnachbarn wegen allzu geräuschvollen Essens; Biertischgespräch). Das alles steht für Unabhängigkeit. In den vielen einzelnen Hinsichten sieht er sich zugleich in verstärkter Abhängigkeit von der Gesellschaft: Er muss eben zum Supermarkt gehen, wenn er Bier kaufen, oder vor Gericht ziehen, wenn er Recht bekommen will. Er muss eben in seine Kneipe gehen, um seine Kumpanen zu treffen.

Menschen kommen also doch in Gesellschaft vor. Nur nicht als irgendwie konkrete Einheiten, so wie wir sie vor uns sehen, auch nicht in Form von Beziehungen als Einheiten zwischen derartigen Einheiten. Menschen, sagen wir jetzt genauer: körpergebundene psychische Systeme ermöglichen dadurch, dass sie jeweils unmittelbar (z. B. interaktiv) oder vermittelt (z. B. durch Teilnahme an Unterricht, Kauf einer Ware, Formulierung eines wahrheitsfähigen Satzes) in personaler Form aufeinander Bezug nehmen, die laufende Bildung und Fortschreibung jeweiliger sozialer Systeme. Da bleibt kein Platz für eine Bestandsvorstellung oder bestandsförmige Relationsvorstellung (fixe Menge von Menschen oder fixe Menge von zwischenmenschlichen Beziehungen als Einheiten). Beide Seiten, die des Menschen und die der sozialen Systeme, bleiben dabei fein säuberlich voneinander getrennt. Natürlich bedürfen unsere beiden Königskinder einander, ja sind einander Ermöglichungsbedingung. Über die Form Person als Mittler des Aufeinander-Bezug-Nehmens kommen sie auch temporär immer wieder zueinander. Das kann man sich eigentlich ganz gut vorstellen.

Literaturhinweise

Das Erziehungssystem der Gesellschaft. (Hrsg. v. D. Lenzen.) Frankfurt a. M. (Suhrkamp), 2002, Nachdr. 2003, S. 21–31.

Evolution – kein Menschenbild. Die Gesellschaft besteht nicht aus Menschen. *Ethik und Unterricht* 1994, 5: 14–18.

Individuum, Individualität, Individualismus. In: Gesellschaftsstruktur und Semantik. Studien zur Wissenssoziologie der modernen Gesellschaft. Bd. 3. Frankfurt a. M. (Suhrkamp), 1989, 2. Nachdr. 2004, S. 149–258.

Inklusion und Exklusion. In: Soziologische Aufklärung 6. Die Soziologie und der Mensch. Wiesbaden (Verlag für Sozialwissenschaften), 1994, 2. Aufl. 2004, S. 237–264.

Soziale Systeme. Grundriß einer allgemeinen Theorie. Frankfurt a. M. (Suhrkamp), 1984, 12. Aufl. 2006, S. 286–345.

Wie ist Bewußtsein an Kommunikation beteiligt? In: Soziologische Aufklärung 6. Die Soziologie und der Mensch. Wiesbaden (Verlag für Sozialwissenschaften), 1988, 2. Aufl. 2004, S. 37–54.

Die Gesellschaft ist an allem schuld! Irgendwie schon

Wer hätte nicht schon Sätze folgender Art gehört: »Das liegt an der Gesellschaft.« »In dieser Gesellschaft ist das nicht möglich.« »Das liegt alles am Kapitalismus.« »Dafür ist das System verantwortlich.« »Arbeitslosigkeit gibt es nur in dieser Gesellschaft.« »Armut gibt es nur deshalb, weil die Gesellschaft das nicht verhindert.« »Man wird in die Gesellschaft hineinsozialisiert, ohne was dagegen tun zu können.« »Wen diese Gesellschaft zu einer schweren Kindheit verdammt, der wird von ihr auch noch dafür bestraft.« Usw. Bekanntlich haben Soziologen hier ein reiches Betätigungsfeld. Schließlich ist Soziologie, wie es landauf, landab zu vernehmen ist, die Lehre von der Gesellschaft.

Wer oder was aber, bitte schön, ist die Gesellschaft? Gesellschaft, das scheint der Platzhalter für etwas zu sein, was die Lebensmöglichkeiten der in ihren Grenzen lebenden Menschen bestimmt. Dabei denkt man sich Gesellschaft entweder in eins mit einer Gesamtheit von als Einheiten gedachten Menschen oder in eins mit der Gesamtheit von als Einheiten gedachten Beziehungen zwischen diesen als Einheiten gedachten Menschen. In beiden Fällen, Menschen als Einheiten und Beziehungen als Einheiten, wird Gesellschaft als verschieden von dem, was sie ausmachen soll, und als gleich dem, was sie ausmachen soll, vorgeführt. Wir können das sogleich in unserem Sinne wenden und sagen: Gesellschaft unterscheidet sich von dem, was sie ermöglicht. Oder: Sie ist ebenso eine durch ihre Bausteine inszenierte wie ihre Bausteine inszenierende Veranstaltung. Nur über die Bausteine wäre noch zu rechten. Wir setzen hier statt der genannten üblichen Bausteine Kommunikationen ein und fassen Gesellschaft als die Gesamtheit jeweils (!) aktualisierter, weil aktualisierbarer Kommunikationen. Weiteres dazu sei einstweilen außen vor gelassen. Wenn unser Argument zur Inszenierung zutrifft, dann gibt es aus der Gesellschaft kein Entrinnen. Alles kommunikative Geschehen ist gesellschaftliches Geschehen. Fluchtversuche haben keine Chance. Und dennoch oder gerade deshalb gibt es Gesellschaftskritik: »Die Gesellschaft ist an allem schuld.« Man adressiert Gesellschaft von innen wie von außen, so als ob man unschuldig mit dem Finger auf den Schuldigen zeigen könnte. Das kann nicht gutgehen.

Gesellschaft genügt, so scheint es, sich selbst. Man möchte ihr allerdings mehr zumuten, nämlich für etwas gut zu sein. Für den Menschen, wie man so sagt, für sein Wohl. Liegt einer Gesellschaft als sozialer Veranstaltung nicht doch vielleicht irgendein über ihre bloße Selbstermöglichung qua Kommunikationen hinausgehender oder diese rahmender oder formender Bauplan zu Grunde? Folgt sie der Perfektionierung ihrer Natur? Vollendet sich in ihr eines Gottes Schöpfung? Soll sie das Wesen der in sie eingewobenen Menschen zur Entfaltung seiner wahren Pracht bringen? Ist die Moderne zu modernisieren? Derartiges wird Gesellschaft immer wieder angesonnen. Gesellschaft wird fast immer als sich selbst perfektionierend oder/und als perfektionierbar beobachtet – unter welchen Vorzeichen auch immer. Dem Soziologen ist das Anlass genug, unter seinesgleichen Ordnungstheoretiker und Ordnungskritiker zu unterscheiden. Erstere begnügen sich damit zu zeigen, wie das, was ist, funktioniert. Letztere zeigen, dass das, was ist, nicht das ist, was es sein könnte oder sollte, und deshalb zu verändern sei. Gesellschaft versorgt sich so mit Problemen, die sie nicht hätte, wenn sie sich nicht damit versorgen würde. Dem Einfallsreichtum sind dabei keine Grenzen gesetzt. Die Götter zürnen; wir haben ihren Willen missachtet. Es ist gegen Gottes Gebot, wenn wir mit Kondomen willkürlich in seinen Schöpfungsplan eingreifen. Unsere Zivilisation unterdrückt die wahre Natur des Menschen. Die Herrschenden sind es, die die Beherrschten, um nicht zu sagen, die Gesellschaft beherrschen. Wir lassen es zu, dass das Kapital die Welt regiert – und nun haben wir die Globalisierung. Wir verstoßen gegen die Menschenrechte. Usw. usw. usw. Gesellschaft schafft sich so die Möglichkeit, sich als Schuldner einzusetzen und Besserung zu geloben. Eine Erfindung, so glänzend wie die Erfindung des Fegefeuers. Ohne Heilsversprechen geht's wohl kaum. Kann's das sein? Eine andere Version wäre: Offenbar überrascht sich so oder anders Gesellschaft stets selbst. Die Überraschungen scheinen dabei keinem Plan aufzuruhen, es sei denn dem der gesellschaftlichen Selbstüberraschung. Und vielleicht liegt hier der Grund dafür, dass man gerade deshalb nicht auf die Normalität des Zufälligen, sondern kontrafaktisch auf seine Anormalität setzt?! Musste der Kapitalismus sein? Setzte man auf die Normalität des Zufälligen, könnte man dann noch aus der Geschichte lernen? Etwa für eine bessere Zukunft? Also weg mit dem Kapitalismus? Und wenn Anormalität des Zufälligen? Weil das beruhigt. So oder so geht es um gesellschaftlich selbstermöglichte Möglichkeiten. Aus diesem Teufelskreis gibt es kein Entrinnen.

Kann, so eine weitere naheliegende Frage, Gesellschaft stets nur bestimmte Gesellschaft sein? Was sonst! Spätestens hier bietet die alteuropäische Tradition Beobachtungsfiguren an, die dem Allgemeinen das Besondere entgegensetzen mit der Möglichkeit, z. B. Letzteres durch Ersteres oder umgekehrt vermittelt oder sich im jeweils Konkreten zur Einheit verschmelzend zu sehen. Wie dem auch sei. Gesellschaft ist immer durch das unterschieden, was sie in sich an Möglichkeiten ermöglicht. Diese Möglichkeiten sind ihrerseits überraschend bestimmt und unter- bis unbestimmt zugleich. Denn: Nichts vermag sich zu ermöglichen, was sich nicht wegen bereits ermöglichter Möglichkeiten aufs Neue oder anders erneut oder neu zu ermöglichen vermag: Selbstermöglichung. Dass Gesellschaft möglich ist, ist unverkennbar. Ebenso, dass sich je ermöglichende Gesellschaft nicht mit allem neu anfangen kann, obwohl das sowieso immer der Fall ist. Auch, dass sie sich verändert, Möglichkeiten umformt oder neu formt. Ohne Rückgriff auf bewährte Möglichkeiten herrschte schlicht Chaos. All das, um es nochmals zu betonen, ohne tiefer liegenden latenten oder manifesten Bauplan. Und trotz allem aktualisiert sich Gesellschaft stets nur als bestimmte. Nur bestimmt sie, wie gesagt, diese Bestimmtheit zugleich als unter- bis unbestimmt. Man nehme als Beispiel das, was als gegenwärtige Gesellschaft – z. B. bezogen auf die Gesellschaft in den Grenzen der Bundesrepublik Deutschland – so alles unterschieden wird: Da ist die Rede von bürgerlicher, kapitalistischer, individualistischer, industrieller, postindustrieller, spät- oder nachkapitalistischer, moderner, postmoderner Gesellschaft, von Erwerbsarbeits-, Arbeits-, Dienstleistungs-, Konsum-, Freizeit-, Wissens-, Spaßgesellschaft usw. Welche XYZ-Gesellschaft denn nun? Oder alles zugleich oder nichts davon? Gesellschaft entzieht sich einer einzig richtigen Beschreibbarkeit und reizt nicht zuletzt aus diesem Grund zu je für richtig, wenn nicht gar einzig richtig gehaltenen Beschreibungen. Das erleichtert Soziologen ihr Geschäft als Schuldenberatern.

Damit wären wir wieder bei der Schuldfrage: Tatsächlich ist Gesellschaft als schuldig, als Alleinschuldner für alle ihr zurechenbaren Misslichkeiten anklagbar. »Das liegt alles an Gesellschaft.« Der Gesellschaft ist zuzurechnen, dass viele Kinder in ungünstigen Lernmilieus sozialisiert werden und deshalb in jener gesellschaftlichen Schule scheitern, die einem anderen Lernmilieu verpflichtet ist. Der Schuldner könnte eigentlich seine Hände in Unschuld waschen. Sind ihm doch seine Hände gebunden. Trickreich, wie er nun mal ist, oder paradoxerweise gesteht er dennoch seine Schuld ein und gelobt Besserung. Aber wie das inszenieren? Mangels lokalisierbarer gesellschaftlicher Adresse – Verhältnisse z. B. lassen sich ziemlich folgenlos beklagen, mit großem deklamatorischen Erfolg – adressiert man in der Gesellschaft vermeintlich adressierbare andere. Machthaber vor allem und mächtige Interessenten, die Wirtschaft, die Massenmedien, die Schule und, am beliebtesten, die Politiker. Doch auch dabei geht es um Gesellschaft, um gesellschaftliche Einrichtungen bzw. für diese agierende personale Sachwalter. Hier sind auch die Soziologen zu Hause. Letztlich beißt sich die Katze in den Schwanz. Gleichwohl ist es so herrlich bequem, sich parasitär in der Gesellschaft an der Gesellschaft zu nähren. Gesellschaftskritik oder nur Sozialkritik heißt das.

Und die Alternative? Nicht positive oder kritische, sondern reflexive Beobachtung von Gesellschaft in der Gesellschaft ist angesagt. Natürlich liegt es an Gesellschaft, dass Kinder mit migrantem Hintergrund eher begrenzte Möglichkeiten der Beteiligung an Gesellschaft haben. Natürlich kann ihnen nur die Gesellschaft weniger begrenzte Möglichkeiten ermöglichen. Was dabei herauskommt, kann man vorher auch nicht wissen. Aus der Schuldenfalle Gesellschaft gibt es kein Entkommen. Erst recht nicht für den Soziologen, der Gesellschaft in der Gesellschaft beobachtet.

Literaturhinweise

Die Gesellschaft der Gesellschaft. 2 Bände. Frankfurt a. M. (Suhrkamp), 1997, 6. Aufl. 2006, S. 1128–1142.

Selbst-Thematisierung des Gesellschaftssystems. In: Soziologische Aufklärung 2. Aufsätze zur Theorie der Gesellschaft. Wiesbaden (Verlag für Sozialwissenschaften), 1973, 5. Aufl. 2004, S. 72–102.

Soziologische Aufklärung. In: Soziologische Aufklärung 1. Aufsätze zur Theorie sozialer Systeme. Wiesbaden (Verlag für Sozialwissenschaften), 1967, 7. Aufl. 2004, S. 66–91.

»Was ist der Fall?« und »Was steckt dahinter?« Die zwei Soziologien und die Gesellschaftstheorie. *Zeitschrift für Soziologie* 1993, 22 (4): 245–260.

Was für ein Gesellschaftsbegriff!

Wenden wir uns spät, hoffentlich nicht zu spät, einem der am schwierigsten aufzuhellenden Begriffe Luhmanns zu, dem der Gesellschaft. Bei ihm heißt es bisweilen lapidar, Gesellschaft umfasse die Gesamtheit füreinander erreichbarer Kommunikationen. Prompt mokiert sich die Schar der Kritiker über einen substanzlosen Gesellschaftsbegriff.

Prüfen wir ein wenig genauer. Als soziales oder kommunikatives autopoietisches System haben wir bereits jenen Zusammenhang identifiziert, bei dem Kommunikation Kommunikation erzeugt: Kommunikation kommuniziert. Als Begriff von Kommunikation wurde die dreifach selektive Differenz von: Information – Mitteilung – Verstehen eingeführt. Ferner stellten wir fest, dass erst dann ein soziales System entsteht, wenn ein einzelner kommunikativer Akt an einen einzelnen kommunikativen Akt anschließt. Bezogen auf Gesellschaft, ist dann zu sagen: Sie ist unterscheidbar als eine jeweilige Gesamtheit momenthaft aktualisierter, weil aktualisierbarer und in diesem Sinne füreinander erreichbarer Kommunikationen. Kurz: Sie stellt sich dar als ein operativ geschlossener jeweiliger Zusammenhang der Ermöglichung von Kommunikationen durch Kommunikationen. »Jeweiliger« heißt: Gesellschaft ist, streng genommen, in jedem Augenblick dieselbe und nicht dieselbe: The same is different. Da nur mögliche Kommunikationen Kommunikationen ermöglichen, richtet sich Gesellschaft als sich selbst beschränkender Horizont von Möglichkeiten ein. Also: Jedes augenblickliche kommunikative Geschehen aktualisiert Gesellschaft. Ich sage etwas zu meiner Frau, weil ich das, was ich sage, sagen kann. Ich muss eine Information erzeugen und mitteilen können. Entsprechend muss mich meine Frau verstehen, ihrerseits zwischen Information und Mitteilung unterscheiden können und mir das zu erkennen geben. So wird ein gesellschaftsaktualisierendes Interaktionssystem in der Gesellschaft aktualisiert. Der Leiter der Einkaufsabteilung eines Unternehmens erteilt augenblicklich die Weisung, Produkt A statt Produkt B zu kaufen. So wird ein gesellschaftsaktualisierendes Organisationssystem in der Gesellschaft aktualisiert. An der Kasse des Supermarktes leiste ich augenblicklich eine Geldzahlung. So wird ein gesellschaftsaktualisierendes Funktionssystem (hier das wirtschaftliche System) in der Gesellschaft aktualisiert.

Gesellschaft als operativ geschlossenes System operiert kognitiv offen, ermöglicht sich auf der Grundlage ihrer Geschlossenheit Offenheit. Aufgrund der von ihr als in sich oder in ihrer inneren Umwelt vorkommenden unterschiedenen Umwelten sozialer Systeme und aufgrund der von ihr als in ihrer äußeren Umwelt vorkommenden unterschiedenen und sich an sozialen Systemen in ihren inneren Umwelten in der Form von Personen beteiligenden Menschen, genauer: psychischen Systeme, beobachtet sie sich als irritierbar. Damit ist, wie wir wissen, gesetzt, dass die Menschen nur noch in der Umwelt von Gesellschaft vorkommen. Meine Frau und ich Umwelt der Gesellschaft? Ja, denn wir müssen schon miteinander reden, um uns an Gesellschaft zu beteiligen. Irritierbar? Irgendetwas im Verhalten meiner Frau oder irgendetwas ganz anderes muss mich dazu gebracht haben, das zu sagen, was ich gesagt habe. Der Einkaufsleiter hat registriert, dass Produkt A billiger als Produkt B geworden ist. Oder: Ein Gericht hat ein völlig überraschendes Urteil gefällt (= ein Ereignis im rechtlichen System der Gesellschaft); das regt weithin neuartige rechtliche und außerrechtliche Kommunikationen an. Wie jedes autopoietische System beobachtet sich auch Gesellschaft als über eine Struktur oder über ein Gedächtnis verfügend. Damit kann sie irritierende Ereignisse als kommunikativ relevant wahrnehmen, altvertraute und bewährte von neuartigen Kommunikationen unterscheiden und sich darauf strukturbewahrend oder -verändernd einstellen. War mir etwa das Verhalten meiner Frau bis dato unbekannt? Werde ich künftig damit rechnen? Oder: Bis auf Weiteres muss die Entscheidung des Einkaufsleiters nicht revidiert werden. Oder: Recht lässt sich bewahren und ändern. Als System-Umwelt-Unterscheidungen handhabendes System sieht sich auch Gesellschaft an die inneren und äußeren Umwelten angepasst, die sie als Bedingungen ihrer Selbstermöglichung unterscheidet. Ohne meine Frau kein Gespräch mit ihr. Ohne Organisation keine Entscheidung in der Organisation. Ohne Streitfall keine gerichtliche Aktivität. Kurzum: Als autopoietisches System ist die Gesellschaft unterschieden als operativ geschlossenes, kognitiv offenes, strukturdeterminiertes und umweltangepasstes temporales System.

Dem Begriff von Gesellschaft haben wir schon ein gutes Stück Form abgewonnen, einiges von seiner »Substanz« sichtbar gemacht. In der Tat ist Gesellschaft unterschieden als eine Form. Als Reich kommunikativer Möglichkeiten oder als je selbstverwirklichter Zusammenhang kommunikativer Möglichkeiten ist sie Form, wenngleich nicht in seinswissenschaftlichem Verständnis. Allein schon deshalb, weil sie als etwas unterschieden ist (Innenseite der Form: alles Soziale) und damit alles andere nicht unterschieden ist, was die Gesellschaft nicht ist (Außenseite der Form: alles Nichtsoziale). Das Medium Kommunikation(en) als evolutionärer Zusammenhang lose gekoppelter Elemente mit Kommunikationen als Elementen ermöglicht die genannte Form, die ihrerseits im Sinne der Differenzierung bestimmter kommunikativer Möglichkeiten formbar ist, solchen Formungen als Medium dient. Gesellschaft ist formbare Form. Im sozialen System Gesellschaft ist deshalb konstitutiv mit der Bildung sozialer Systeme zu rechnen und damit, dass die gebildeten sozialen Systeme sich ihrerseits zu einer gesellschaftscharakterisierenden Form formen, und beides nicht in Konkurrenz zur Gesellschaft, sondern als Bestätigung und Betätigung ihrer Einheit in Differenz. Gesellschaft evoluiert, sagen wir. Sie bildet sich als emergente Form und bildet in sich emergente Formen aus emergenten Formen. Emergente Formen sind neuartige Formen, die vorhandene Formen auf nicht vorhersagbare Art für ihre eigene Bildung selektiv in Anspruch nehmen. Emergente Formbildung ist per se zu qualifizieren als weder notwendiger noch unmöglicher, d. h. kontingenter Vorgang. Nach diesem Muster ist Gesellschaft endlich zu sehen als ein sich selbst immer wieder ermöglichender, sich selbst verändernder, sich selbst verschieden differenzierender, ausformender, sich stets zugleich einheitlich und verschieden bestimmender Zusammenhang füreinander erreichbarer Kommunikationen. So kann sie je als primär segmentär (z. B. Stammesgesellschaft), nach Zentrum/Peripherie (z. B. klassische Reiche), schichtungsmäßig (z. B. Adelsgesellschaft) oder funktional differenziert (z. B. gegenwärtige Gesellschaft der Bundesrepublik Deutschland) oder auch ganz anders beschrieben werden. Gesellschaft ist nicht darauf angelegt, irgendeinen kosmisch-religiösen, natürlich-vernünftigen, fortschrittlich-modernen oder sonstigen als perfektionierend oder finalisierend oder humanisierend o. Ä. gedachten Bauplan zu verwirklichen, oder darauf, bestimmte Formen aus bestimmten Formen, eine bestimmte Abfolge von gesellschaftlichen Formen zu erzeugen. Wird sie so oder dennoch anders beschrieben, was ja geschieht, liegt das an gesellschaftlich erzeugten Beschreibungsmöglichkeiten, möglichen und keineswegs beliebigen. Jetzt ist es vollends aus mit der Vorstellung von Gesellschaft als einem substanz- und formlosen Zusammenhang frei vagabundierender Kommunikationen.

Ein kommunikatives System zerfällt laufend. Wenn eine Kommunikation vorbei ist, ist sie vorbei. Soziale Ordnung ist dennoch möglich. Die dem Dauerzerfall entgegenwirkende Struktur eines sozialen Systems, deshalb auch der Gesellschaft, lässt sich als doppelt kontingenter stabilisierter Zusammenhang erwartbarer Erwartungen unterscheiden. Zu sehen ist, dass sich ein derartiger Zusammenhang in verschiedensten Hinsichten kommunikativ differenziert. Es bilden sich schließlich gleich- und verschiedenartige, ungleichgewichtig durchgesetzte und akzidentell ausgeformte kommunikative Systeme mit zugleich verminderten und vermehrten kommunikativen Möglichkeiten und Erreichbarkeiten. Zu denken ist z. B. an Interaktionssysteme, an Organisationssysteme, an gesellschaftliche Teilsysteme für die Abwicklung bestimmter Kommunikationen wie das politische System, das rechtliche System, das wirtschaftliche System usw. Sagen wir jetzt statt Ordnung besser Integration. Wenn gesellschaftliche Integration von oben oder von einem Punkt aus oder von einer besonders ausgezeichneten Stelle aus oder durch Moral tatsächlich jemals möglich gewesen sein sollte – jetzt wird die Integrationsaufgabe zunehmend den sozialen Systemen in der Gesellschaft überantwortet. Diese erhalten nur noch sich selbst in Auseinandersetzung mit ihren systemischen Umwelten. Indem sie das tun, binden sie sich ein in ein Spiel des zugleich Voneinander-unabhängiger- und -abhängiger-Werdens. Meine Familie sehe ich als von vielen Aufgaben wie Erziehung, Selbsterzeugung von Lebensmitteln, Gesundheitsfürsorge, religiöser Betreuung usw. ganz oder teilweise entlastet. Zugleich sehen wir uns verwiesen auf entsprechenden Leistungen von außen: Teilnahme unserer Kinder am Erziehungssystem, Marktteilnahme, Beteiligung am Gesundheitssystem, Beteiligung am Religionssystem usw. Am Ende sehen wir negative statt positive (etwa herrschaftliche oder moralische) Integration, eine vielfache über- und unterresonanzanfällige Selbstabstimmung autopoietisch operierender sozialer Systeme. So mag das politische System ein Beschäftigungsförderungsprogramm auflegen; was daraus wird, wird allein im wirtschaftlichen System entschieden. Zu sehen ist gar eine Inszenierung von Systemen mit der paradoxen Funktion der Abarbeitung nicht abarbeitbarer mutmaßlich dysfunktionaler Folgen sozialer Differenzierung; man denke an das System sozialer Hilfe und an Systeme des Protests. Im Konzert derart gesellschaftlich veranstalteter Selbstselektivitäten lässt sich trotz oder gerade wegen kontrafaktischer Anmahnungen, trotz sich zeitweise aufschaukelnder teilsystemischer Autorschaften (mal scheint das politische, mal das wirtschaftliche System in der Vorderhand zu sein) und trotz stabilisierender organisationaler Durchbrechungen (Organisationen als Medium gesellschaftlicher Stabilisierung) weder ein Dirigent des Ganzen noch irgendein übergreifendes Kriterium gesellschaftlicher Rationalität erkennen. Gesellschaftliche Rationalität hat keinen Autor und keine Adresse. Beklagenswert?

Was für ein Gesellschaftsbegriff! Anders als Gesellschaftsbegriffe, die Gesellschaft als eine soziale Veranstaltung begreifen, die auf die Unterdrückung des wahren natürlichen Wesens des Menschen hinwirkt oder die sich als ein Zusammenhang der Herrschaft des Menschen über den Menschen erweist. Anders als Gesellschaftsbegriffe, denen Gesellschaft eine wesentlich moralisch oder wertmäßig zusammengehaltene übergreifende Einheit elementarer sozialer Einheiten oder sozialer Beziehungen zwischen ihnen ist. Anders als Gesellschaftsbegriffe, für die Gesellschaft ein aus sich selbst heraus die Entfaltung der wahren menschlichen Natur in wahrhafter Sozialität beförderndes oder ein sich zum Wohle aller entfaltendes und entfaltbares soziales Ganzes darstellt. Überhaupt anders angesetzt als Gesellschaftsbegriffe, die auf Menschen oder Familien als Elemente eines sozialen Ganzen setzen. Erst recht wird Gesellschaft in isoliertem Zugriff nicht als bürgerliche, industrielle, kapitalistische, sozialistische oder moderne, als Erwerbs-, Konsum-, Dienstleistungs-, Wissens-, Informations-, Spaß- oder anders als XYZ-Gesellschaft typisiert. Gegen alles das und noch anderes wird erschreckend nüchtern und ohne jedes Pathos Gesellschaft als der umfassendste sich je aktualisierende Zusammenhang füreinander erreichbarer Kommunikationen eingesetzt, der sich ohne vorab erkennbaren Bauplan verschieden auszuformen vermag. Wir haben einen Gesellschaftsbegriff vor uns, der mit viel mehr Substanz aufgeladen ist, als es noch zuträglich erscheint.

Und außerdem: Über Gesellschaft kann man nur in der Gesellschaft nachsinnen. Man ist an durch sie ermöglichte Beschreibungsmöglichkeiten gebunden. Man kann mithin Gesellschaft weder von außen noch von innen noch von innen wie von außen noch ein für alle Male einzig richtig sehen. Jede bestimmte Sicht auf Gesellschaft in der Gesellschaft – auch diese! – als so und nicht anders bestimmt muss damit leben, nicht die einzig mögliche zu sein. Frustrierend ist das nicht, aber ernüchternd.

Literaturhinweise

Gesellschaft. In: Soziologische Aufklärung 1. Aufsätze zur Theorie sozialer Systeme. Wiesbaden (Verlag für Sozialwissenschaften), 1970, 7. Aufl. 2004, S. 137–153.

Die Gesellschaft der Gesellschaft. 2 Bände. Frankfurt a. M. (Suhrkamp), 1997, 6. Aufl. 2006, S. 16–35, 88–91, 1128–1142.

Interaktion, Organisation, Gesellschaft. In: Soziologische Aufklärung 2. Aufsätze zur Theorie der Gesellschaft. Wiesbaden (Verlag für Sozialwissenschaften), 1975, 5. Aufl. 2004, S. 9–20.

Selbst-Thematisierung des Gesellschaftssystems. In: Soziologische Aufklärung 2. Aufsätze zur Theorie der Gesellschaft. Wiesbaden (Verlag für Sozialwissenschaften), 1973, 5. Aufl. 2004, S. 72–102.

Soziale Systeme. Grundriß einer allgemeinen Theorie. Frankfurt a. M. (Suhrkamp), 1984, 12. Aufl. 2006, S. 551–592.

Soziologische Aufklärung. In: Soziologische Aufklärung 1. Aufsätze zur Theorie sozialer Systeme. Wiesbaden (Verlag für Sozialwissenschaften), 1967, 7. Aufl. 2004, S. 66–91.

»Was ist der Fall?« und »Was steckt dahinter?« Die zwei Soziologien und die Gesellschaftstheorie. *Zeitschrift für Soziologie* 1993, 22 (4): 245–260.

Am Anfang war die Schöpfung. Jetzt gibt es Harry Potter. Oder: Evolution evoluiert

Alles hat einen Anfang und ein Ende. Vielleicht. Was, nämlich, ist dann vor dem Anfang und was nach dem Ende? Ein Nichts? Ein nichtendes Nichts? Müsste das nicht auch angefangen haben bzw. wieder enden? Jedenfalls hätte man zu gerne gewusst, wie alles einmal angefangen hat, wie und warum es sich so entwickelt hat, wie es sich entwickelt hat, und was dereinst sein wird. Nehmen wir einen altbekannten Fall. Da wird festgestellt: »Im Anfang war das Wort, und das Wort war bei Gott, und Gott war das Wort« (Joh. 1, 1). Ein Anfang allen Anfangens ist ausgemacht: Gott. Oder Gottes Wort? Oder doch Gott, wenn das Wort Gott ist? Sagen wir einfach Gott und denken Gott in eins mit dem Wort. Gott entlässt aus sich heraus kraft seines ihn selbst unterscheidenden Wortes die Welt und alles in der Welt. Diese Annahme eines Schöpfers von allem mag nur den zufriedenstellen, der's sich nicht traut, z. B. nach der Herkunft des Schöpfers zu fragen. Fängt der mit sich selbst an? Wer sagt das? Er selbst. Muss dann nicht das, was er sagt, schon sagbar sein, bevor er es sagt? Unweigerlich gerät man so oder so in nicht enden wollende Fragen nach dem Grund von Gründen, die sich letztlich wieder als begründungsbedürftig erweisen, die Fragespirale aufs Neue in Gang setzen.

Wäre es angesichts einer derart betrüblichen Situation nicht bequemer, ein anfangsloses Anfangen und ein endloses Ende anzunehmen? Möglich wär's. Das ist einen Versuch wert. Alles, was angefangen hat, hat eben angefangen, wenn es angefangen hat. Alles, was anfängt, fängt eben an, wenn es anfängt. Alles, was anfangen wird, wird eben anfangen, wenn es anfangen wird. Und lässt sich ein Ende allen Anfangens ausschließen? Wäre ein endloses Ende ein Ende? Wer, bitte schön, fragt das? Doch wohl nicht Gott!? Der vielleicht nicht, sondern ein Beobachter ähnlichen Formats. Als Beobachter setzen wir eine Einheit ein, die in einem etwas unterscheidet und bezeichnet, was es sonst nicht gäbe. Unser Beobachter unterscheidet jetzt z. B. Anfänge als anfangslos. Freilich muss auch dieser Beobachter wieder sich selbst voraussetzen, seinen eigenen Anfang ausblenden. Funktioniert die Schöpferannahme also doch? Ja, wenn der Schöpfer seine eigene Herkunft abzudunkeln in der Lage ist. So weit nichts Neues! Wenn aber der Beobachterschöpfer dies auch noch beobachtet, dies von sich weiß, vermag er trotzdem oder gerade deshalb anzufangen – anfangslos. Der Beobachter als über sich selbst aufgeklärter Schöpfer! Das kann's sein. Räsonieren wir nicht weiter, sondern fangen an. Anfänge fangen immer wieder an. Evolution nennt das unser Beobachter. Raffiniert, wie er nun mal ist, sichert er sich ab. Das, was anfängt, fängt zwar nicht voraussetzungslos an, aber markiert einen eigenen, eben anfangslosen Anfang. Selbst das oder ein Nichts wäre ein anfangsloser Anfang, der nur das sein könnte, was er wäre, wenn mit oder vor ihm etwas vorausgesetzt werden könnte, was nicht Nichts wäre. Wie dem auch sei. Anfänge ermöglichen sich selbst, setzen dabei Anfänge voraus, die sich selbst ermöglicht haben, und ermöglichen neue sich ermöglichende Anfänge. Evolution evoluiert.

Man nehme den Erfolg der Harry-Potter-Bücher und -Filme. J. K. Rowling hat H. Potter geschaffen. Aus dem Nichts heraus? Nein! An seiner Wiege steht eine ganze Reihe kaum auf die Reihe zu bringender und gar erschöpfend vorzustellender evolutionärer Errungenschaften. Das geht etwa los mit unseren so beliebten Figuren Ego und Alter. Diesen Figuren ist zuzumuten, zu handeln, wechselseitig ihr Handeln zu erleben, sich wechselseitig auf bewährtes als wechselseitig erlebtes Handeln einzulassen, darauf einstweilen vertrauen zu können. Zufall regiert dieses Geschäft – dauernd. Einmal eingerichtete Erwartbarkeiten und ihre Ermöglichungsbedingungen können sich aus sich selbst heraus, eben evolutionär, ändern. Da finden sich etwa aus Variationen in Mensch-Umwelt-Verhältnissen angeregte Bevölkerungsvermehrung und -verdichtung und mit diesen angeschobene neuartige Formen kommunikativer Erreichbarkeiten. Z. B. von unmittelbaren mündlichen zu mittelbaren schriftlichen Erreichbarkeiten. Da und damit finden sich etwa sachliche (dies und nicht das), zeitliche (vorher und nachher) und soziale (aufeinander bezogene personale Erwartbarkeiten) Seiten von Sinn zunehmend unterschieden und im Gefolge z. B. Unterscheidungen des Sozialen als Politisches, Rechtliches, Wirtschaftliches, Massenmediales usw., ihrerseits die Bildung eigener, sich wechselseitig ausschließender Bereiche kommunikativer Erreichbarkeiten ermöglichend. Und das alles ebenso mit vorbereitet wie begleitet und verstärkt durch Vervielfältigungen von Formen interaktiver (von sozialen Beschränkungen entschränkter) sowie zunehmend organisational vermittelter kommunikativer Erreichbarkeiten: Sprache – Schrift – Buchdruck – Verlage – Büchermarkt – Lesefähigkeit ... Man sieht ein kaum rekonstruierbares Geflecht des Entstehens von neuen kommunikativen Möglichkeiten (Variationen) und ihre Bewährungskontrolle in den Grenzen bisheriger kommunikativer Möglichkeiten (Selektionen) sowie unter Umständen ihre bis auf Weiteres gesicherte kommunikative Verfügbarkeit (Stabilisierungen). Nichts von alledem musste sein. Nichts von alledem musste sein, weil jeweils vorher etwas anderes war, das notwendigerweise zu dem führen musste, was nachher war. Stets geht es um weder notwendige noch unmögliche Selbstermöglichungsbedingungen von etwas, das vorher nicht war, obwohl das, was vorher war, zu den weder notwendigen noch unmöglichen ermöglichenden Bedingungen der Selbstermöglichung dessen gehört, was danach sein konnte oder kann. Das meint Evolution.

Wieso ließ sich ausgerechnet J. K. Rowling Harry Potter einfallen? Evolution macht's möglich. Es geht z. B. nur um sprachliche Mittel, darum, sprachlich etwas auszudrücken, was so vorher nicht möglich war, und zu Papier zu bringen: die literarische Figur Harry Potter. Das Medium der Sprache macht's möglich. Evolutionär inszenierte Kommunikations- und Verbreitungsmedien (Schrift, Buchdruck, Funk, Film, Fernsehen) haben Harry Potter beinahe für jeden, der lesen kann, erreichbar gemacht. Viele, sehr viele haben sich auch weltweit erreichen lassen, haben die Harry-Potter-Bücher gelesen oder/und sich die Harry-Potter-Filme angesehen. Weshalb? Einfach eine evolutionäre Unwahrscheinlichkeit. Bleibt noch die Zukunft, diejenige von J. K. Rowling und Harry Potter eingeschlossen. Frau Rowling wird irgendwann das Zeitliche segnen. Und Harry Potter? Wer weiß. Die meisten ihrer Kinder hat die Evolution bisher gefressen. Ihre Absichten kann sie nicht preisgeben, sind diese ihr doch selbst nicht bekannt.

Um auf unseren Anfang zurückzukommen: Es könnte sogar sein, dass die Evolution des Lebens nicht nur anfangslos angefangen hat, sondern sie gar die Option ihrer Selbstbeendigung wählt. Am Ende wären wir alle tot. Dennoch kann man angesichts solcher möglichen Endlichkeit weiterhin die Karte endlichkeitsmissachtender Ewigkeit ausspielen. Zeit fürs Leben bleibt allemal genug.

Literaturhinweise

Evolution – kein Menschenbild. Die Gesellschaft besteht nicht aus Menschen. *Ethik und Unterricht* 1994, 5: 14–18.

Evolution und Geschichte. In: Soziologische Aufklärung 2. Aufsätze zur Theorie der Gesellschaft. Wiesbaden (Verlag für Sozialwissenschaften), 1976, 5. Aufl. 2004, S. 150–169.

Die Gesellschaft der Gesellschaft. 2 Bände. Frankfurt a. M. (Suhrkamp), 1997, 6. Aufl. 2006, S. 413–516.

Gesellschaftliche Struktur und semantische Tradition. In: Gesellschaftsstruktur und Semantik. Studien zur Wissenssoziologie der modernen Gesellschaft. Bd. 1. Frankfurt a. M. (Suhrkamp), 1980, Nachdr. 2004, S. 9–71.

Systemtheoretische Argumentationen. Eine Entgegnung auf Jürgen Habermas. In: J. Habermas u. N. Luhmann: Theorie der Gesellschaft oder Sozialtechnologie – Was leistet die Systemforschung? Frankfurt a. M. (Suhrkamp), 1971, 10. Aufl. 1990, S. 291–404, bes. 361–377.

Die Wissenschaft der Gesellschaft. Frankfurt a. M. (Suhrkamp), 1990, 4. Aufl. 2002, S. 549–615.

Genmanipulierte Nahrungsmittel: Eine evolutionäre Errungenschaft?

Schon die Bezeichnung »genmanipuliert« signalisiert Unheimliches. Wer dann von »genetisch verändert« spricht, macht sich schuldig am Common Sense. Was ist der Fall, und was steckt dahinter?

Der Anfang sei kompliziert angelegt: Nahrungsmittel lassen sich beobachten als biologische oder Systeme des Lebens autopoietischer Art mit begrenzter Selbsterhaltungsfähigkeit, ob der Apfel noch am Baum hängt oder bereits im Weidenkorb gelandet ist. Auf jeden Fall können solche Systeme in ihrer angestammten natürlichen Umwelt (z. B.: am Baum, in der Erde) und – erst einmal kraft Umweltmanipulation herausgelöst aus ihren Systemumwelten des Lebens (z. B.: vom Baum, aus der Erde) als Systemen mit je eigenen nicht sinnhaften System- und Nichtsystemumwelten – in ihrer neuen, unnatürlichen Umwelt (z. B.: in der Licht und Luft und Fliegen zugängigen Vorratskammer, im dunklen und die Arbeit an ihrer Selbstzerstörung verlangsamenden Kühlschrank) der Umformung ihrer biologischen Zustandes nicht nachhaltig entgegenwirken. Menschliche (auch: tierische) Körper als Systeme des Lebens sind in gleicher Weise biogenetisch konditionierten Formwandlungen unterworfen mit vorprogrammierten Verfallsdaten – je nach körperinternen Systemumwelten (z. B.: Blut, Gehirn, neuronalem Netz, System der Wahrnehmung), körpergebundener sinnhafter Systemumwelt (psychischem System) und außerkörperlichen, sinnhaften (sozialen Systemen) und nicht sinnhaften Systemumwelten (Systemen des Lebens wie Pflanzen und Tiere) sowie sonstiger Nichtsystemumwelt (z. B.: Erdanziehung, Sonnenstrahlung). Menschliche Körper, um dabei zu bleiben, sind zwecks Aufrechterhaltung ihres Lebens und damit der Existenz der an sie gebundenen psychischen Systeme von der Zufuhr von Nahrung abhängig. Ein spannendes Spiel sich je selbstreferentiell aufeinander einstellender Systeme ist angekündigt. So mag der Körper als Konglomerat von Systemen des Lebens auf sehr verschlungenen Wegen irgendwie das psychische System dazu veranlassen, seinerseits einen Mangelzustand anzunehmen, was dann auf wiederum sehr verschlungenen Wegen zu Rückmeldungen an den Körper führt, dagegen etwas zu tun, die Hände zum Griff in den Obstkorb zu steuern, einen Apfel zu entnehmen und diesen zu essen. Oder so ähnlich.

Nun mögen die ihre Körper mehr oder minder bewusst oder unbewusst beobachtenden psychischen Systeme auf die Idee kommen, Systeme des Lebens, die eigenen Körper eingeschlossen, unmittelbar oder mittelbar so zu manipulieren, dass diese sich sicherer, reichhaltiger und beides möglichst mit der Folge des Hinausschiebens des Verfallsdatums reproduzieren können. Vor allem mögen sich die im wissenschaftlichen System der Gesellschaft residierenden Wissenschaftler entsprechend herausgefordert sehen. Also wird damit begonnen, den Ertrag von Nahrungsmitteln, um nur auf diese Seite der Manipulation des Lebens weiter einzugehen, zu steigern, ihre Haltbarkeit zu verlängern, ihre Qualität zu verändern, zu verbessern, sagt man. Man geht zu Ackerbau und Viehzucht über, betreibt Dreifelderwirtschaft, berieselt mit Gülle das Erdbeerfeld, züchtet begeistert in Fäkalienwasser prächtig gedeihende Austern usw. Harmlose, weil der Natur gemäße Manipulationen? Schnell folgen: Kreuzungen von Apfelsorten. Keine genetische Manipulation? Aufbringen von Kunstdünger. Wie stolz war man einst darauf! Versprühen von Pestiziden. Endlich keine vernichteten Ernten mehr! Fettarme Schweine werden gezüchtet. Ist doch gesund! Für die Umformung in besonders zarte Steaks wird mageren Rindern auf die Beine geholfen. Es darf ja auch schmecken. Herrliche Exemplare von milchreichen Kühen werden geklont. Noch ohne durchschlagenden Erfolg. Usw. Artwidrige, weil der Natur des Lebens nicht gemäße Manipulationen? Ist doch klar! Man knackt zunehmend genetische Codes, natürlich nicht bloß so, sondern um sie zu manipulieren. Schon bei genetisch veränderten Nahrungsmitteln runzelt man die Stirn. Und wenn direkte Eingriffe in menschliche genetische Codes genetische Defekte verhindern!? Wird damit in die Evolution von nicht menschlichem Leben und darüber des menschlichen Lebens eingegriffen? Lieber mit genetischen Defekten leben? Greift nicht das Leben selbst in die eigene Evolution ein? Wäre das etwas anderes als ein Eingriff von außen? Man beachte: Systeme des Lebens werden als evoluierende Systeme beobachtet. Und nun: Krebs, Aids, Rinderwahnsinn. Wer weiß, was sonst noch alles droht. Wehrt sich die Evolution gegen ihre Manipulateure? Was aber, wenn sie sich selbst manipulierte, mit ganz ähnlichen oder ganz anderen Ergebnissen? So einfach ist das alles nicht.

Fragen wir mal »die Wissenschaftler«. Wer anders sollte Bescheid wissen? Die einen sagen, genmanipulierter Mais ist nicht gesundheitsschädlich, genmanipulierte Kartoffeln auch nicht. Die anderen behaupten schlicht das Gegenteil. Die Arsenale gegenteiliger Argumentationen sind mit sehr verschiedener Munition gefüllt. Da mag man tatsächlich auf der je anderen Seite schadhafte Munition entdecken. Reicht das für Wahrheitsansprüche? Es wäre auf jeden Fall zu billig, unter den Befürwortern selbstredend Vertreter wirtschaftlicher Interessen auszumachen. Nicht weniger billig wäre es, unabhängigen oder kritischen Wissenschaftlern per se edlere Motive zu unterstellen. Interessen vertritt jeder: wirtschaftliche, eigene reputierliche, der Natur, der Umwelt und welche sonst noch. Interessen! So als ob es diese gleichsam natürlich oder sozial fraglos gäbe, gar zur unbedingten Befolgung aufgegeben. Es scheint weniger um das zu gehen, was wirklich wahr sein könnte, sondern mehr darum, für die eigene selektive Wahrheit im Medium der öffentlichen Meinung Zustimmungsbereitschaften zu erzeugen. Zu gern hätte man trotzdem gewusst, wer im Besitz der Wahrheit ist. Da hilft nur die Grundfrage, ob Wahrheit überhaupt möglich ist, genauer: eine und nur eine Wahrheit. Was auch immer Wissenschaftler als wahr ausgeben, das ist abhängig von ihren wahrheitsbegründenden (!) Theorien. Theorien entscheiden darüber, welche Seite des Wahrheitscodes wahr/unwahr bedient wird. Woher jedoch den wahrheitsbegründenden Grund wahrheitsbegründender Theorien nehmen? Aus der Natur, hier des Lebens? Aus dem einsichts- und verstandesgeleiteten Anspruch des Subjekts auf Erkenntnis dessen, was der Fall ist und was dahintersteckt? Oder: Wahrheit per argumentativer Macht verbindlich machen? Angenommen, es gäbe statt »der« Wahrheit nur die Möglichkeit verschiedener, wenngleich nicht beliebiger Wahrheiten. Was einiges für sich hat. Angesichts der vielfältigen und für sich allein genommen bereits überkomplexen System-Umwelt-Verhältnisse läge es etwa auf der Hand, diese im Medium der Kausalität zu beobachten, theorieabhängig darin verschiedene Formen einzuzeichnen und für als gelungen kommunizierbare Formen einstweilen Geltung zu reklamieren: »Wir haben beobachtet, dass alleiniger und länger andauernder Genuss von in spezifischer Weise genmanipulierten Kartoffeln durch im Käfig gehaltene Ratten bei diesen vermutlich bösartige Wucherungen in der Lunge hervorgerufen hat.« Mangels überzeugenderer gegenteiliger Beobachtungen mag das einstweilen als wahr gelten. Genmanipulierte Kartoffeln muss man dann nicht essen, wenn man für wahr hält, was für wahr gehalten wird. Tatenloses Zusehen ist folglich nicht zwangsläufig. Ob's hilft?

Sicher kann nicht bekannt sein, was der Verzicht auf Manipulationen von evolutorisch inszenierten Manipulationen schon gezeitigt hat und noch zeitigen wird. Die Kartoffel ist irgendwann einmal auf der evolutorischen Bühne erschienen, nie dieselbe geblieben, und vielleicht ist ihre Halbwertszeit bald erreicht. Welche Auswirkungen hat sie eigentlich bisher auf den menschlichen Körper gehabt? Oder: statt intensiver Land-, Forst- und Viehwirtschaft naturgemäße oder Biowirtschaft, ausgewogene Ernährung sowieso. Bekannte Risiken ließen sich eingrenzen, noch unbekannte natürlich nicht. Was weiß man überhaupt über Risiken und Nebenwirkungen altvertrauter und als unbedenklich geltender Nahrungsmittel, zumal im komplexen Zusammenwirken je besonderer arten- und mengenmäßiger Dosierungen in der Zeit unter Bedingungen je verschiedenartiger und sich verändernder System-Umwelt-Verhältnisse!? Ganz ähnlich: Über die Erdtemperaturgeschichte ist nicht viel bekannt. Hat CO_2 Haftverschonung verdient oder nicht? Atomkraftwerke statt Kohlekraftwerke? Jedes Entscheiden, Nichtentscheiden eingeschlossen, jede gegenwärtige Antizipation von Zukunft ist riskant. Nahrungsmittel und das Leben manipulieren oder nicht? Entschieden werden muss aber, was so oder so kräftige Reduktionen von Komplexität erfordert. Und das ist tragisch. Hinterher ist man immer schlauer, allerdings nur im Sinne dann je gegenwärtig erinnerter Vergangenheit. Hätten wir bloß nicht manipuliert! Nur gut, dass wir manipuliert haben!

Literaturhinweise

Die Ausdifferenzierung von Erkenntnisgewinn: Zur Genese von Wissenschaft. In: N. Stehr u. V. Meja (Hrsg.): Wissenssoziologie. Sonderheft 20 der *Kölner Zeitschrift für Soziologie und Sozialpsychologie*. Opladen (Westdeutscher Verlag), 1981, S. 101–139.

Grenzwerte der ökologischen Politik. Eine Form von Risikomanagement. In: P. Hiller, P. Krücken u. G. Krücken (Hrsg.): Risiko und Regulierung. Soziologische Beiträge zu Technikkontrolle und Umweltpolitik. Frankfurt a. M. (Suhrkamp), 1997, S. 195–221.

Ökologie des Nichtwissens. In: Beobachtungen der Moderne. Wiesbaden (Verlag für Sozialwissenschaften), 1992, 2. Aufl. 2006, S. 149–220.

Ökologische Kommunikation. Kann die moderne Gesellschaft sich auf ökologische Gefährdungen einstellen? Wiesbaden (Verlag für Sozialwissenschaften), 1986, 4. Aufl. 2004.

Soziologie des Risikos. Berlin/New York (de Gruyter), 1991, Nachdr. 2003.

Über Natur. In: Gesellschaftsstruktur und Semantik. Studien zur Wissenssoziologie der modernen Gesellschaft. Bd. 4. Frankfurt a. M. (Suhrkamp), 1995, Nachdr. 1999, S. 9–30.

»Haste mal ’nen Euro für mich!?«
Über Medien und funktionale Differenzierung

Wer kennt das nicht: Man spaziert durch eine Fußgängerzone und wird mit mehr oder weniger Nachhaltigkeit in der Stimme, unterstützt durch ein Hilfebedürftigkeit signalisierendes äußeres Erscheinungsbild, angebettelt: »Haste mal ’nen Euro für mich!?« Oder: Weshalb legen Asylbewerber und ihre Advokaten so viel Wert darauf, mit Bargeld statt mit Sachleistungen versorgt zu werden? Selbst bei Hochzeiten geht der Trend dahin, lieber Geld als Sachgeschenke zu erbitten. Für eine neue Küche! Weshalb zieht man es allgemein vor, in Form von Geld statt in Form von Naturalleistungen für seine Arbeit entlohnt zu werden? Usw. Nun, mit Geld kann man machen, was man will, sich das kaufen, was man selbst will, es auf die hohe Kante legen, um später kaufen zu können, was man will. Die Verfügung über Geld legt als solche nicht fest, ob und wofür es wann und wo von wem ausgegeben wird. Eine schöne Sache, wenn man das benötigte Geld hat.

Ähnlich verhält es sich z. B. mit Recht, Macht, Wahrheit, Liebe, Glauben, Kunstwerken, aber auch z. B. mit Sprache, Werten, Moral, Lebenslauf und erst recht Sinn. Es gibt höchst unterschiedliches Recht, verschiedenste Arten der Machtausübung, beanspruchter Wahrheit, des Liebens, des Glaubens und von Kunstwerken. Sprache macht vieles sagbar, selbst Unsagbares. Der Wertehimmel scheint keine Grenzen zu haben, und an moralischen Zumutungen besteht nicht der geringste Mangel. Lebensläufe können deutlich voneinander abweichende Muster aufweisen. Und schließlich: Was nicht alles kann gar unter der Flagge von Sinn daherkommen, z. B. alles, was bisher gesagt wurde. Gemeinsam mit dem Geld ist allen angesprochenen Sachverhalten eine ganz besondere Eigenart; für diese ist der Medienbegriff – ein bestimmter Medienbegriff – gut einsetzbar. Ein Medium der hier gemeinten Art soll Vielheit in Einheit anzeigen können, anzeigen, dass in bestimmten Grenzen nahezu Unbegrenztes ermöglichbar ist. Nur in den Grenzen von Sinn sind nahezu unbegrenzte bestimmte Sinnunterscheidungen handhabbar, die Sinnunterscheidung selbst eingeschlossen. Nur in den Grenzen von Geld sind nahezu unbegrenzte bestimmte Geldzahlungen vornehmbar. Die möglichen Sinnunterscheidungen sind ebenso wenig abschließend bestimmbar wie die möglichen Geldzahlungen.

Medien sind insoweit zunächst ganz anders als üblich aufgefasst. Man denkt doch gemeinhin etwa an Morsegeräte, an Bücher und Zeitungen, an Rundfunk, Film und Fernsehen, an Telefon und Internet. Dabei hat man vorzugsweise die elektronisch-physikalisch ermöglichte Übertragung von Informationen, die Übermittlung von Botschaften, im Auge. Die elektronisch-physikalischen Medien selbst interessieren dabei weniger als das, was mit ihrer Hilfe ermöglicht wird, nämlich nicht abschließend abgrenzbare Informationen an nicht anwesende einzelne Personen, insbesondere jedoch Mehrheiten von Personen zu übermitteln, die Grenzen personeller, zeitlicher wie räumlicher Erreichbarkeiten aufzuheben. Dann geht es hauptsächlich um Übertragungsmedien als Verbreitungsmedien. Vielfach stößt man stattdessen auf die Bezeichnung Kommunikationsmedien. Dabei kommt allerdings lediglich eine Vorstellung von Kommunikationen als Form der Übertragung von Informationen nach dem Sender-Empfänger-Modell ins Spiel. Darüber müssen wir hinausgehen. Medien der Massenkommunikation, um diese genauere Unterscheidung aufzunehmen, sind Kommunikationsmedien wie Geld, Moral usw. in einer maßgeblichen Hinsicht verblüffend ähnlich. Erlauben sie es doch grundsätzlich, ebenfalls eine nicht abschließend bestimmbare Fülle von Informationen bestimmter Art zu handhaben, eben Kaufabsichten, Verhaltenszumutungen usw. Deshalb lassen sich Kommunikationsmedien als Mengen frei flottierender Elemente betrachten, die selektiv miteinander verknüpft werden können. Bleiben wir beim Geld. Der Bettelnde schätzt das Geld als Medium. Mit dem Geld kann er sich ein Päckchen Tabak nebst Blättchen oder/und eine Pulle Fusel oder/und einen warmen Schlafplatz für die Nacht oder/und ... kaufen – wenn das Geld reicht. Jedes Kommunikationsmedium ist in dem Sinne formbar, dass in seinem Möglichkeitsraum vieles möglich wird, was sonst nicht möglich wäre. Ebendas haben Kommunikationsmedien wie Sprache, Geld, Macht, Liebe usw. gemeinsam.

Die insoweit durchaus anschauliche Darstellung eines Medium-Form-Zusammenhangs ist nunmehr vorübergehend ins etwas weniger Anschauliche zu überführen. Wie man sieht, impliziert die Unterscheidung von Medium die Unterscheidung von Form. Zunächst in der Form der Implikation des Einzeichnens von Formen in ein Medium, dann und damit die Unterscheidung Medium/Form. Andersherum: Der Unterscheidung von Medium ist die Unterscheidung Medium/Form vorgängig. Das gilt auch bei Beginn mit der

Unterscheidung von Form. Formbar ist ja nur Formbares. Dafür sorgt ein Medium. Was sollte die Unterscheidung Medium, wenn nicht ein Verweis auf seine Formbarkeit mitgeführt würde! So ist Geld nicht nur als Medium, sondern auch als Form unterschieden und der Geldbegriff selbst ein Formbegriff. Jeder Begriff ist ein Formbegriff. Geld als Form unterscheidet bestimmt nur dies und nichts anderes, unterscheidet Geld und nicht, was sonst hätte unterschieden werden können. Unbestimmt bleibt also, was mit Geld nicht unterschieden ist. Die Form Geld ist sodann weiter unterscheidbar als die Einheit der Differenz von Zahlen/Nichtzahlen. Dies ist eine neue Form. Als Form Zahlen/Nichtzahlen hat sie die Innenseite Zahlen und die Außenseite Nichtzahlen. Man kann auch sagen, dass Geld die Einheit der Differenz von Zahlen/Nichtzahlen symbolisiert. Die Rede von Einheit einer Differenz besagt nur, dass etwas Differentes zusammen auftritt, nicht aber in Einheit aufhebbar ist, wie +a und –a die Einheit a haben. Insgesamt symbolisiert Geld die Einheit der Differenz Zahlen/Nichtzahlen. »Symbolisiert« heißt allgemein, dass ein Zeichen auf ein Zeichen angewandt wird. Das Zeichen ist hier Zahlen. Geld ist ein Zeichen für das Zeichen »Zahlen«. Geld als Symbol ist generalisiert, weil es auf Vielheit in Einheit verweist, auf eine Vielheit von Möglichkeiten des Zahlens oder Nichtzahlens im Medium des Geldes. Wird Zahlen unterschieden, dann wird es möglich, von Zahlen aus zu unterscheiden, was ausgeschlossen ist, schlicht das Nichtzahlen. Das ist als Reentry zu bezeichnen, als Wiedereintritt einer Form in eine Form. D. h., die im Moment der Unterscheidung von Zahlen als nicht unterscheidbare vorausgesetzte Form Zahlen/Nichtzahlen wird als Form im Moment der Unterscheidung von Zahlen erneut bestätigt. Genug der erdfern anmutenden Betrachtungen.

Weiter oben ging es zuletzt um Kommunikationsmedien. Über den Umweg eines Ausflugs ins weniger Anschauliche ist unter der Hand eine Einengung auf symbolisch generalisierte und binär codierte Kommunikationsmedien am Beispiel des Geldes eingeschleust worden. Merkwürdigerweise sind damit Medien wie Sinn, Sprache, Werte, Moral und Lebenslauf nicht mehr eingeschlossen, obwohl es doch zweifellos Medien sind, die, abgesehen von Lebenslauf, Kommunikationen überhaupt erst ermöglichen (Sinn, Sprache) oder sich auf bestimmte Kommunikationen beziehen (Werte, Moral). Selbst die binäre Form der Medien ist anzutreffen, etwa: für Sinn Aktualität/Possibilität, für Sprache Sprache/Nichtsprache, für Werte Wert/Gegenwert, für Moral Achtung/Missachtung. So wird also im Medium der Moral von

Achtung aus Missachtung analog unterschieden wie im Medium des Geldes von Zahlen aus Nichtzahlen. Sinn, Sprache, Werte, Moral und Lebenslauf betreffen zwar soziale Wirklichkeiten, begründen ihrerseits aber keine eigenen sozialen Systeme. Das ist der Unterschied, der hier einen Unterschied macht. Die Bezeichnung symbolisch generalisierte Kommunikationsmedien ist hingegen reserviert für solche Medien und zugehörige binäre Mediencodes, die sozialen Teilsystemen als funktional ausdifferenzierten gesellschaftlichen Funktionssystemen für die Abwicklung ihrer Kommunikationen auf die Beine helfen. Wirtschaftliches System: Medium Geld, Code Zahlen/Nichtzahlen; politisches System: Medium Macht, Code Macht haben/keine Macht haben; rechtliches System: Medium Recht, Code Recht/Unrecht; wissenschaftliches System: Medium Wahrheit, Code wahr/unwahr; religiöses System: Medium Glaube, Code Immanenz/Transzendenz; System der Massenmedien: Medium Information, Code Information/Nichtinformation; Kunstsystem: Medium Kunstwerke, Code passend/nicht passend.

Noch ein Wort zu den funktional ausdifferenzierten gesellschaftlichen Teilsystemen, auf die wir auch schon an anderen Stellen gestoßen sind. Greifen wir wegen unseres Bettlers das wirtschaftliche System heraus. Gezahlt wurde immer schon in irgendwelcher Münze. Die sich uneinheitlich und unterschiedlich nachhaltig anbahnende Verselbstständigung von Zahlungszusammenhängen hat u. a. die Herauslösung des Zahlens für etwas mittels besonderer Münze, sagen wir gleich Geld, aus Anlehnungskontexten zur Voraussetzung, z. B. Befreiung von moralischen Geboten, von religiösen Beschränkungen, von herrschaftlichen Bindungen. Besonders die sich Bahn brechende arbeitsteilige gesellschaftliche Differenzierung verlieh der Verbreitung von Geld als Zahlungsmittel für die Abwicklung produktiver und konsumtiver Aktivitäten einen ganz erheblichen Schub. Am Ende finden wir einen verselbstständigten gesellschaftlichen Bereich vor, der mit nichts anderem als der Abwicklung von Zahlungen befasst ist, Zahlungen durch Zahlungen ermöglicht. Diesen völlig ungegenständlich gemeinten Bereich nennen wir wirtschaftliches System. Für die Gesellschaft nimmt dieses System die Funktion der Minderung der Knappheit von möglichen Bedürfnisbefriedigungen wahr, und zwar ausschließlich. Deshalb haben wir statt einer institutionellen (an wirtschaftlichen Akteuren wie Haushalten und Unternehmen und den zwischen diesen bestehenden kreisläufigen Zusammenhängen orientierten) eine rein funktionale (an Zahlungen als Elementen orientierte und die genannten Akteure in die Umwelt des Zahlungszusammenhangs versetzende) Systembestimmung vor uns. Von der Auflistung weiterer Merkmale sei hier abgesehen. Ähnlich wie bezüglich des wirtschaftlichen Systems wäre bezüglich anderer Systeme wie des politischen, des rechtlichen, des wissenschaftlichen, des religiösen, desjenigen der Massenmedien, der Kunst und der Erziehung zu argumentieren.

Solche und mancherlei andere hier nicht einmal angedeutete Spitzfindigkeiten kümmern unseren Bettler freilich wenig. Solange er sagen kann: »Haste mal 'nen Euro für mich!?«, kann er das Sprachmedium so beanspruchen, wie er es kann. Hat er seinen Euro ergattert und den edlen Spender Sprache beanspruchend als guten Menschen bezeichnet, hat er moralisch seine Achtung bekundet. Solange er Geld hat, kann er zahlen, sonst nicht. Sollte ihm ein Bettelbruder sein Geld abgeknöpft haben, könnte er sich einen Anwalt nehmen und vor Gericht ziehen, um sein Recht auf sein Geld einzuklagen. Der Soziologe ist entsetzt. Der findet doch keinen Anwalt, weil er den nicht bezahlen kann. Und wenn er einen fände, der sich seiner erbarmte, welche Chancen auf sein Recht und dessen Vollstreckung hätte er? Usw. Ja, das ist betrüblich, sehr betrüblich, aber nicht der Normalfall. Doch hierzu wäre eine andere Geschichte zu erzählen, eine durchaus erfreuliche, die u. a. davon handelt, wie man aus der Gesellschaft ausgeschlossen wird und doch wieder hineinkommen kann, jedenfalls normalerweise, natürlich auch eine weniger erfreuliche Geschichte, die ihre Rechnung mit dem Wirt sozialer Ungleichheit macht.

Literaturhinweise

Einführende Bemerkungen zu einer Theorie symbolisch generalisierter Kommunikationsmedien. In: Soziologische Aufklärung 2. Aufsätze zur Theorie der Gesellschaft. Wiesbaden (Verlag für Sozialwissenschaften), 1974, 5. Aufl. 2004, S. 170–192.

Generalized Media and the Problem of Contingency. In: J. J. Loubser et al. (eds.): Explorations in General Theory in the Social Sciences. Essays in Honor of Talcott Parsons. Vol. II. New York et al. (The Free Press et al.), 1976, pp. 507–532.

Die Gesellschaft der Gesellschaft. 2 Bände. Frankfurt a. M. (Suhrkamp), 1997, 6. Aufl. 2006, S. 190–412.

Sprache und Kommunikationsmedien. Ein schieflaufender Vergleich. *Zeitschrift für Soziologie* 1987, 16 (6): 467–468.

Die Wirtschaft der Gesellschaft. Frankfurt a. M. (Suhrkamp), 1988, 4. Aufl. 2002, S. 230–271.

»Das sieht der Lehrplan so vor!« »Das Gesetz sagt dazu ...« Codierte Freiheit oder programmierte Unfreiheit?

Sehen wir uns zuerst an, was Luhmann einen Code nennt. Eine besondere Zwei-Seiten-Form ist gemeint. Ich sage zu einem guten Bekannten: »Ganz schön mutig, wie du zwischen die beiden Streithähne gegangen bist!« Ich bekunde meine Achtung. Achtung/Missachtung ist der Code der Moral. Oder ich sage in einem Luhmann-Seminar zu einem der Teilnehmer: »Völlig richtig, was Sie da gerade gesagt haben.« Ich unterstelle eine wahre Aussage. Wahr/unwahr ist der Code der Wahrheit. Wir sind, wie die beiden Beispiele zeigen, gehalten, zwischen Codes zu unterscheiden, die sich auf nicht systemische und systemische Gegebenheiten (hier solche sozialer Art) beziehen. Unter den nicht systemischen Codes finden wir außer Achtung/Missachtung (für Moral) etwa Aktualität/Possibilität (für Sinn), vertraut/unvertraut (für Vertrautheit), Wert/Gegenwert (für Wert). Zu den systemischen Codes gehören neben wahr/unwahr (für Wahrheit) etwa Recht/Unrecht (für Recht), machtüberlegen/machtunterlegen (für Macht), Zahlen/Nichtzahlen (für Geld), Immanenz/Transzendenz (für Religion), besser lernen/schlechter lernen (für Erziehung). Alle Codes haben erkennbar binäre Form. Alle Codes sind Präferenzcodes, d. h. haben einen Akzeptanzwert und einen Rejektionswert. Achtung, der Akzeptanzwert ist Missachtung, dem Rejektionswert, vorzuziehen. Wahrheit ist der Unwahrheit vorzuziehen. Vom Akzeptanzwert oder der Innenseite des Codes her ist sein Rejektionswert oder die Außenseite des Codes festzulegen. Nur von Achtung aus ist über Missachtenswertes, nur von Wahrheit aus über Unwahres, nur von Recht aus über Unrecht zu befinden usw. Klar! Was wahr ist, kann nicht zugleich unwahr sein, was Recht ist, kann nicht zugleich Unrecht sein. Die Kehrseite der Medaille ist, dass sehr wohl von Achtung aus neu zu unterscheiden ist, etwas zu achten, was bisher missachtet wurde (z. B. alleinerziehende Väter). Analog ließe sich bisher Wahres (z. B. Kritische Theorie) in ab jetzt Unwahres, bisher Unrechtes (z. B. Abtreibung) in ab jetzt Rechtes umformen usw. Codes dieser Art und nur dieser Art erlauben gleichsam eine zeitliche Technisierung der Systemoperationen, einen Wechsel der Seiten: Was einst Unrecht war, kann Recht werden. Das kann doch wohl nicht wahr sein! Blindem Dezisionismus wird Tür und Tor geöffnet. Codes haben in der Tat die fatale Eigenart, zugleich bestimmt und unbestimmt zu sein. Bestimmt sind sie einfach als bestimmte Codes, z. B. für Moral oder für Wahrheit. Unbestimmt sind sie, weil ihnen keinerlei Information darüber zu entnehmen ist, welcher ihrer Werte als Akzeptanzwert in ihrem jeweiligen Anwendungsbereich zu wählen ist. Wie also über Achtenswertes oder Wahres befinden?

Über Sinn, Werte, Moral und dergleichen wird im Medium des Sinns, der Werte, der Moral und dergleichen entschieden. Das geht gar nicht anders. Sinn, Werte, Moral ..., das sind Sachverhalte, über die qua Kommunikation im Medium von Sinn, Werten, Moral ... befunden wird. Es gilt halt das, was jeweils erfolgreich als sinnvoll, zu unbedingter Befolgung aufgegeben (Wert), als moralisch ... kommuniziert wird. Mehr lässt sich nicht machen. Anders geht die Geschichte in den Fällen von Recht, Macht, Geld, Wahrheit, Glauben usw. aus. Gewiss wird auch hier, bei systemischen Codes, im jeweiligen Medium kommuniziert. Aber in den so gesetzten Grenzen nicht ganz so grenzenlos. Denn hier zaubern wir Programme aus dem Hut. Ein Lehrplan legt Lerninhalte fest (»Das sieht der Lehrplan so vor!«), die es ermöglichen zu entscheiden, ob das zu Lernende besser oder schlechter gelernt wurde. Ein Gesetz ermöglicht es zu entscheiden, welche Handlungen rechtens sind und welche nicht (»Das Gesetz sagt dazu ...«). Eine Regierungserklärung gibt Auskunft über in Aussicht gestellte politische Entscheidungen. Ein Haushaltsplan legt fest, wofür das Geld ausgegeben werden soll. Eine Theorie ermöglicht es zu entscheiden, ob eine Aussage wahr oder unwahr, richtig oder falsch ist. Lehrpläne, Gesetze, Regierungserklärungen, Haushaltspläne, Theorien ... nennen wir Programme. Programme dienen jeweiligen Systemen dazu, zwischen den Werten ihres jeweiligen binären operativen Codes entscheiden zu können, hier dem Selektionscode besser lernen/schlechter lernen, dem Rechtscode Recht/Unrecht, dem politischen Code Macht haben/keine Macht haben, dem Geldcode Zahlen/Nichtzahlen, dem Wahrheitscode wahr/unwahr ...; Programme dienen mithin dazu, das Unbestimmte bestimmter systemischer Codes zu bestimmen. Sie sind das durch Einschluss ausgeschlossene wieder einschließbare Dritte. Oder, wie es der Meister ausdrückt: Codierung ist die eine Seite der orthogonalen (nicht: binären) Unterscheidung Codierung/Programmierung.

Programme sind hauptsächlich unterscheidbar als Konditional- und Zweckprogramme. Der Kern von Konditionalprogrammierung ist eine Wenn-dann-Entscheidungsregel (u. a. mit den Implikationen von Offenheit gegenüber noch unbekannten entscheidungsrelevanten Tatsachen und von Abschließung gegenüber wertmäßigen bzw. normativen Alternativen), der von Zweckprogrammierung eine Zweck-Mittel-Entscheidungsregel (u. a. mit den Implikationen: riskantes Entscheiden, Abdunklung von Nebenfolgen der Zweckverfolgung und wertmäßige Entgrenzung der Mittelwahlen). Ein Lehrplan enthält Lernziele und Lerninhalte, wobei Letztere das Erreichen Ersterer fördern sollen. Ein Lernprogramm wäre also eher ein Zweckprogramm. Der Zweck möge klassisch Bildung oder systemtheoretisch Lernfähigkeit heißen oder anders, und der Zweckerreichung möge als Mittel Lateinunterricht oder anderes dienen. Wir sprechen hier von Äquifinalität. Ein Gesetz hat üblicherweise die Form eines Konditionalprogramms. Wer grob fahrlässig seine Aufsichtspflicht verletzt hat, wird mit einer Geldstrafe belegt. Man wird weiter unterscheiden können: in die Form von Konditionalprogrammen (Zweckprogrammen) gebrachte Zweckprogramme (Konditionalprogramme) (z. B.: Resozialisierungsprogramm, folgenorientierte Rechtsprechung), Konditional- und Zweckprogrammverkettungen und -hierarchisierungen (z. B.: Umsatzsteigerung als Unternehmenszielsetzung – umsatzbezogene Entscheidungsregel zwecks Handlungskonditionierung – Erhöhung der Leistungsfähigkeit der Mitarbeiter) sowie Programme der Änderbarkeit oder Nichtänderbarkeit von Programmen (z. B.: Marktanpassung, Wesensgehaltsschranke des Grundgesetzes). Im Einzelnen wird man auf recht variantenreiche Abgrenzungsfragen stoßen.

Es gibt weder eine codierte noch eine programmierte Garantie für gute Erziehung oder wahrhafte Bildung, gerechtes Recht, gute Politik, einzig wahre Wahrheit usw.! Darüber vermögen Codes nichts zu sagen. Es geht nur um die Ermöglichung von Lernfähigkeit oder um die bloße Konsistenz des rechtlichen Entscheidens (Gerechtigkeit) oder um das Offenhalten politischer Entscheidungsmöglichkeiten (politische Freiheit) oder um Knappheit oder um die Ermöglichung verschiedener Wahrheiten (Limitationalität). Lernfähigkeit, Gerechtigkeit, politische Freiheit, Knappheit, Limitationalität dienen den jeweiligen Systemen als Kontingenzformeln. Diese ermöglichen es einem System, seine bestimmten unbestimmten Operationen auf zeitbeständige Fluchtpunkte hin zu orientieren. Auf die Ermöglichung von Lernfähigkeit muss man sich berufen können, ebenso auf Gerechtigkeit im Sinne des Eingepasstseins rechtlicher Entscheidungen in rechtliche Entscheidungen. Knappheit dirigiert die Operationen des wirtschaftlichen Systems. Und wie sieht es mit Programmen aus? Sie können zwar Akzeptanzen fixieren, sind jedoch ihrerseits kontingent: Es ist nämlich grundsätzlich offen, was ein Lehrplan, ein Gesetz ... beinhalten kann. Das und nichts anderes sieht der Lehrplan eben so vor, ob's einem passt oder nicht. Lernziel individuelle Selbstentfaltung oder allseits entfaltete sozialistische Persönlichkeit oder von Marx oder von Luhmann lernen? Das und nichts anderes sagt das Gesetz dazu. Recht kann kein Unrecht sein. Was vorher Recht war, kann hinterher Unrecht sein und umgekehrt: »Die Zeit der Schuldlosen.« Man denke nur an die Diskussion über das NS- und DDR-Recht. Auch Werte und Moral, die sehr wohl in den Systemen als externe Krücken zur Begründung von Entscheidungen in Anspruch genommen oder mit denen die Programme durch die und für die Systeme begründet werden, ändern daran nichts. Kurzum: Codes und Programme sind bestimmbare Unbestimmtheiten, so auch ihr Verhältnis. Über Programme kann sodann nicht auf Codes durchgegriffen werden: Zum Code des Erziehungs- bzw. Bildungssystems passt kein Gesetz, denn bessere/schlechtere Zensur für Gelerntes hat nichts mit Recht/Unrecht zu tun, wenngleich schlechte(re) Zensuren als ungerecht empfunden und gar justitiabel werden können. »Die Lehrerin mochte mich einfach nicht!« Zum Code des Rechtssystems passt kein Lehrplan. Die Lehrpläne des Erziehungssystems werden jedoch dann zu einer Angelegenheit des Rechtssystems, wenn und insoweit z. B. mutmaßlich gegen Lehrpläne, die selbst Rechtsform haben mögen, verstoßen wird (»Das stand aber nicht im Lehrplan!«) oder über ihre Rechtmäßigkeit selbst zu befinden ist. Dann allerdings geht es um Recht und nicht mehr um Erziehung. Die Gesetze des Rechtssystems werden dann zu einer Angelegenheit des Erziehungs- bzw. Bildungssystems, wenn und insoweit das Erlernen ihrer Kenntnis und des Umgangs mit ihnen in Frage steht und hier etwa seitens des Rechtssystems Mängel gerügt werden. »Ein bisschen Rechtskenntnis kann nicht schaden.« Dann allerdings geht es um Erziehung bzw. Bildung und nicht mehr um Recht. Die codierte Freiheit bleibt unangetastet, ihre Programmierbarkeit auch.

Zweifel bleiben: Ist z. B. über Programme in dem Sinne auf Systeme durchzugreifen, dass sich deren Codierfreiheit als programmierte Unfreiheit herausstellen könnte? Selbst wenn der für die Universität Bremen zuständige Senator des Landes Bremen Eckregelungen für inhaltliche Orientierungen eines Studiums an der Universität Bremen dekretiert (Berufsbezug!), schränkt das lediglich oder immerhin bestimmte bildungs- bzw. ausbildungsbezogene Freiheiten zur Selbstprogrammierung in der Universität ein, nicht jedoch deren Codierfreiheit! Und umgekehrt: Die Universität schränkt ihre eigene forschungs- und bildungs- bzw. ausbildungsbezogene Programmierfreiheit ein, wenn sie Leitziele in Kraft setzt: hohe Qualität von Lehre und Forschung, gesellschaftliche Verantwortung, Praxisbezug, fachübergreifende Orientierung, Internationalisierung von Lehre und Forschung, Gleichberechtigung der Geschlechter und umweltgerechtes Handeln. Eine Zweckprogrammierung dieser Art läuft auf Freiheitsbeschränkung hinaus, die sich, Gott sei gelobt, angesichts der Unvergleichbarkeit der Zwecke wieder entschränkt, die abgedunkelten Nebenfolgen etwas entdunkelt und die beliebige Wahl der Mittel ein wenig entheiligt.

Es ergibt sich: Codierte Unfreiheit ist codierte Freiheit. Denn: Codes sind begrenzt auf einen bestimmten Wirkungsbereich (Unfreiheit). Denn: Codes legen nicht fest, was zu akzeptieren ist und was nicht (Freiheit). Programmierte Unfreiheit ist programmierte Freiheit. Denn: Programme schränken Wahlmöglichkeiten ein (Unfreiheit). Denn: Fast alles kann Programm werden (Freiheit). Wir haben einmal mehr ein wechselseitiges Spiel von Freiheitsbegrenzung und -entgrenzung vor uns, gar ein sich wechselseitig aufschaukelndes. Das verspricht Freiheit.

Literaturhinweise

Codierung und Programmierung. Bildung und Selektion im Erziehungssystem. In: Soziologische Aufklärung 4. Beiträge zur funktionalen Differenzierung der Gesellschaft. Wiesbaden (Verlag für Sozialwissenschaften), 1986, 3. Aufl. 2004, S. 182–201.

»Distinctions directrices«. In: Soziologische Aufklärung 4. Beiträge zur funktionalen Differenzierung der Gesellschaft Wiesbaden (Verlag für Sozialwissenschaften), 1986, 3. Aufl. 2004, S. 13–31.

Die Gesellschaft der Gesellschaft. 2 Bände. Frankfurt a. M. (Suhrkamp), 1997, 6. Aufl. 2006, S. 359–378.

Ökologische Kommunikation. Kann die moderne Gesellschaft sich auf ökologische Gefährdungen einstellen? Wiesbaden (Verlag für Sozialwissenschaften), 1986, 4. Aufl. 2004, S. 89–100.

Organisation und Entscheidung. Wiesbaden (Verlag für Sozialwissenschaften), 2000, 2. Aufl. 2006, S. 256–278.

Das Recht der Gesellschaft. Frankfurt a. M. (Suhrkamp), 1991, 4. Aufl. 2002, S. 165–213.

Rund um die Butter. Ein System bei der Arbeit beobachtet

Es ist an der Zeit, einige der Bausteine, die uns bislang begegnet sind, zur Beschreibung der Arbeitsweise eines ausgewählten autopoietischen Systems zu nutzen. Wir wählen das wirtschaftliche System und setzen folgende Situation voraus. Der Landwirt zahlt für die Aufzucht seiner Milchkühe, z. B. für Arbeitsaufwand und Futter, wenn er sie nicht auf dem Viehmarkt kauft. Die Molkerei bezahlt den Landwirt für gelieferte Milch. Der Einzelhändler bezahlt die Molkerei für die aus Milch hergestellte Butter. Und der Konsument muss beim Einzelhändler das von ihm begehrte Pfund Butter bezahlen. Der Landwirt benötigt eine Melkmaschine, die Molkerei technische Einrichtungen für die Herstellung von Butter, der Einzelhändler Verkaufsräume. Auch für derlei Dinge ist zu zahlen, nicht gerade selten mit Geld, das man noch nicht hat. Gewährt eine Bank entsprechende Kredite, sind diese zurückzuzahlen. Zahlungen können also auch auf Zahlungen angewandt werden und in der Erwartung der Erweiterung eigener Zahlungsmöglichkeiten bzw. von Profiten erfolgen. Alle an den Zahlungsstrom angeschlossenen Akteure erwarten so oder so mindestens über kurz oder lang eine Wiederherstellung ihrer Zahlungsfähigkeit, jedenfalls sofern sie auf Zahlungen zwecks Beteiligung an Gesellschaft über die Beteiligung am wirtschaftlichen System angewiesen sind.

Die Rede ist von Zahlungen als Elementen eines Zahlungszusammenhangs oder -systems. Sagen wir System. Ein jedes System unterscheidet sich durch spezifische Elemente, die nur dieses System für sich durch sich selbst immer wieder ermöglicht. Die Elemente des wirtschaftlichen Systems sind Zahlungen, natürlich Geldzahlungen oder Zahlungen im Medium des Geldes. Nur das wirtschaftliche System benutzt Zahlungen als seine Elemente. Zahlungen ermöglichen Zahlungen. Jedenfalls, solange Zahlungen Zahlungen tatsächlich ermöglichen. Ohne Zahlungen kein wirtschaftliches System; Tauschringe können dies nicht ersetzen, zumal auch hier in bestimmten Währungen gezahlt wird. Zahlungen sind augenblickliche Ereignisse. Zahlungen sind rekursive Ereignisse. Die rekursive Ermöglichung von Zahlungen durch Zahlungen als temporäre Ereignisse zeichnet das wirtschaftliche System als ein operativ geschlossenes autopoietisches System aus. Überhaupt ist das wirtschaftliche wie jedes andere autopoietische System nur zu unterscheiden als ein je momenthaft auf Grund aktualisierter systemspezifischer Elemente konstituiertes System.

Geld ist ein Medium, sagten wir, ein Zahlungsmedium. Zahlungen im Medium des Geldes sind Geldzahlungen. Medien bezeichnen Klassen von unbestimmt vielen und unverbrauchbaren Mengen von Elementen, aus denen durch kontingent-selektive Verknüpfungen unter ihnen temporär bestimmte Ereignisse, hier Zahlungen für etwas Bestimmtes, geformt werden können. Das Geldmedium ist hiernach unterschieden als ein symbolisch generalisiertes Medium. Als Symbol steht es für die Einheit der Differenz Zahlen/Nichtzahlen, als generalisiertes Symbol für die Einheit unbestimmter Vielheit von Möglichkeiten des Zahlens/Nichtzahlens. Das Geldsymbol ist codiert als Zahlen/Nichtzahlen. Ein solcher Code ermöglicht einen schnellen Seitenwechsel: Es kann gezahlt werden oder auch nicht. Das mag man Technisierung nennen. Codes sind jeweils systemspezifisch, insofern begrenzen sie einen Möglichkeitsraum, nämlich im Falle des wirtschaftlichen Systems die Möglichkeiten von Zahlung und sonst nichts. Codes sind spezifisch unspezifisch, denn mit ihrer Hilfe kann Beliebiges ermöglicht werden. Es muss nur um Zahlung gehen, durch wen, warum und wofür auch immer.

Zahlungen im Medium des Geldes sind u. a. grundsätzlich frei von Beschränkungen sachlicher, personaler, sozialer, zeitlicher und räumlicher Art. Hauptsache, es wird gezahlt. Vor dem Medium Geld sind alle gleich. Nicht einmal auf Motive oder Gründe für Zahlungen, auf Werte, Moral und dergleichen kommt es an. Freilich mag der Landwirt antizipieren, dass ökologisch unbedenkliches Viehfutter die Absatzchancen für seine Milch und seine Butter verbessern könnte, und deshalb seine Zahlungen entsprechend dirigieren. Trotzdem kann man hemmungslos gegen den Teufel Geld kommunizieren. Das ändert nichts. Wofür wann von wem an wen wie viel gezahlt wird, das hängt im Einzelnen von Programmen ab. Programme bedeuten den Wiedereintritt eines ausgeschlossenen Dritten, denn das Geldmedium selbst enthält offensichtlich keinerlei Information darüber, wofür denn zu zahlen ist. Etwa für ein Pfund Butter oder für den Besuch eines Konzerts mit klassischer Musik. Da schafft ein Programm erfreulicherweise Abhilfe. Was Programme betrifft, so wäre z. B. an einen Einkaufsplan eines privaten Haushalts zu denken; dieser legt fest, wofür Geld ausgegeben werden soll, etwa für ein Pfund Butter oder für den Besuch eines Konzerts mit klassischer Musik. Dies wiederum macht deutlich, dass zwar Programme auf etwas festlegen, aber ihrerseits grundsätzlich frei festlegbar sind.

Das autopoietische wirtschaftliche System arbeitet operativ geschlossen und zugleich kognitiv offen, ermöglicht sich auf der Grundlage von Geschlossenheit Offenheit. Es bezieht sich in der Form von Zahlungen als seinen Operationen immer nur auf sich selbst, operiert geschlossen (Selbstreferenz), kann dies aber nur, wenn es in seiner Umwelt Anlässe für Zahlungen oder zahlungsrelevante Ereignisse zu unterscheiden vermag (selbstreferentiell bestimmte Fremdreferenz). Im Einzelnen: Der Händler stellt eine zunehmende Nachfrage der Konsumenten in seiner Umwelt nach Butter fest und entscheidet sich, statt seinerseits mehr Butter bei der Molkerei zu ordern, den Preis für Butter zu erhöhen. Die betreffende Information ist demnach nichts, was von A nach B oder von der Umwelt zum System fließt. Der Händler unterscheidet das, was für ihn relevant ist. Nun kommen der Landwirt, die Molkerei, der Händler und der Endverbraucher lediglich in der Umwelt des wirtschaftlichen Systems vor. Ihr Handeln ist aber dann und nur dann wirtschaftlich relevant, wenn es sich in Zahlungen äußert, die natürlich an Zahlungserwartungen in Form von Preisen orientiert sind. Die Molkerei wird nur dann Milch einkaufen, wenn sie erwartet, dass die Einzelhändler die daraus hergestellte Butter kaufen werden. Derartige Erwartungen finden ihren Niederschlag in (Markt-)Preisen. Preise drücken dann erwartungsbestimmte Zahlungserwartungen aus. Butter hat einen Preis und Geld auch. Preise fungieren allgemein wie ein Spiegel, in dem das System sich als System aufeinander bezogener Zahlungen mit einer Geschichte von Zahlungen in einer für Zahlungen als relevant unterschiedenen Umwelt selbst beobachtet. In diesem Zusammenhang richtet sich das wirtschaftliche System in der Form von Märkten weitere Möglichkeiten der Orientierung von Handlungen ein. Märkte sind unterscheidbar als die aus Zahlungen der am wirtschaftlichen System partizipierenden Personen und Quasipersonen, sagen wir schlicht Akteure, gebildeten besonderen Systeme von Zahlungen. Der Markt für Butter wäre ein solches System. Märkte in der inneren Umwelt des wirtschaftlichen Systems sind als heterarchisch-multizentrisch verfasst aufzufassen.

Was, um alles in der Welt, bringt die Akteure dazu, sich an einem solchen System zu beteiligen? Die Möglichkeit der Realisierung beliebiger Möglichkeiten in den Grenzen des systemspezifischen Mediums reicht da nicht aus. Schon schön, dass der Konsument die Butter kaufen kann, die er kaufen möchte. Das jedoch geht nur, wenn sein Zahlungshandeln das Zahlungshandeln der vielen anderen Konsumenten nicht ausschließt, Zahlungshandlungen wechselseitig ohne weiteres toleriert werden. Jeder Teilnehmer möchte seine Teilnahmechance grundsätzlich gesichert sehen. Zahlungsbezogene Wahlmöglichkeiten und Motivierbarkeiten reichen aber immer noch nicht dazu aus, die Teilnahme am Zahlungsstrom weiter abzusichern, auf eine verlässlichere Grundlage zu stellen. Zusätzlich benutzt das wirtschaftliche System Knappheit als Kontingenzformel. Jeder Zugriff auf Güter mittels Zahlung ist zu verstehen als momentaner Ausdruck von Knappheit und als momentane Steigerung von Knappheit. Jeder Zugriff eines am wirtschaftlichen System beteiligten Akteurs auf ein bestimmtes einzelnes Gut, z. B. die Butter, den Platz im Konzertsaal, vermittels Geldzahlung schließt im Augenblick des Zugriffs entsprechende Zugriffe auf genau dieses Gut durch andere aus. So wird Knappheit auf der einen Seite reduziert (ich habe meinen Platz im Konzertsaal) und zugleich auf der anderen Seite gesteigert (andere haben meinen Platz nicht oder gar keinen Platz bekommen – Pech gehabt). Das mag allgemein als Notwendigkeit des Erlebens des Handelns anderer oder als Reichtumstoleranz unterschieden werden: Der andere hat zu erdulden, dass ich mein Pfund Butter kaufe. Schlimm, wenn es nicht so wäre. Ohne Knappheit keine dauerhafte Ermöglichung von Zahlungen. Ohne Zahlungen keine dauerhafte Ermöglichung von Knappheit.

In der Bewirtschaftung von Knappheit als gleichzeitig aneinander gesteigerter Minderung und Erhöhung besteht denn auch die Funktion des wirtschaftlichen Systems für die Gesellschaft. Diese Funktion kommt dem wirtschaftlichen System exklusiv zu. Die Leistung des wirtschaftlichen Systems für die Gesellschaft besteht hingegen in der Befriedigung der Bedürfnisse von Menschen in der Umwelt des wirtschaftlichen Systems. Genauer: Gegenwärtige Bedürfnisse sind zu befriedigen, und zugleich ist auf gegenwärtige Bedürfnisbefriedigung zu verzichten, damit künftige Bedürfnisbefriedigung möglich wird. Gegenwärtig ist laufende Zahlungsmöglichkeit für gegenwärtig benötigte Butter zu sichern. Das erfordert laufende Wiederherstellbarkeit von Zahlungsfähigkeit. Etwa durch Andockung an den Zahlungsstrom in Form von monetären Entgelten für Erwerbsarbeit oder in Form von sozial motivierten Transferzahlungen. Nur dann kann Zahlungsfähigkeit weitergegeben werden. Das erfordert programmierte Bewirtschaftung der vorhandenen Zahlungsmittel, d. h. Entscheidungen über Zahlungen/Nichtzahlungen, darunter Zahlungen für gegenwärtigen Konsum oder/und Zahlungen für künftige Konsummöglichkeiten in Form gegenwärtigen Konsumverzichts. Gegenwärtig ist laufend für zukünftige Zahlungsmöglichkeiten für benötigte Butter zu sorgen. Geld, das ich heute ausgebe, mag mir morgen fehlen. Es ist bei alledem das wirtschaftliche System selbst, das in seiner Umwelt informationell relevante Bedürfnisse unterscheidet, z. B. nach Butter, und dafür Zahlungsfähigkeiten entdeckt und Zahlungsbereitschaften weckt. In seiner Referenz auf als in seiner Umwelt vorkommende unterschiedene Bedürfnisse macht sich das wirtschaftliche System von ebendiesen Bedürfnissen und damit von sich selbst abhängig.

Also: Das wirtschaftliche System unterscheidet sich selbst als System von Zahlungen. Es unterscheidet selbst das, was seine Umwelt ist, gegen die es sich als System zu behaupten gedenkt. Als seine Umwelt(en) unterscheidet es – wie nunmehr genauer zu unterscheiden ist – vorzugsweise Systeme, die sich mittels Zahlungen am wirtschaftlichen System beteiligen. Da ein unmittelbares Ineinandergreifen von Systemen ausgeschlossen ist, erfolgen die Beteiligungen in der Form von handelnden Personen (der Einzelhändler als Verkäufer von Butter, ich als Käufer von Butter), unnatürliche Personen (die Molkerei, Finanzinvestoren des Heuschreckentyps) eingeschlossen. Die sich derart beteiligenden Systeme selbst bleiben im Augenblick ihrer Beteiligung Umwelt(en) des wirtschaftlichen Systems. Das wirtschaftliche System ist deshalb kein System, das sich aus den an ihm beteiligten Systemen zusammensetzte. Private wie öffentliche Haushalte und Unternehmen (wie der landwirtschaftliche Betrieb, die Molkerei, der Lebensmittelladen) gehören als solche nicht zum wirtschaftlichen System. Es sind allein die durch die partizipierenden Systeme inszenierten Zahlungsereignisse, auf die es ankommt, die je momentan das wirtschaftliche System als System von Zahlungen aktualisieren. Dies verweist nochmals unmissverständlich auf die rein funktionale statt institutionelle Bestimmung des wirtschaftlichen Systems. Es gibt nun selbstverständlich in der Umwelt des wirtschaftlichen Systems u. a. organisierte Sozialsysteme, die insoweit zum wirtschaftlichen System gehören und insoweit ihren institutionellen Kern bilden, als ihre Operationen – und Operationen sind immer augenblickliche Ereignisse

– vorrangig im Medium des Geldes erfolgen, z. B. profitorientierte Unternehmen und Banken. Banken sind dabei besondere Organisationen im wirtschaftlichen System, und zwar mit der Funktion der zeitlichen Sicherung von Zahlungsmöglichkeiten.

Unternehmen, Banken, Finanzinvestoren und z. B. öffentliche Verwaltungen sind, ob sie sich über Zahlungen gerade am wirtschaftlichen System beteiligen oder nicht, im Übrigen nur als organisierte Sozialsysteme zu betrachten, Haushalte oder Familien als andere soziale Systeme eigener Art. Organisierte soziale Systeme operieren bekanntlich primär im Medium von Entscheidung und regeln selektiv die Inklusion von Personen über Mitgliedschaft, d. h., nicht jeder kann jederzeit Mitglied einer Organisation sein; die Molkerei sucht sich ihre Mitglieder nach eigenen Gesichtspunkten aus, ebenso der Einzelhändler seine Verkäuferin. Wer nicht ausgewählt wird, bleibt draußen. Dagegen ist die funktionale Inklusion aller in der Form von Personen in das wirtschaftliche System grundsätzlich nicht beschränkt. Jeder kann sich nach Maßgabe seiner Zahlungsfähigkeit und -willigkeit am wirtschaftlichen System beteiligen und z. B. Butter kaufen. Organisationen in der inneren Umwelt des wirtschaftlichen Systems sind teils segmentär (z. B. kleine, mittlere, große Unternehmen), teils zentral-peripher (z. B. Mutter- und Tochterunternehmen), teils hierarchisch (z. B. marktbeherrschende und Grenzunternehmen) verfasst. Organisationen im wirtschaftlichen System und in seiner Umwelt kommt eine zweifellos prominente Rolle für das Funktionieren nicht nur dieses Systems zu. Vielsinnig in diesem Sinne: »Müllermilch, die macht's.«

Von den in personaler Form am wirtschaftlichen System beteiligten Systemen sind unausweichlich riskante Entscheidungen zu treffen. Erzeuge ich mehr Milch oder nicht? Wird der Konsument meine Butter weiterhin in der bisherigen Menge kaufen, wenn ich den Preis erhöhe? Riskant sind Entscheidungen allein schon deshalb, weil man immer erst im Nachhinein wissen kann, ob sie zutreffend waren oder nicht, ob die eigenen Umweltbeobachtungen zutrafen oder nicht. Hinterher ist man klüger – manchmal. Vom Milchproduzenten bis zum Endverbraucher von Butter mag sich gar die Erwartung eines steigenden oder sinkenden Bedarfs an Butter herausgebildet haben. In der Summe kann es etwa zu Über- oder Unterreaktionen in Form von inflationären (es wird zu viel Butter auf den Markt geworfen) oder deflationären (es wird zu wenig Butter auf den Markt geworfen)

Tendenzen kommen. Es gibt für ein autopoietisch arbeitendes System keine Möglichkeit, die in ihm möglichen Ereignisse so zu steuern, dass die jeweils aktualisierten Ereignisse genau die sind, die das System-Umwelt-Verhältnis im Gleichgewicht halten. Dennoch kann und muss es so tun, als ob es dies könnte, z. B. sich als rationalen Akteur sehen, seine Umwelt als stabil oder turbulent wahrnehmen, seine Beziehungen zu seiner Umwelt im Medium von Kausalität beobachten. »Die Butter wird schon weiterhin gekauft werden wie bisher.« Sodann hat kein System außerhalb des wirtschaftlichen Systems die Möglichkeit eines unmittelbaren Durchgriffs auf das wirtschaftliche System, da kein gemeinsames Medium beanspruchbar ist. Würde politisch etwa dekretiert, pro Person und Planungsperiode zehn Pfund Butter bereitzustellen, hätte man es nicht mehr mit funktional ausdifferenzierten sozialen Systemen, sondern mit einem zentralisierten und sich selbst überfordernden Organisationssystem zu tun, so die Lehre aus dem einstigen real existierenden Sozialismus.

Es ist unschwer zu erkennen, dass Systeme auf sie ermöglichende Umweltbedingungen verwiesen sind. Ohne Weiden keine Milchproduktion (Angepasstheiten an die natürlichen Umwelten), ohne die Bedürfnisse von Konsumenten kein Bedarf an Butter (Angepasstheiten an die Umwelt des Lebens), ohne Konsumenten keine Butterproduktion (Angepasstheiten an die sozialen Umwelten). Ein System ist immer an die Umwelt angepasst, in der es sich als System ermöglicht. Andere Fälle: Wenn sich z. B. das politische System in Form von Subventionszahlungen am wirtschaftlichen System beteiligt, beeinflusst das in aller Regel mehr oder minder die weiteren wirtschaftlichen Operationen. Wenn z. B. im politischen System ein Gesetz über die Mitwirkungsrechte der Arbeitnehmer erlassen wird, wirkt sich das auf die internen Umwelten des wirtschaftlichen Systems aus, auf die Märkte und auf die sozialen Systeme in den sozialen Systemen in den organisierten sozialen Systemen in den Grenzen des wirtschaftlichen Systems, vielleicht auch auf die Zahlungen, dies sogar unmittelbar, wenn etwa die Freistellung von Betriebsräten für Unternehmen ab einer bestimmten Größe dekretiert wird. Aber: Auch derartige Abhängigkeiten oder Angepasstheiten ändern nichts an der Autopoiesis des wirtschaftlichen Geschehens.

So oder so ähnlich stellt man sich gemeinhin ein wirtschaftliches System vor. Nur hat man dabei im Ansatz von institutionellen Vorstellungen Abschied zu nehmen. Nicht Haushalte und Unternehmen und Beziehungen zwischen diesen sind entscheidend. Es kommt allein auf Zahlungen an, von wem an wen wofür wie viel wann und wo auch immer. Gleichsam durch die Hintertür wird dann doch wieder altehrwürdig überlieferten Vorstellungen gebührend Ehre erwiesen. Der Zahlungsstrom prägt eine verwerfungsreiche Landschaft, wie er ebenso durch diese Landschaft geprägt wird.

Literaturhinweise

Das sind Preise. Ein soziologisch-systemtheoretischer Klärungsversuch. *Soziale Welt* 1983, 34 (2): 153–170.

Knappheit, Geld und die bürgerliche Gesellschaft. *Jahrbuch für Sozialwissenschaft* 1972, 23 (2): 186–210.

Organisationen im Wirtschaftssystem. In: Soziologische Aufklärung 3. Soziales System, Gesellschaft, Organisation. Wiesbaden (Verlag für Sozialwissenschaften), 1981, 4. Aufl. 2004, S. 390–414.

Wirtschaft als soziales System. In: Soziologische Aufklärung 1. Aufsätze zur Theorie sozialer Systeme. Wiesbaden (Verlag für Sozialwissenschaften), 1971, 7. Aufl. 2004, S. 204–231.

Die Wirtschaft der Gesellschaft. Frankfurt a. M. (Suhrkamp), 1988, 4. Aufl. 2002.

Die Wirtschaft der Gesellschaft als autopoietisches System. Zeitschrift für Soziologie 1984, 13 (4): 308–327.

»Wenn Sie einen Arbeitslosen einstellen, erhalten Sie einen Lohnkostenzuschuss.« Einflussbeziehungen revidiert

In einem Gesetz sei geregelt, dass ein Unternehmen für den Fall, dass es einen Arbeitslosen einstellt, einen Lohnkostenzuschuss erhält. Im Parlament als einem Teilsystem des politischen Systems wurde das Gesetz beschlossen. Das Gesetz dient dem Rechtssystem als Programm für die gegebenenfalls erforderliche Prüfung der Anspruchsvoraussetzungen des wirtschaftlichen Systems bezüglich der Gewährung von Lohnkostenzuschüssen im Falle der Einstellung von Arbeitslosen. Das wirtschaftliche System fordert bei Erfüllung der gesetzlichen Vorgaben nebst Ausführungsbestimmungen vom bürokratischen Teilsystem des politischen Systems die Zuweisung der entsprechenden Gelder ein. Das politische System, so die übliche Sprachregelung, beeinflusst das wirtschaftliche System. Im Vorfeld des Gesetzgebungsverfahrens und begleitend dazu hat sicher auch das wirtschaftliche System über seine Interessenorganisationen am politischen Willensbildungs- und Entscheidungsprozess mitgewirkt, also das politische System beeinflusst. Beide Male denkt man an eher unmittelbaren Einfluss. Ja, so ist das doch, möchte man sagen. Wir melden Zweifel an.

Das politische System operiert ausschließlich im Medium der Macht mit dem Code Macht haben/keine Macht haben, das rechtliche System ausschließlich im Medium des Rechts mit dem Code Recht/Unrecht und das wirtschaftliche System ausschließlich im Medium des Geldes mit dem Code Zahlen/Nichtzahlen (Merkmal der operativen Geschlossenheit). Gemeint sind als Medien symbolisch generalisierte Kommunikationsmedien, Repräsentanten der Einheit von Verschiedenheit (»symbolisch«), Ermöglicher von Vielheit in Einheit (»generalisiert«), unverbrauchbare Mengen von Elementen als Ereignissen (»Medium«), in die sich vergängliche wie dauerhaftere Formen einzeichnen lassen (Wahl bestimmter Kommunikationen). Die drei erwähnten Systeme sind wechselseitig füreinander Umwelt (Merkmal der Umweltangepasstheit). Jedes der Systeme kann jedes der jeweils anderen Systeme in seiner Umwelt als für sein eigenes Operieren informationell relevant beobachten (Merkmal der kognitiven Offenheit). Informationell relevant heißt, dass jedes System vermöge seines Codes seine eigenen Informationen über seine Umwelt erzeugt. Eine Information ist nichts, worüber verschiedene Systeme wie über einen für sich selbst gültigen Sachverhalt verfügen könnten. Das wirtschaftliche System z. B. sieht sich dem rechtlichen und politischen System in seiner Umwelt gegenüber, auf die es sich in seinen durch Geld codierten Operationen einstellen kann bzw. muss – und eigentlich immer schon eingestellt hat (Merkmal der Strukturdeterminiertheit). Es weiß, dass es sich nur in den Grenzen des Rechts und der Macht als autopoietisches System erhalten kann: in den Grenzen des Rechts, soweit es mit für sich relevantem Recht rechnet (Lohnkostenzuschuss) bzw. rechnen muss (Aktienrecht); in den Grenzen der Macht, soweit es mit für sich relevantem Machtgebrauch rechnet (Selbstbeschränkung bei Werbung) bzw. rechnen muss (Verbot von Rüstungsexporten). Also: Für das wirtschaftliche System ist alles das informationell relevant, was von ihm in seine Sprache des Geldes übersetzbar ist, was aus seiner Sicht seine Möglichkeiten der Formbarkeit des Geldmediums betrifft. Ein Lohnkostenzuschuss, der in Anspruch genommen wird, ermöglicht Zahlungen, die ceteris paribus sonst nicht möglich gewesen wären. Ein Durchgriff des politischen Systems auf das rechtliche System und des rechtlichen Systems auf das wirtschaftliche System oder kurz des politischen Systems auf das wirtschaftliche System? Sicher kein unmittelbarer Durchgriff oder unmittelbarer Einfluss.

Wenn alle genannten und andere Systeme nur in ihrem eigenen Medium operieren können und gleichwohl nicht ohne ihre Umwelten zu existieren vermögen, diesen für sich relevante Informationen abzutrotzen genötigt sind, ja, wie genau können sie das denn tun, sich selbst oder sich wechselseitig Handlungsmöglichkeiten eröffnen bzw. beschränken? Jedenfalls kann das politische System als solches keine Macht ausüben, das rechtliche System kein Recht sprechen, das wirtschaftliche System keine Zahlungen ausführen. Alle diese Systeme sind unsichtbar, imaginäre oder fiktionale Einheiten. Jetzt ist der Baron von Münchhausen gefragt. Systeme unterscheiden sich mit ihrer Selbstunterscheidung als Zurechnungsadressen für Kommunikationen und unterscheiden Systeme in ihrer Umwelt als Adressaten ihrer Kommunikationen. Dafür müssen sie Medien besonderer Form imaginieren: Personen, auch Quasipersonen (z. B. Organisationen), die ebenfalls imaginäre oder fiktionale Einheiten sind. Einen Verwaltungsakt vollzieht ein Beamter (»die« Bürokratie) , Recht spricht ein Richter (»das« Gericht), »das« Unternehmen ruft einen Lohnkostenzuschuss ab. Bei Erlass eines Verwaltungsakts ist politische, bei einem rechtlichen Urteil rechtliche und bei Überweisung eines Lohnkostenzuschusses wirtschaftliche Systeminklusion angesagt. Über die Medien Personen und Organisationen (als Quasipersonen) können sich folglich ihrerseits medial codiert operierende Systeme mindestens nacheinander temporär an verschiedenen medial codierten Systemen beteiligen, jedoch nur in der »Münze« des jeweils anderen Systems. Aus dem bürokratischen Teilsystem des politischen Systems wird ein Lohnkostenzuschuss an das wirtschaftliche System überwiesen. Nach wie vor kein unmittelbarer Durchgriff von System auf System oder keine unmittelbaren Einflussbeziehungen zwischen Systemen.

Wir sehen nunmehr klarer. Eine kommunikative Handlung als Ereignis vermag mehrere Systemreferenzen zu aktualisieren. Die kommunikative Handlung bestehe hier in der Überweisung eines Lohnkostenzuschusses in der Form von Geld durch die politische Verwaltungsbürokratie als Organisation an ein Unternehmen als wirtschaftliche Organisation bzw. an ihre bürokratische Verwaltung. Dieses Ereignis wird ausgelöst durch das betreffende Unternehmen, das durch dafür in seiner Verwaltung verantwortliche Mitglieder seine systemische Umwelt beobachtet und festgestellt hat, dass es etwas zu holen gibt, wenn es Arbeitslose einstellt und, was entscheidend ist, sich das auch nach eigener Einschätzung rechnet. Die Überweisungshandlung als eigenes Ereignis aktualisiert, so unser Sprachgebrauch, zugleich eine politische und eine wirtschaftliche Systemreferenz. Wäre auf Grund vorheriger Zweifel an der Rechtmäßigkeit des Anspruchs auf einen Lohnkostenzuschuss noch ein positiver Rechtsentscheid vorangegangen, würde mit dem Ereignis als solchem auch noch eine rechtliche Systemreferenz aktualisiert. Die Überweisung genügte jetzt auch noch der Erfüllung einer Rechtspflicht. Nun ändert der Umstand, dass ein und dasselbe Ereignis mehrere Systemreferenzen zugleich aktualisiert oder Systeme betrifft, nichts daran, dass dieses Ereignis für die beteiligten Systeme nur nach Maßgabe ihres eigenen Mediencodes relevant sein kann. Die Zahlung von Geld als Ereigniskern des hier fraglichen Ereignisses ist ausschließlich ein Ereignis des wirtschaftlichen Systems, wer auch immer an wen auch immer eine Zahlung leistet. Nach wie vor kann von einem direkten Durchgriff von System auf System keine Rede kein, liegen keine unmittelbaren Einflussbeziehungen zwischen Systemen vor. Denn zwischen Systemen ist eine Gemeinsamkeit von Elementen ausgeschlossen. Wie anders sollte man das sonst sehen? Mehr Klarheit benötigen wir nicht.

Literaturhinweise

Einführung in die Systemtheorie. (Hrsg. v. D. Baecker.) Heidelberg (Carl-Auer), 2002, 3. Aufl. 2006, S. 91–100 u. 109–118.

Die Gesellschaft der Gesellschaft. 2 Bände. Frankfurt a. M. (Suhrkamp), 1997, 6. Aufl. 2006, S. 101–120.

Die operative Geschlossenheit psychischer und sozialer Systeme. In: Soziologische Aufklärung 6. Die Soziologie und der Mensch. Wiesbaden (Verlag für Sozialwissenschaften), 1992, 2. Aufl. 2004, S. 25–36.

Politische Theorie im Wohlfahrtsstaat. München (Olzog), 1981, S. 94–102.

Die ohnmächtigen Mächtigen und die mächtigen Ohnmächtigen. Perversionen der Macht

Zu den leichtesten Übungen des Soziologen gehört es, von Macht und Mächtigen, von Herrschern und Beherrschten und von Gewalt zu sprechen, zumal im modernistisch aufgepeppten altehrwürdig ergrauten Jargon schlagwortträchtiger linker Eigentlichkeit. Das garantiert bedeutungsschwangere Betroffenheitsreaktionen. Sind wir doch alle irgendwie machtlos und benennbaren Mächten und Mächtigen unterworfen. Auf zum Kampf dagegen. Ein Aufruf zur Sisyphusarbeit!

Ohne Begriffe geht's nicht. Macht hat wohl immer etwas damit zu tun, dass etwas oder jemand durch irgendetwas oder irgendjemand zu etwas veranlasst wird, wozu es oder er sich selbst nicht veranlasst hätte. Damit wäre ein weites Feld eröffnet. Die Macht der Verhältnisse, des Systems. Wirtschaftliche, politische, soziale Macht. Öffentliche versus private, kollektive versus individuelle Macht. Macht der Unternehmer, Macht des Vorgesetzten. Macht des Mannes über die Frau. Auch: »Doch mit des Geschickes Mächten ist kein ew'ger Bund zu flechten.« Stets ginge es um Machthaben und Keine-Macht-Haben, Machtüberlegensein und Machtunterlegensein, Mächten- oder Mächtigen-unterworfen-Sein. Wollte man Herrschaft von Macht absetzen, könnte man damit in bewährter soziologischer Tradition eine bestimmte Form der Ausübung von Macht bezeichnen. Herrschaft wird tendenziell meist in Richtung der Herrschaft bestimmter über bestimmte Personen, zumindest mit einem entsprechenden Kern, gedacht: Herr und Knecht. Aber auch: absolute Herrschaft, politische Herrschaft, Herrschaft des Volkes, Herrschaft der Kapitalisten, bürokratische Herrschaft, Herrschaft des Mannes über die Frau. Man stößt sodann noch auf begriffliche Figuren wie Herrschaft der Verhältnisse, Herrschaft des freien Warenverkehrs, Herrschaft des Finanzkapitals. Kraut und Rüben; so scheint es. Die Grenzen zwischen eher struktureller Macht und eher personalisierter Herrschaft verschwinden nicht gerade selten im Nebel. Gewalt wiederum ließe sich als eine bestimmte Form der Herrschaft benennen. Zu denken ist an: staatliche Gewalt, Krieg als Mittel der Politik, Polizeigewalt, körperliche oder physische Gewalt, Gewalt in der Ehe. Auch wieder grenzverwischend: strukturelle Gewalt. Normalerweise wird Gewalt allerdings entweder als Fortsetzung oder Umsetzung von Macht oder/und Herrschaft oder gerade als Bedingung von deren Möglichkeit und damit des Ausschlusses ihrer selbst gesehen. Macht bedeutete dann die Austreibung von Gewalt. Man könnte auch an andere Abgrenzungen denken. Nicht viel anders wird man derlei zu würdigen haben.

Hier seien gleichermaßen Macht, Herrschaft und Gewalt als per se soziale Erscheinungen in den Vordergrund gerückt, und dabei sei statt auf asymmetrische auf symmetrische, letztlich paradoxe Unterscheidungen gesetzt. In einem ersten Schritt wäre etwa ganz trivial und unschuldig zu fragen: Was wäre ein Machthaber ohne Machtunterworfene? Was wäre ein Herrscher ohne Beherrschte? Sogar: Was wäre ein Täter ohne Opfer? Es liegen zweifellos asymmetrische soziale Beziehungen vor, die jedoch nur möglich sind, wenn sie möglich sind. Da sie offenkundig möglich sind, verschiebt sich die Frage hin zu ihrer Erklärung und besonders Rechtfertigung. Immerhin: Beherrschte mögen sehr wohl an ihrer Beherrschung interessiert sein, wenn sie oder andere Wohlmeinende meinen sollten, das bringe ihnen etwas. Die hehre Idee eines Gesellschaftsvertrags drückt auch so etwas aus. Demokratie verwiese in diesem Zusammenhang gar auf die Paradoxie einer Selbstbeherrschung der Beherrschten. Ähnliches wäre zur Arbeiterselbstverwaltung zu sagen. Falls aber Beherrschte nicht an ihrer Beherrschung interessiert sein sollten, Selbstbeherrschung eingeschlossen, sieht die Welt anders aus. Klar ist dies in Fällen wie denen der Selbstexemption des Souveräns (Souveränitätsparadox) und erst recht der Gewaltherrschaft. Und natürlich will normalerweise niemand Opfer sein und deshalb (s)einen Täter provozieren. Was aber ist bei bürokratischer oder allgemein organisationaler Herrschaft der Fall? Ist hier Hierarchie als Form der Ausübung von Macht oder Herrschaft grundsätzlich ein entscheidbarer Sachverhalt? Zweifel sind erlaubt. Wenn und insoweit es für nicht machbar gehalten werden sollte, unter welchen näheren Umständen auch immer, jeden nachhaltig an allen ihn betreffenden Entscheidungen als Entscheider zu beteiligen, dann sind Entscheidungen an Entscheider über Entscheidungen abzutreten, mindestens teilweise und, wenn's geht, nur auf Zeit. Es sei denn, man bevorzuge Chaos. Man denke etwa an betriebliche Herrschaft. Gewiss spielt es eine Rolle, wer in welcher Form herrscht, z. B. der Eigentümer, der Manager oder die Mitglieder. Herrschaft selbst scheint jedoch unausweichlich zu sein. Nur über ihre Form und ihr Ausmaß wäre füglich zu streiten, auch darüber, welchen Unterschied unter welchen sonstigen gesellschaftlichen Bedingungen welche Form von Herrschaft macht: Wer oder was beherrscht den Herrscher? Kann dann noch von Herrschaft als einem Herr-Knecht-Verhältnis gesprochen werden?

In einem zweiten Schritt gilt es, kurz das verändert einzuordnen, was im ersten Schritt behauptet wurde. Ungeachtet der verschiedenen und zumal in der gesellschaftlichen Entwicklung keineswegs unveränderlichen Grundlagen von Macht und Herrschaft ist der symmetrische Charakter vermeintlich asymmetrischer sozialer Beziehungen vom Typ der Macht bzw. Herrschaft hervorzukehren. Das mag ärgerlich sein. Aber noch einmal: ohne Herrscher keine Beherrschten. Was wäre der Herrscher ohne zu Beherrschende? Um es krass zu formulieren: Die Beherrschten beherrschen den Herrscher. Der Herr ist vom Knecht abhängig. Die Frau ist nichts ohne den Mann. Der Unternehmer wird durch die von ihm Unternommenen unternommen. Klassisch gar: »Alle Räder stehen still, wenn dein starker Arm es will.« Das Volk beherrscht sich selbst. Regierung ist eigentlich nichts ohne Opposition. Neuerdings: ohne Globalisierung keine Globalisierungsgegner. Greifen wir den Unternehmerfall heraus. Ob es dem Unternehmer passt oder nicht, er ist auf seine Mitarbeiter angewiesen. Ohne die kann er kein Werk in Szene setzen. Er wird in gewisser Weise tatsächlich durch seine Mitarbeiter unternommen. Er wird sich etwa überlegen, ob er seine Macht, über Personal zu entscheiden, nutzt, um seinen Verkaufsmanager zu einem Handeln zu bewegen, das dieser nicht von sich aus wählen würde, wenn er damit rechnen muss, dass der Verkaufsmanager dann lieber seinen Job quittieren als der Anordnung folgen würde. So kann man die Hierarchie von oben nach unten regelrecht durchmustern, freilich auch von unten nach oben: »Für diese Drecksarbeit finden die so schnell keinen anderen. Also, wie wär's mit ein paar Euro mehr?« Die Mächtigen werden erkennbar als und erkennen sich als ohnmächtig, und die Ohnmächtigen werden erkennbar als und erkennen sich als mächtig. Der Mächtige ist normalerweise interessiert an der Erhaltung seiner Macht, und genau deshalb kann er es sich letztlich nicht leisten, die Ohnmächtigen zu entmachten. Dann fiele Macht in sich zusammen. Resymmetrisierung von Macht muss, es sei vorsichtshalber eingefügt, freilich nicht in Paralysierung von Macht enden, Machtungleichheit in Machtgleichheit auflösen. Utopien stehen nicht auf der Tagesordnung.

Erst ein dritter Schritt ist geeignet, vollends deutlich zu machen, dass die Sicht auf Macht und Herrschaft umzustellen ist: Es geht nicht um die Machtnatur des Systems, sondern um die Systemnatur der Macht, um Entmystifizierung von Herrschaft. In der Perspektive der Machtnatur des Systems finden sich Macht und Herrschaft zugerechnet den je mächtigen oder herrschenden Verhältnissen und den an diesen parasitierenden, wie wir es analytisch fassen, Mächtigen und Herrschern. Da mag man z. B. von der Macht des Kapitals und von den das Finanzkapital ohnmächtig bewegenden Managern reden. Da mag man die Vermachtung des Einzelnen durch die Weltvergesellschaftung des Kapitals beklagen. Da ist die Rede von Herrschaft des Finanz- und Großkapitals, der alle unterworfen sind, die Mächtigen als Ohnmächtige und die machtlosen Ohnmächtigen sowieso. Die Verhältnisse gelten ihrerseits als einstweilen nicht beherrschbar, als ohne Gegenmacht viel zu volatil, erzeugen dauernd Unsicherheit, besonders auf Kosten der machtlosen Ohnmächtigen. Globalisierung heißt die neueste als diabolisch ausgemachte Veränderung der Macht der Verhältnisse. Herrschaft durch Prekarisierung (Verarmung der Globalisierungsverlierer) wird als Konsequenz behauptet. Immerhin finden sich Macht und Herrschaft durchaus paradox gehandhabt. Beherrschte Herrscher auf beiden Seiten. Der Befriedigung von Beklagungsbedarfen wird so zureichend der ihr gebührende Raum gewährt.

Die Systemperspektive der Macht macht allerdings ihre Rechnung einerseits mit der Möglichkeit und insofern Unvermeidbarkeit von Macht in allen sozialen Verhältnissen oder Beziehungen und andererseits durch zusätzliches Einsetzen von Macht als eines besonderen symbolisch generalisierten Kommunikationsmediums des politischen Systems. Nach der ersten Variante (soziale Unvermeidbarkeit von Macht) nistet sich Macht – und dann Herrschaft als Parasit der Macht – leicht in jedwede kommunikative Realität ein. Die Möglichkeit herrschaftsfreier Kommunikation sei als doch zu utopisch ausgeschlossen. Ermächtigungen in Form von mehr Möglichkeiten des wählbaren Verhaltens sind ebenso möglich wie Entmächtigungen in Form von weniger Möglichkeiten des wählbaren Verhaltens, und zwar auf beiden Seiten der am unvermeidlichen Machtspiel paradox Beteiligten. Es lässt sich sogar an Ermächtigung durch Entmächtigung denken. »Ich will nur, wenn du auch willst.« Konsens oder freiwillige Unterwerfung? Oder: »Du hast recht, und ich habe meine Ruhe.« Was für ein Gefühl der Überlegenheit! Gewalt hingegen erweist sich als mehr oder weniger externalisierbar, sogar aus der Ehe. Nach der zweiten Variante ist Macht reserviert als Medium des politischen

Systems und zuerst codiert als Macht haben/keine Macht haben. Die Systemnatur politischer Macht ist jetzt bezeichnet. Macht als Reservat eines gesellschaftlichen Teilsystems entthront die Vorstellung von systembegründender Macht, ja Gesellschaft konstitutiv auf die Beine helfender Macht (wie etwa im Fall einer durch Eigentumsverhältnisse überformten gesellschaftlichen Produktion und Distribution). Systemnatur der Macht heißt ebenso unvermeidliche Macht wie Versetzung ihrer Parasiten (machtbegründender Ressourcen z. B.) auf die Galerie. Macht kann natürlich nach wie vor überall sonst in der Gesellschaft vorkommen.

Das gesellschaftliche Machtspiel sieht sich neu veranstaltet. Es gibt im gesellschaftlichen System, letztlich dem System der Weltgesellschaft, keine Stelle mehr, von der aus die für sich in Auseinandersetzung mit ihren Systemumwelten operierenden Systeme koordiniert oder gar kurzgeschlossen werden könnten. »Der Staat« oder »die Politik«, wie man so sagt. Das Finanzkapital kann nicht »die« Politik beherrschen, und »die« Politik kann nicht das Finanzkapital beherrschen. Im Konzert der sozialen Systeme erscheint das politische System als entmächtigt, als übermächtigt durch seine sozialen Systemumwelten. Die Politik ist überfordert. Umgekehrt finden sich die aus den Fängen unmittelbarer politischer Macht entlassenen sozialen Systeme umso stärker zu selbstreferentieller Beobachtung politischer Macht genötigt. »Am Emissionsgesetz kommen wir nicht vorbei.« Die angesprochenen gesellschaftlichen Bereiche sind zugleich unabhängiger und abhängiger voneinander geworden, ohne deshalb die sich ergebenden Unsicherheiten hinsichtlich der je möglichen Folgen in Sicherheiten umformen zu können, sich auf- oder abschaukelnde Resonanzen in Schach halten zu können. Wer kann schon wissen, was eine deftige Mehrwertsteuererhöhung bringen wird. Die Illusion, das dennoch bewirken zu können bzw. zu wissen, mag kontrafaktisch trösten – und sozialen Bewegungen Treibstoff liefern.

Was bleibt? Die Umstellung der Beobachtung von Machtnatur des Systems auf Systemnatur der Macht entmächtigt Macht und ihre Bekämpfer. Zu verhandeln bleiben Formen der Bändigung oder Beherrschung von politischer Macht, die ihrerseits auf Macht beruhen und Macht erzeugen, der Machtparadoxie nicht entrinnen können. Wie ist die Machtverwaltung zu organisieren? Von oben nach unten, kreisläufig oder doppelkreisläufig? Wie Interessenten an politischer Macht in die Schranken verweisen? Zu denken wäre an machtbesessene Berufspolitiker, machtverliebte Bürokraten, um Teilhabe an Macht buhlende Parteien, mächtige Interessenvertreter mancherlei Couleur. Derart abgeklärte Machtkritik kommt wenig aufgeregt daher.

Literaturhinweise

Einführende Bemerkungen zu einer Theorie symbolisch generalisierter Kommunikationsmedien. In: Soziologische Aufklärung 2. Aufsätze zur Theorie der Gesellschaft. Wiesbaden (Verlag für Sozialwissenschaften), 1974, 5. Aufl. 2004, S. 170–192.

Gesellschaftliche Grundlagen der Macht. Steigerung und Verteilung. In: Soziologische Aufklärung 4. Beiträge zur funktionalen Differenzierung der Gesellschaft. Wiesbaden (Verlag für Sozialwissenschaften), 1981, 3. Aufl. 2004, S. 117–125.

Klassische Theorie der Macht. Kritik ihrer Prämissen. *Zeitschrift für Politik* 1969, 16 (2): 149–170.

Macht. Stuttgart (Lucius & Lucius), 1975, 3. Aufl. 2003.

Die Politik der Gesellschaft. (Hrsg. v. A. Kieserling.) Frankfurt a. M. (Suhrkamp), 2000, 3. Aufl. 2006, S. 18–68.

Systemtheoretische Ansätze zur Analyse von Macht. In: Systemtheorie. Forschung und Information. Bd. 12. Berlin (Duncker & Humblot), 1972, S. 473–482.

Der Priel von Fedderwardersiel droht zu verschlicken. Der politische Machtkreislauf

Fedderwardersiel liegt an der Außenweser, kurz vor der offenen Nordsee. Einige Seemeilen entfernt verläuft in nordöstlicher Richtung die Schifffahrtsrinne der Weser. Im Zuge der Entwicklung des östlich am anderen Weserufer gelegenen Bremerhaven zum Containerumschlagsplatz und des Einsatzes immer größerer Containerschiffe wurde von Mal zu Mal die Fahrrinne vertieft. Beobachtet wurde im Laufe der Jahre eine zunehmende Verschlickung des in nördliche Richtung verlaufenden breiten Priels, der Fedderwardersiel mit der offenen See verbindet. Veränderungen des Wattenmeeres sind nun nichts Ungewöhnliches. Doch scheint die Verschlickung des Priels ein unnatürliches Ausmaß angenommen zu haben, so stark, dass ein Ende der Befahrbarkeit mit Fischkuttern und von Kutterfahrten für Touristen droht. Woran liegt die bedrohliche Entwicklung? Was ist zu tun?

Das ruft verschiedene Experten und Interessenten auf den Plan. Da es schon seit längerem an allen Ecken und Kanten rumort, veranstaltet das Fernsehen des Norddeutschen Rundfunks vor Ort so etwas wie einen runden Tisch unter Beteiligung von Interessenten, Experten und anderen, die sich für betroffen halten oder glauben, ihre Ansichten zum Besten geben zu müssen. Wie nicht anders zu erwarten, streiten sich die Experten. Experten eignen sich hervorragend als Adressen für Fragen, die sie nicht beantworten können. Die einen sehen einen ganz natürlichen Vorgang, die anderen machen die Vertiefung der Außenweser mit der Folge veränderter Strömungsverhältnisse verantwortlich. Natur- und Umweltschützer z. B. erblicken selbstredend in der Vertiefung der Fahrrinne und dahinterstehenden bloßen wirtschaftlichen Interessen den Grund allen Übels. Auch rechtlicher Sachverstand wird eingebracht. Wird nicht der Naturpark Wattenmeer gefährdet? Wie sieht es eigentlich mit den Zuständigkeiten aus? Die Krabbenfischer sehen sich schon vor den Trümmern ihrer Existenz. Die Kommune befürchtet einen dramatischen Einbruch des Fremdenverkehrs. Regionale Wirtschaftsvertreter, Vertreter politischer Parteien und Repräsentanten regionaler politischer Verwaltungseinheiten sowie Vertreter der Gewerkschaften unterstützen die Anliegen der Betroffenen. Stehen doch Arbeitsplätze auf dem Spiel. Abgesandte von Wohlfahrtsverbänden und Kirchen und auch engagierte Ärzte machen Bedenken hinsichtlich der psychosozialen Folgen wirtschaftlichen Rückgangs geltend. Vertreter überregionaler privater Verbände und politischer Bürokratien neigen dazu, mit Blick auf die überragende zukünftige Bedeutung der Containerwirtschaft eher noch eine weitere Vertiefung der Weserfahrrinne ins Auge zu fassen. Da Holland aktuell noch nicht so wirklich in Not ist und sich auch sowieso weder ein Konsens über die Gründe des Problems noch über eine Agenda abzeichnet, scheint die ganze Veranstaltung wie das Hornberger Schießen zu enden.

Rücken wir dem runden Tisch gleich systemtheoretisch zu Leibe. Es geht offensichtlich um eine hochwichtige politische Angelegenheit, eine Angelegenheit des politischen Systems. Dieses operiert im Medium der Macht mit dem Code Macht haben/keine Macht haben. Seine Funktion ist die Ermöglichung kollektiv verbindlicher Entscheidungen. Eine politische Entscheidung durch den oder die Machthaber ist also gefordert. Wie man weiß, geht das unter parlamentarisch-demokratisch-rechtsstaatlichen Bedingungen nicht mehr nach dem Top-down-Muster eines hierarchischen politischen Ordnungsmodells. Die Herstellung und Ausführung kollektiv bindender Entscheidungen obliegt dem Verwaltungssystem als Teilsystem des politischen Systems. Das Verwaltungssystem umfasst nach unserer Abgrenzung die Teilsysteme Parlament, Regierung und Verwaltungsbürokratie, wobei in parlamentarisch-rechtsstaatlichen Demokratien de facto ein Zwitterstatus der Regierungen als Verwaltungsspitzen und als Impulsgebern für die parlamentarische Arbeit gegeben ist. Im Fall Fedderwarder Priel waren aus allen Teilsystemen des politischen Systems Vertreter anwesend. Politischen Parteien als Kern des politischen Systems im engeren Sinne ist es aufgegeben, politisch relevante Themen aufzugreifen oder Themen auf politische Relevanz hin zu testen, d. h., Konsenschancen auszuprobieren, und Personen aufzubieten, die in den thematisch-programmatischen Rahmen passen wie auch selbst konsens- und entscheidungsfähig erscheinen. Ein runder Tisch ohne ihre Präsenz wäre undenkbar. Während Vertreter des politischen Verwaltungs- als Entscheidungssystems eher darauf verwiesen sein dürften, Entscheidungsalternativen zu skizzieren und offenzuhalten, können Parteienvertreter entschiedener und kontroverser für richtig Gehaltenes ins Gefecht führen. Entscheidungen anmahnen, deren

Umsetzbarkeit nicht vorab zu garantieren ist, ohne das öffentlich zu kommunizieren. Schließlich haben wir noch das politische Publikum. Dieses tritt hauptsächlich in der Form von Wählern in Erscheinung, jedoch auch in der Form von Interessenten, die sich als von kollektiv verbindlichen Entscheidungen betroffen erleben. So wird denn am runden Tisch der einfache Wahlbürger nach seiner Meinung gefragt, wollen aber auch der Sprecher des Fremdenverkehrsverbands Nordsee und ein BUND-Vertreter um ihr Statement gebeten sein.

Es stellt sich die Frage nach der Machtverwaltung durch das bzw. im politischen System. Diese ist, wie allgemein gesehen, kreislaufförmig verfasst. Klassisch: Volk – Legislative – Exekutive – Volk, abgesichert durch die Judikative. Das wäre so etwas wie ein offizieller Machtkreislauf. In unserer Sicht hat der folgende Form: politisches Publikum (mit Wählern; mit in eigenem Namen oder im Namen für Betroffene oder ein allgemeines Wohl agierende Personen und Personengruppen) – politisches System im engeren Sinne (mit: politischen Parteien, Wählervereinigungen, politischen Interessenverbänden) – Verwaltungssystem im weiteren Sinne (mit: Parlament, Regierung, öffentlicher Verwaltung) – politisches Publikum. Der offizielle politische Machtkreislauf beginnt also beim Volk oder politischen Publikum, das politische Programme in der Form von stark wertkataloghaltigen Parteiprogrammen und Politiker als zugehöriges Führungspersonal wählt. Die Politiker (Parlamentarier, Regierungsvertreter) verdichten Prämissen für bindendes Entscheiden, und die Verwaltungsbürokratie bindet mit ihren Entscheidungen das politische Publikum. Zugleich stoßen wir auf einen Gegenkreislauf. Diesem entspricht die immer schon gesehene Machtverlagerung, z. B. von der Legislative zur Exekutive, aber auch vom jeweiligen Publikum zur bürokratischen Verwaltung. Wir argumentieren ähnlich: Das politische Publikum wird von der Verwaltungsbürokratie beobachtet. Daraufhin fertigt die Verwaltungsbürokratie Entscheidungsprämissen und -alternativen für die Regierung. Die Regierung lässt das Parlament über ausgewählte Alternativen entscheiden. Diese Entscheidungen hat das politische Publikum hinzunehmen.

Nun handelt oder entscheidet kein soziales System als solches, sondern in der Form von Personen und Organisationen (als Quasipersonen) als Akteuren. So ist denn auch die politische Entscheidungsprogrammierung und -umsetzung nach dem sich wechselseitig konditionierenden Doppelkreislaufmodell zu lesen. Die Akteure beobachten einander, unterscheiden und entscheiden für sich, was für sie relevant ist. So benutzen die je beteiligten Systeme fremde Selektivität bzw. Komplexität zum Aufbau eigener Selektivität bzw. Komplexität. Keine Seite kann alles von dem ignorieren, was die andere Seite im Sinn hat. Unsere Akteure gehen Interaktionsbeziehungen ein. Immer dann, wenn es sich um temporäre oder dauerhaftere Interaktionssysteme (gar in die Form von Organisationssystemen übergehend) handelt, wird in und zwischen den beteiligten Systemen formal in der Regel nicht vorgesehene gegenkreisläufige informale Macht aktualisiert. Dies betrifft namentlich die Schnittstellen des Systems der Verwaltung des politischen Systems zu den anderen Systemen des politischen Systems, weil hier Informationsvorsprünge wahrscheinlich sind. Für das Macht-Gegenmacht-Modell ist besonders auch die Bildung von Systemen der Interaktion zwischen dem politischen System (den Systemen des politischen Systems) und sozialen Systemen in dessen Umwelt in Rechnung zu stellen; am runden Tisch sind ja etwa das rechtliche, das wirtschaftliche und das System der Massenmedien beteiligt. Gegenmacht ist allemal hauptsächlich Interaktionsmacht. All dies symbolisiert der runde Tisch. Der offizielle Machtkreislauf könnte sich im vorliegenden Konfliktfall durchsetzen. Doch noch ist nichts entschieden. Es riecht allerdings nach administrativ veranstalteter weiterer Weservertiefung und als Kompensation zugleich nach Prielausbaggerung. Der offizielle Kreislauf müsste wegen Überlastung mit Komplexität angesichts inkonsistenter Entscheidungsanforderungen dem inoffiziellen Gegenkreislauf gegenüber seine Pforten öffnen.

Das Argument lässt sich wie folgt verallgemeinert aufziehen: Das politische System verwaltet politische Macht, also die Chancen, kollektiv verbindliche Entscheidungen zu treffen. Es sieht sich einer äußerst komplexen Umwelt ausgesetzt, reagiert mit zunehmender innerer Differenzierung, muss entsprechend hochgradige Entscheidungsselektivität garantieren, ohne deshalb entscheidungsunfähig zu werden. Das spielt dem Gedächtnis des Systems und dem Gegenkreislauf in die Hände. Was Wunder, wenn von Politik mehr erwartet wird, als möglich ist, wenn Politiker mehr versprechen müssen, als sie halten können, wenn es gilt, Nichtentscheidungen mühsam als Dochentscheidungen verkaufen zu müssen? Genug Grund für ein laufendes Murren des politischen Publikums. Genug Grund für Neuauflagen des runden Tisches. Mal sehen, was mit der Weserfahrrinne und dem Fedderwarder Priel wird.

Literaturhinweise

Die Beobachtung der Beobachter im politischen System: Zur Theorie der Öffentlichen Meinung. In: J. Wilke (Hrsg.): Öffentliche Meinung. Theorie, Methoden, Befunde. Beiträge zu Ehren von Elisabeth Noelle-Neumann. Freiburg i. Br./München (Karl Alber), 1992, S. 77–86.

Machtkreislauf und Recht in Demokratien. In: Soziologische Aufklärung 4. Beiträge zur funktionalen Differenzierung der Gesellschaft. Wiesbaden (Verlag für Sozialwissenschaften), 1981, 3. Aufl. 2004, S. 142–151.

Die Politik der Gesellschaft. (Hrsg. v. A. Kieserling.) Frankfurt a. M. (Suhrkamp), 2000, 3. Aufl. 2006, S. 170–188, 228–273, 372–406.

Soziologie des politischen Systems. In: Soziologische Aufklärung 1. Aufsätze zur Theorie sozialer Systeme. Wiesbaden (Verlag für Sozialwissenschaften), 1968, 7. Aufl. 2004, S. 154–177.

Die K-Frage: Merkel oder Stoiber? Über öffentliche Meinung und politisches Entscheiden

»Angela Merkel ist die richtige Kanzlerkandidatin. Das ist meine Meinung.« Meine Meinung, mehr nicht. »Viele sind der Meinung, Angela Merkel sei die richtige Kanzlerkandidatin. Das ist meine Meinung.« Meine Meinung, mehr nicht. Meinen viele oder meinen viele, dass viele meinen, Angela Merkel sei die richtige Kanzlerkandidatin, ginge es um die Meinung vieler, mehr nicht. Immerhin erweisen sich Meinungen als etwas, was Einzelne oder viele, wohl kaum alle, in Bezug auf eine bestimmte Frage oder ein bestimmtes Thema für richtig halten. Darüber, ob Angela Merkel als Kanzlerkandidatin taugt oder nicht, wird aber fast überall geredet, in der Familie, am Stammtisch, am Arbeitsplatz, in der Kirche. Fast überall wird geredet, worüber fast alle reden. Geredet wird deshalb darüber, worüber geredet wird, weil eben weithin darüber geredet wird. Meinungen scheuen also das Licht der Öffentlichkeit nicht. Sie werden im Medium der Öffentlichkeit gehandelt. Wovon gehandelt wird, das ist ziemlich offen, d. h., Öffentlichkeit ist ein formbares Medium. Nehmen wir nun an, öffentlich hätte sich weithin die Meinung verfestigt, Angela Merkel komme durchaus als Kanzlerin in Frage, dann hätten wir eine öffentliche Meinung vor uns. Auch öffentliche Meinung ist ein formbares Medium, denn so manches kann öffentliche Meinung werden. Auch das Verhalten von Prinz Harry: »So ein Saufbold! Und jetzt gar noch ein weiterer Prügelprinz!? Dafür ist Dianas Tod verantwortlich.«

Nun treten auch noch die Medien wie Zeitungen und Zeitschriften, Rundfunk und Fernsehen auf den Plan. Jetzt sind Massenmedien angesprochen, Medien der Übertragung von Informationen. Werden jeweils weithin verfestigte Ansichten des Richtigen, eben öffentliche Meinungen, massenmedial mitgeteilt, dann berichten Abwesende für Abwesende, die Massenmedien für ihr Publikum, häufig in der Annahme, das, worüber sie redeten, sei öffentliche Meinung. Auf diese Weise und auch sonst wirken sie zugleich als Formgeber öffentlicher Meinungen. Sie machen selbst ein Thema öffentlich, z. B. durch einen Fernsehbericht zur K-Frage. Sie erwecken in einem Fernsehbericht den Eindruck, es sei öffentliche Meinung, Angela Merkel werde für die richtige Kanzlerkandidatin gehalten. Ob massenmedial kommuniziert oder nicht, Meinungen zu einem bestimmten Thema, öffentliche Meinungen zumal, haben die vertrackte Eigenart, anschließende Kommunikationen zu dirigieren, zu binden. Das hemmt. Wenn sich denn die Ansicht verfestigt haben sollte, Merkel sei besser als Stoiber – auch der umgekehrte Fall wäre denkbar gewesen –, dann wird's nicht gerade leicht, unbeirrt an Stoiber festzuhalten. Das befreit. Doch die Dame öffentliche Meinung ist nun mal wankelmütig, mal so und mal so: »Im Kosovo-Konflikt hat Scharping deutlich an Statur gewonnen.« »Im Kosovo werden Menschen zu Tode gebombt, und Herr Scharping vergnügt sich auf Mallorca mit seiner Neuen im Pool. Pietätlos.« Die öffentliche Meinung trägt geradezu einen Heiligenschein vor sich her. Das, was jeweils als öffentliche Meinung beobachtet und beschrieben bzw. erfolgreich kommuniziert wird, das macht es schwer, sich dem entziehen.

Die ursprünglich rein politisch gemeinten Begriffe Öffentlichkeit und öffentliche Meinung haben sich aus der exklusiven Verknüpfung mit Politik und aus Verknüpfungen mit so etwas wie Vernünftigkeit emanzipiert, sind zu bloßen Medienbegriffen verkommen. Heutzutage sprechen Öffentlichkeit und öffentliche Meinung allgemein gesellschaftliche Angelegenheiten an. Und bei Gesellschaft haben wir es mit Kommunikationen zu tun. Also ist öffentliche Meinung, um uns jetzt darauf zu beschränken, als kommunikativer Sachverhalt ein gesellschaftlicher Sachverhalt. Gesellschaft kommuniziert gleichsam über sich selbst, hält sich einen Spiegel vor. »Oh, immer noch Vorurteile gegenüber Frauen!?« Sie adressiert sich selbst, ohne selbst eine näher lokalisierbare Adresse sein zu können. Denn sie ist ja, wie uns hinlänglich vertraut, zu unterscheiden als die Gesamtheit füreinander erreichter, weil erreichbarer Kommunikationen. Da Gesellschaft selbst nicht erreichbar ist, benötigt sie Hilfspersonal zur Selbstbeobachtung, Soziologen etwa, und Hilfseinrichtungen, Massenmedien insbesondere. Öffentliche Meinung als Selbstspiegelung der Gesellschaft versetzt ferner die sozialen Systeme in der inneren gesellschaftlichen Umwelt in die glückliche Lage, sich ihrerseits in diesem Spiegel betrachten zu können, und sei es nur mit Seitenblicken. Das gilt in prominenter Weise für das politische System der Gesellschaft. Sehen wir uns das näher an.

Öffentliche Meinung dient dem politischen System als Medium der Beobachtung seiner gesellschaftlichen Umwelt, fungiert als die unsichtbare Hand des politischen Systems, kann gar als die autistische

Welt der Politik beschrieben werden. Im Medium der vorzugsweise massenmedial kommunizierten öffentlichen Meinung beobachten die Teilsysteme des politischen Systems sich selbst und untereinander. Im Einzelnen: Die politischen Parteien beobachten das politische Publikum, die vermeintliche Residenz der öffentlichen Meinung, daraufhin, wie dieses die politischen Parteien beobachtet. »Was meinen die Wähler, wie wir zur K-Frage stehen?« Natürlich beobachten auch sie sich selbst als Beobachter des politischen Publikums. »Haben wir in der K-Frage etwa die Stimme der Basis überhört?« Die Verwaltung des politischen Systems, besonders die Regierung, beobachtet die politischen Parteien (»Wollen die tatsächlich eine weibliche Regierungsspitze?«), das politische Publikum (»Wie sehen die die K-Frage?«) und sich selbst (»Ist es uns gelungen, unsere Amtszeit als Erfolg zu verkaufen?« »Fragen wir doch mal die Meinungsforscher«). Das politische Publikum beobachtet die politischen Parteien (»Ob die meinen, wir seien reif für eine Frau als Kanzler?«) und die Verwaltung (»Klebt der Kanzler an seinem Stuhl?«). Wie gesagt, alle derartigen Beobachtungen haben den Status von Selbstprüfungen im Spiegel der massenmedial kommunizierten öffentlichen Meinung. Die Massenmedien haben nicht nur für die Gesellschaft beinahe exklusiv die Funktion der Selbstbeobachtung übernommen, sondern sich zum heimlichen Souverän der Gesellschaft aufgeschwungen, dem gerade deren politisches System Tribut zu zollen hat. Wer hat eigentlich die K-Frage zu einer öffentlichen Frage gemacht? Wer hat eigentlich unter der Tarnkappe »öffentliche Meinung« die Entscheidung für Merkel beschleunigt? Und so weiter. Gespielt wird ein Spiel wechselseitiger Beobachtungen von Beobachtungen von Beobachtern, die Beobachter beobachten. So macht sich das politische System von sich selbst, seinen Selbst- und Fremdbeobachtungen im Medium der öffentlichen Meinung abhängig.

Was jedoch hat öffentliche Meinung mit politischem Entscheiden zu tun? Öffentliche Meinung symbolisiert bezüglich des politischen Systems der Gesellschaft gleichsam politische Kontingenz. Denn: In das Medium der öffentlichen Meinung können ja verschiedene komplexitäts- oder unsicherheitsabarbeitende Themen politischer Kommunikation eingezeichnet werden. Themen haben Karrieren oder durchlaufen Konjunkturen: »Für friedliche Nutzung der Atomkraft« (lang ist's her), »Europa muss geschaffen werden« (Conny lässt grüßen), »In Vietnam wird die Freiheit des Westens verteidigt«, »Das deutsche Bier muss rein bleiben«, »Waldsterben«, die »K-Frage«. Dabei erweisen sich derartige Themen oder Schemata als prächtige Drehbücher für politisches Entscheiden, legen sie doch nicht fest, was letztlich wie genau zu entscheiden ist. Ganz ausgezeichnete Dienste leistet in diesem Zusammenhang auch das Krisenschema. Krisen schreien nach nicht einlösbaren Lösungsversprechen. Bleiben wir bei der K-Frage. Sie läuft auf die Entscheidung über Personen und damit auf Entscheidungen über Entscheidungen hinaus. Personen wird programmatischer Stellenwert zugerechnet. Merkel oder Stoiber? Die Entscheidung für Merkel oder Stoiber wäre dann immer noch keine endgültige Entscheidung über Entscheidungen. Wahlprogramme sollen den Entscheidungen von Entscheidungsträgern Richtung geben. Selbst Wahlprogramme werden sich ein klein wenig offen, hauptsächlich aber klammheimlich auf Anders- und Nichtentscheidbarkeiten einlassen müssen. Das gilt für Partei-, Wahl- und Regierungsprogramme. Auch das Systemgedächtnis hat ein gewichtiges Wörtchen mitzureden, das Gedächtnis des Publikums, von Parteien, von Regierungen. Das Systemgedächtnis, einzusetzen als Einheit der Differenz des Erinnerns und Vergessen mit Präferenz fürs Vergessen, ermöglicht politisches Entscheiden durch Erinnerung an immer wieder als entscheidbar entschiedene Entscheidbarkeiten. »Das hat sich bewährt.« »Keine Experimente.« Vor allem Werte bieten sich an. Chancengleichheit sowieso, Arbeit und Wohlstand, Solidarität und soziale Gerechtigkeit. Werte sind allemal gut, sind es doch im Bedarfsfall beliebig aktivierbare und zudem formbare Medien. Mal ist Chancengleichheit, mal soziale Gerechtigkeit das Gebot der Stunde. Wenn schon nicht mehr Wohlstand, dann aber auf jeden Fall gesicherter Wohlstand. Wie dem auch sei: Im politischen System und in seiner Umwelt wie im Aufeinander-Bezug-Nehmen beider Welten sind in gleicher Weise Varietät (entscheidbar ist, was als entscheidbar unterschieden wird) und Redundanz (auf bewährte politische Entscheidungen ist zurückzugreifen) kombinierbar und rekombinierbar zu halten. Aufs Ganze gesehen, lassen sich politische Entscheidungsautonomie und -heteronomie als aneinander steigernde Sachverhalte erkennen. Doch das Medium »öffentliche Meinung« kann schwerlich nach dem Muster des Entscheidbarhaltens von Entscheidbarkeiten und der Nichtentscheidbarkeit von bereits Entschiedenem geformt werden. Dann hieße es sofort: »Die wissen auch nicht, was sie wollen.« Versprechen haben es letzten Endes auch nicht leichter: »Danke dem

Politiker, der sein Wort noch hält.« Nein, so viel Offenheit hielte selbst die wankelmütige Dame öffentliche Meinung nicht aus.

Politisches Entscheiden jeder Art wird nicht unwesentlich gefiltert durch Beobachtungen von Entscheidungsmöglichkeiten im Medium der personalisierten Unperson öffentliche Meinung. Das ist klar. Dessen ungeachtet ist und bleibt politisches Entscheiden ein riskantes Geschäft. Hinterher ist man meist schlauer, muss das aber vorher nicht ohne Not einräumen. Ob die K-Frage richtig entschieden wurde? Die öffentliche Meinung wird's schon irgendwann richten. Aber weder die Offenheit noch die Riskanz politischen Entscheidens sind im Medium der öffentlichen Meinung erfolgreich kommunizierbar. Das ist tragisch.

Literaturhinweise

Die Beobachtung der Beobachter im politischen System: Zur Theorie der Öffentlichen Meinung. In: J. Wilke (Hrsg.): Öffentliche Meinung. Theorie, Methoden, Befunde. Beiträge zu Ehren von Elisabeth Noelle-Neumann. Freiburg i. Br./München (Karl Alber), 1992, S. 77–86.

Disziplinierung durch Kontingenz. Zu einer Theorie des politischen Entscheidens. In: S. Hradil (Hrsg.): Differenz und Integration. Die Zukunft moderner Gesellschaften. (Verhandlungen des 28. Kongresses der Deutschen Gesellschaft für Soziologie in Dresden.) Frankfurt/New York (Campus), 1997, S. 1074–1087.

Öffentliche Meinung, In: Politische Planung. Aufsätze zur Soziologie von Politik und Verwaltung. Opladen (Westdeutscher Verlag), 1970, 4. Aufl. 1994, S. 9–34.

Öffentliche Meinung und Demokratie. In: R. Maresch u. N. Werber (Hrsg.): Kommunikation – Medien – Macht. Frankfurt a. M. (Suhrkamp), 1999, 2. Aufl. 2000, S. 19–34.

Die Politik der Gesellschaft. (Hrsg. v. A. Kieserling.) Frankfurt a. M. (Suhrkamp), 2000, 3. Aufl. 2006, S. 140–169, 274–318.

Vom entstaatlichten Staat

Schaut man dem Volk aufs Maul, wird, wenn irgendein ordnender Eingriff in die Belange eines Gemeinwesens zur Debatte steht, meist von Politik und nicht von Staat gesprochen. Meist! Der Satz »Da ist die Politik gefordert!« hat sich zu einem geflügelten Wort gemausert. Sputnik-Schock und PISA-Alarm mahnen eine bessere Bildungspolitik an. Beschäftigungspolitik: »Jeder Arbeitslose ist ein Arbeitsloser zu viel.« Ausländerpolitik: »Unsere ausländischen Mitbürger müssen besser integriert werden.« Adressiert man »die« Politik, wenn größere oder für wichtig gehaltene Teilgesamtheiten von Mitgliedern eines Gemeinwesens von einem bestimmten Sachverhalt betroffen sind? Andererseits spricht man dann eher von Aufgaben »des« Staates als von denen »der« Politik, wenn Sachverhalte zur Debatte stehen wie Sicherung von Grundrechten, Gewährleistung äußerer und innerer Sicherheit, Vorkehrungen für Fälle des Notstands, Förderung von Umweltschutz, Atomausstieg oder soziale Grundsicherung. Adressiert man »den« Staat, wenn alle oder nahezu alle Mitglieder eines Gemeinwesens (»das Ganze«) von einem bestimmten Sachverhalt betroffen sind? Gegenüber Etiketten wie Politik und Staat fristen Etiketten wie Herrschaft, politische oder staatliche Herrschaft eine vergleichsweise kümmerliche Existenz. Wir müssen der Sache ein wenig gründlicher nachspüren.

An der Wiege des Staatsbegriffs steht der Begriff *status* (so Luhmann). Der Sinn von *status* als Inbegriff des Festen bzw. Sicheren legt es nahe, Staat als *status* in besonderer Weise mit der Ermöglichung von Festem bzw. Sicherem zu verknüpfen. Wie kann einer Vorstellung von Staat als Zustand des Festen bzw. Sicheren am besten auf die Beine geholfen werden? Da bietet sich Herrschaft an. Herrschaft in der Form eines Herr-Knecht-Verhältnisses als einer gesamthaften Ordnung. Das hieße, moderner gefasst, personale Herrschaft. Jedenfalls, so Luhmann, findet sich die Semantik von Staat seit etwa den letzten fünfhundert Jahren überhaupt erst – manchmal angesetzt mit der Unterscheidung spätmittelalterlich/frühneuzeitlich – und dabei stets in Bezug auf die Herrschaft eines Herrschers unter Bedingungen sich deutlich anbahnender bzw. insbesondere bereits überwiegender adelsherrschaftlich-feudaler gesellschaftlicher Differenzierung. Von daher erscheint es in der Tat als wenig hilfreich, die Begrifflichkeit von Staat und nur dieser aus einer Beobachtung von vorklassischen und klassischen Gemeinwesen abzuleiten. Ungeachtet sehr verschiedener Anlaufbedingungen und Formen derartiger Herrschaft, scheint die mit ihnen entstehende, am Gegenstand wachsende Semantik von Staat – klassische Vorstellung von Staat – auf Pazifizierung (Festes bzw. Sicheres) zu verweisen. Gewalt, vor allem physische Gewalt, dann Ausschaltung von Gewalt durch Gewalt, das sind die vorgängigen Pazifizierungsmittel. Das heißt: Der Staat als Friede, als friedlicher Zustand, verlangt paradoxerweise den Staat als *potestas*. Gewaltmäßige Ermöglichung von Herrschaft benötigt Gewalt mindestens potentiell herausfordernde Adressaten von Herrschaft. Staatliche Herrschaft beruht geradezu auf der Anwendung physischer Gewalt zwecks Ausschaltung von Gewalt, z. B. der Niederschlagung von Aufständen, der Unterwerfung anderer Herrschaften. Dabei ist die Austreibung von Gewalt durch Gewalt immer schon und immer noch als Behauptung immer schon legitimer Gewalt zu sehen.

Der personalisierte Staat, die anfängliche Ineinssetzung von Staat und Herrscher, ist nicht denkbar ohne Eingrenzbarkeit eines Kreises zu Beherrschender, was sich zunächst als Beigabe territorialer Begrenzung ergab und sich bis in die Gegenwart in der Trinität von Staatsvolk, -gewalt und -gebiet durchgehalten hat. Die Herrschaft selbst wurde jedenfalls immer auf ihre Grenzen und Begrenzer hin befragt. Wer richtet Herrschaft ein? Der Herrscher selbst oder die, die der Herrschaft zu bedürfen scheinen? Selbst- oder Fremdermächtigung und -legitimation der Herrschaft oder des Machthabers? Wer beherrscht den Herrscher in seiner Herrschaft? Beherrscht der Herrscher sich selbst, oder beherrschen ihn die, die der Herrschaft zu bedürfen scheinen? Wer oder was setzt einer Herrschaft Grenzen? Im Souveränitätsparadox wird dann eine zugespitzte Problemlösung sichtbar: Souveränität beginnt mit der Selbstexemtion des Souveräns. Alles andere mochte die Staatsräson richten, als Element ihrer selbst Vernunft einschließend. Es folgen: Umstellung auf rechtliche Ermöglichung und zugleich Entmöglichung (Beschränkung) von Herrschaft (liberaler Rechtsstaat, konstitutioneller Staat, Verfassungsstaat). Der absoluten Herrschaft (»Der Staat bin ich«) werden als natürlich legitimiert gedachte Menschenrechte entgegengesetzt. Ab jetzt gilt, dass wirksamer Gebrauch von Macht nur rechtlich ermöglicht und zugleich entmöglicht (gebunden) sein kann. Schließlich erscheint das Volk als

Souverän, beobachtbar als paradoxe Form der Selbstbeherrschung der Herrschenden (demokratischer Staat). Man möchte eher sagen: Demokratie als paradoxe Form der sich ihrer eigenen Macht unterwerfenden Mächtigen. Im demokratischen Staat sozialstaatlicher und wohlfahrtsstaatlicher Prägung beschäftigt sich der neue Souverän, das Volk, in der Form von Zumutungen »an den Staat« vorzugsweise mit der eigenen Absicherung gegenüber den sozialen Folgen der Industrialisierung und zunehmend mit dem Management von Krisen angesichts überzogener Ansprüche an sich selbst. Mit den grob angedeuteten Formwandlungen gehen u. a. einher eine Entpersonalisierung politischer Herrschaft (z. B.: von potentiell herrschaftsbedrohenden Fürsten als Beratern über fachkundige Berater ohne Adel zu Einrichtung und Ausbau von Verwaltungen, Entwicklung einer Ministerialbürokratie, Durchsetzung von Gewaltenteilung, Entstehung politischer Parteien und Interessenverbände) und eine Entstaatlichung der Gesellschaft (z. B. Entwicklung von der Staatsgesellschaft über die Trennung von Staat und Gesellschaft zum Staat des politischen Systems der Gesellschaft). Der Prozess beginnt also mit der Trennung von Staat und Gesellschaft, wobei der Staat noch als besonders ausgezeichneter Teil des Ganzen, als ein das Ganze repräsentierender und gestaltender Teil, fungiert. Das setzt sich fort in der verfassungsmäßigen Konsolidierung und damit Unterwanderung der Trennung. Demokratie bewirkt dabei so etwas wie eine Entmächtigung oder Kasernierung des ums Überleben kämpfenden Staates. Die Konturen eines vom Staat unterscheidbaren, den Staat irgendwie in sich noch aufnehmenden politischen Systems der Gesellschaft werden schärfer.

Die Formwandlungen des Staates im Kontext der angedeuteten Ausdifferenzierung eines eigenen gesellschaftlichen Bereichs des Politischen sperren sich fraglos gegen lineare Rekonstruktion. Auf jeden Fall sind beginnende und sich steigernde Unterscheidbarkeiten von Staatlichkeit als vorgängige Formen einer eigene Fahrt aufnehmenden, das Ganzes-Teil-Schema sprengenden funktionalen Ausdifferenzierung eines politischen Systems zu lesen. Man kann auch sagen: Herrschaft oder, schwächer gefasst, Regierung durch Personen wird durch regierende Codes ersetzt, und ebenso die Beobachtung der Machtnatur des Systems durch die Beobachtung der Systemnatur der Macht. Im Einzelnen: Regierender Code wäre der Machtcode mit den beiden Seiten Macht haben/keine Macht haben, zweitcodiert als Demokratie mit den beiden Seiten Regierung/Opposition. Denn jetzt geht es um ein Machtspiel. Jetzt geht es um die Ermöglichung kollektiv bindender Entscheidungen im Medium der Macht, und zwar unter Bedingungen von stets möglichen wie gefährdeten Chancen der Teilhabe an Macht. Die Verwaltung von Macht hat sich zu einer gesellschaftlichen Teilaufgabe entwickelt. Machtnatur des Systems referiert allgemein auf die Beobachtbarkeit von hauptsächlich feudaler, wir sagen: stratifizierter Gesellschaft als Herrschaftszusammenhang. Hingegen referiert Systemnatur der Macht hauptsächlich auf die Beobachtbarkeit eines im Medium der Macht operierenden – und nicht etwa aristokratisch oder sonstwie ressourcenmäßig (z. B. durch Eigentum) begründeten – politischen Systems, das neben anderen funktional ausdifferenzierten Systemen der Gesellschaft operiert, ohne diese und damit die Gesellschaft insgesamt herrschaftlich ordnen zu können. Dabei verblasst der Begriff des Staates gegenüber dem Begriff des politischen Systems, das auch seinerseits als Teil der Gesellschaft nicht mehr das Ganze (die Gesellschaft) repräsentiert. Funktionale Differenzierung macht's möglich. Funktionale gesellschaftliche Differenzierung entzieht der Beobachtbarkeit eines besonders prominenten Teils (eines Herrschers, eines Souveräns, des Staates) eines Ganzen (der Gesellschaft) den Boden und verabschiedet damit den durch den Begriff von Herrschaft definierten Begriff des Staates und überhaupt eine Vorstellung von Gesellschaft als Herrschaftszusammenhang, als herrschaftlich begründeten und gebundenen Zusammenhang.

Nunmehr sind wir in der Lage, anders als üblich zwischen Staat und Politik zu unterscheiden: Nicht alles, was politisch ist, hat mit Staat zu tun, z. B. die Teilnahme an einer Versammlung des Bremer Ortsvereins der *Grünen*. Aber alles, was mit Staat zu tun hat, hat mit Politik zu tun, z. B. die Entscheidung des Bundeskanzlers, Transportflugzeuge für die Verfrachtung von Wolldecken von Ramstein in die Türkei bereitzustellen. So scheint der alltägliche Sprachgebrauch, mit dem wir begonnen haben, keine Grundlage mehr zu haben. Alles Erwähnte hat mit Politik zu tun, nicht aber gleich mit Staat. Selbst die bemühte Unterscheidung der Reichweite von Entscheidungen hilft da nicht weiter, denn allemal handelt es sich um kollektiv verbindliche Entscheidungen. Das Entscheidende für die Unterscheidung von Staat ist es vielmehr, dass politische Entscheidungen einem politischen Entscheider, unterschieden als Staat, zugerechnet werden. Oder: Der Begriff des Staates steht für das sich von sich selbst unterscheidende politische System. Oder, anschaulicher: Im Staatsbegriff findet sich die

Handlungsfähigkeit des politischen Systems adressiert, soweit dessen Funktion der Ermöglichung kollektiv verbindlicher Entscheidungen unmittelbar berührt ist, was seinerseits wesentlich in der Möglichkeit zum Ausdruck kommt, derartige Entscheidungen nicht nur zu ermöglichen, sondern auch rechtlich flankiert und organisational bewehrt durchzusetzen; dabei ist allerdings keine Verkürzung auf das organisatorische oder bürokratische Element, auf bürokratische Herrschaft, ins Auge gefasst. Das nennen wir eingedenk des klassischen Begriffs von Staat entstaatlichten Staat.

Literaturhinweise

Macht. Stuttgart (Lucius & Lucius), 1975, 3. Aufl. 2003, S. 60–69.

Metamorphosen des Staates. In: Gesellschaftsstruktur und Semantik. Studien zur Wissenssoziologie der modernen Gesellschaft. Bd. 4. Frankfurt a. M. (Suhrkamp), 1994, Nachdr. 1999, S. 101–137.

Die Politik der Gesellschaft. (Hrsg. v. A. Kieserling.) Frankfurt a. M. (Suhrkamp), 2000, 3. Aufl. 2006, S. 189–227, 319–371.

Politische Verfassungen im Kontext des Gesellschaftssystems. *Der Staat* 1973, 12: 1–22 (1. Teil), 165–182 (2. Teil).

Das Recht der Gesellschaft. Frankfurt a. M. (Suhrkamp), 1991, 4. Aufl. 2002, S. 407–439.

Der Staat des politischen Systems – Geschichte und Stellung in der Weltgesellschaft. In: U. Beck (Hrsg.): Perspektiven der Weltgesellschaft. Frankfurt a. M. (Suhrkamp), 1998, S. 345–380.

Staat und Staatsraison im Übergang von traditionaler Herrschaft zu moderner Politik. In: Gesellschaftsstruktur und Semantik. Studien zur Wissenssoziologie der modernen Gesellschaft. Bd. 3. Frankfurt a. M. (Suhrkamp), 1989, 2. Nachdr. 2004, S. 65–148.

Verfassung als evolutionäre Errungenschaft. *Rechtshistorisches Journal* 1990, 9: 176–220.

Über Demokratie und vom sich selbst überfordernden demokratischen Wohlfahrtsstaat

Reden wir zuerst von Demokratie, einer folgenreichen Einrichtung. Wer Demokratie sagt, meint ein wenig altbacken mittelbare Herrschaft des Volkes über sich selbst, meint dabei meist allgemeine, freie, gleiche und geheime Wahlen von Vertretern des Volkswillens: repräsentative Demokratie. Bisweilen hat man auch noch direkte Entscheidungen des Volkes über sich selbst im Auge: plebiszitäre (oder direkte) Demokratie. Weiter gefasst, denkt man bei Demokratie an das Prinzip, in allen gesellschaftlichen Bereichen alle an den sie betreffenden Entscheidungen unterschiedslos zu beteiligen. Ein weites Feld tut sich auf. Wir beschränken uns auf politische Demokratie. Demokratie ist zweifellos eine politische Herrschaftsform. Doch wer beherrscht hier wen? Demokratie ist z. B. gedacht als Herrschaft des Volkes über den Staat, als Selbstinszenierung staatlicher Macht durch das Volk. Das setzt einen vom Volk unterschiedenen Herrschaftsapparat, den Staat, voraus. Das liefe auf eine mittelbare Selbstbeherrschung des Herrschers hinaus. Uns macht dabei der Herrschaftsbegriff noch ein wenig Sorge. Da im Begriff der Herrschaft, wenn nicht gerade umgangssprachlich genommen, wesentlich das Element personaler Herrschaft, der Herrschaft eines begrenzten Kreises ausgewählter Personen über alle Personen (Herrschaft im Sinne eines Herr-Knecht-Verhältnisses), mitklingt, sollten wir die Differenz Herrscher/Beherrschte durch die weniger verfängliche Differenz Regierende/Regierte ersetzen. Natürlich gilt im Fall von Demokratie die paradoxe Formel: Regierte regieren sich selbst. Dessen eingedenk können wir weiter von demokratischer Herrschaft sprechen.

Demokratische Herrschaft wird unter Bedingungen funktionaler Differenzierung vom politischen System der Gesellschaft veranstaltet. Politik heißt dann Machtverwaltung, Teilhabe an und Ausübung von Macht. Das regiert der Code Macht haben/keine Macht haben des Mediums Macht. Macht haben, das heißt, an der Regierung sein. Keine Macht haben, das heißt, in der Opposition sein. Über die Zugehörigkeit zu einer der beiden Seiten wird primär durch politische Wahlen entschieden. Wir kommen gleich darauf zurück. Wir ergänzen zunächst den Machtcode durch den Code Regierung/Opposition als

Code von Demokratie. Demokratie wäre somit von der Überformung oder Zweitcodierung des politischen Codes machtüberlegen/machtunterlegen durch den Code Regierung/Opposition her zu verstehen. Der Code Regierung/Opposition erfüllt alle Merkmale eines Präferenzcodes. Regierung ist der positive oder Destinations- und Opposition der negative oder Reflexionswert. Die Besonderheit einer Unterscheidung wie Regierung/Opposition ist, dass beide Seiten der Unterscheidung einander bedingen: ohne Regierung keine Opposition und umgekehrt. Die andere Seite bildet den Reflexionshorizont. Z. B. bedenkt die Regierung bei allem, was sie tut, immer zugleich die möglichen Folgen für die Chancen der Opposition, das Handeln der Regierung im Lichte anderer Möglichkeiten erscheinen zu lassen. Der Code Regierung Regierung/Opposition ist, wie wir sagen, leicht technisierbar, d. h., die Regierung kann zur Opposition und die Opposition zur Regierung werden, was gleichsam das Regieren und das Opponieren als nicht bloß funktional reputierlich voraussetzt. Dritte Möglichkeiten in der Form der Kurzschließung des Codes – man kann nicht gleichzeitig an der Macht und nicht an der Macht sein – sind ausgeschlossen.

Demokratische Wahlen, ganz so wie schon angesprochen, entscheiden primär über Regierung und Opposition, über ihre Bestätigung oder ihren Austausch. Jeder Wahlberechtigte kann wählen, wenn er will. Das ist uns ein Merkmal funktionaler gesellschaftlicher Differenzierung. Demokratie bedeutet dann potentielle Inklusion aller, des Volkes, in das politische System der Gesellschaft. Die potentiellen Wähler gehören zur Umwelt des politischen Systems. Erst im aktuellen Wahlfall trägt der Bürger in der Form des Wählers zur Aktualisierung des politischen Systems bei. Politische Wahlen temporalisieren politische Macht. In dieser Hinsicht macht es grundsätzlich keinen Unterschied, ob es um direkte Wahlen oder um indirekte Wahlen geht. Temporalisierung von politischer Macht in Form periodisierter politischer Wahlen impliziert kurzfristige Verminderung der Ungewissheit von Zukunft. Die periodische Knappheit der Zeit lässt befristete politische Entscheidungen vordringlich erscheinen. »Die Legislaturperiode ist zu kurz, als dass eine so weitreichende Angelegenheit wie die Rentenreform unter Zeitdruck zukunftsfähig entschieden werden könnte.« So versorgt sich das politische System inter- und intraperiodisch selbst mit Ungewissheit und deshalb vorab per Wahl nicht entscheidbaren Entscheidungsmöglichkeiten. Zeitknappheiten und Vordringlichkeiten von Befristetem wiederholen sich. Dann lässt sich schön sagen: »Die Politiker tun ja doch, was sie wollen.« Die politischen Parteien können gar nicht anders, als bei Wahlen Versprechen, insbesondere Leistungsversprechen, abzugeben, die sie nicht halten können, ohne das freilich ohne Not einzuräumen. Eingesetzte Regierungen stehen vor dem gleichem Dilemma. Kann dann noch sinnvoll von gebrochenen Wahlversprechen die Rede sein?

Das politische Publikum entäußert sich insbesondere durch die politischen Parteien seiner unmittelbaren Macht, und die Parteien tendieren auch noch dahin, zwecks Sicherung von Entscheidungsfähigkeit nolens volens ihre eigenen Abgeordneten zu entmündigen (Fraktionszwang). Oder: Durch die Erfindung politischer Parteien als organisierter Ermittler und Vermittler des Volkswillens betreibt das Volk als Souverän seine Selbstabdankung. Dies wird teilweise abgeschwächt durch spontane bis organisierte sonstige soziale Formen der Geltendmachung von Ansprüchen an Politik – bei Wahlen und zwischendurch – in Form von plebiszitären Elementen, Bürgervereinen, Interessengruppen und Protestbewegungen, die sich aber letztlich der Sogwirkung temporalisierter entscheidungskontingenter Politik nicht zu entziehen vermögen. Zugespitzt gefasst: Politische Wahlen dienen nicht dazu, den Willen des Volkes offenzulegen, sondern kontingent-selektive Entscheidungen zu ermöglichen. Ist das bereits ein zureichender Riegel gegen Selbstüberforderung des demokratischen politischen Systems, das sich in seinen Entscheidungsmöglichkeiten ohnehin als begrenzt darstellt?

Das weitere politische System – vom politischen Publikum (Volk, Interessenten) über das Teilsystem von Politik (politische Wahlen, Parteien, Volksvertretungen, Regierungen) zum Verwaltungssystem der Politik (politischer Bürokratie) – stellt sich dar als ein Geflecht von Varietät und Redundanz. Varietät kommt vorzugsweise durch das politische Publikum über den bei politischen Wahlen beginnenden Weg ins Spiel. Für das politische Publikum soll etwas erreicht werden. Auch das publikumsbeobachtende Regierungs- und Verwaltungssystem ist beteiligt. Das politische Publikum erwartet die Erbringung sowohl bereits gewährter als auch in Aussicht gestellter Leistungen. Für Redundanz steht hauptsächlich das entscheidungsverwaltende System, aber auch das in allen anderen Teilbereichen des politischen Systems wirksame Gedächtnis mit Präferenz für bereits Entschiedenes. Gewährte Leistungen sind zu sichern oder so zu verändern, dass es nach Zuwächsen aussieht. Derartige Eigenarten des politischen Systems saugen im Verein mit Differenzierungen der Umwelten des politischen Systems geradezu zunehmend differenzierte (alle möglichen) und individualisierte (gruppenbezogene) Ansprüche an Leistungen des politischen Systems an. Vom Staat, wie es heißt, wird nämlich nicht mehr nur die Abarbeitung von Folgeproblemen arbeitsteiligen Wirtschaftens in der Form der Sicherung von Kompensationsleistungen (Lösung der sozialen Frage, Sozialstaat), sondern im wahrsten Sinne des Wortes alles und nichts an Leistungen erwartet (Wohlfahrtsstaat). Der Wohlfahrtsstaat ergänzt die funktionale Inklusion aller in der Form von Wählern durch die Inklusion fast aller in der Form von Leistungsempfängern. Über Gleichheit erzeugte Ungleichheit soll kompensiert werden. Richtig. Unter Bedingungen funktionaler Differenzierung kann grundsätzlich jeder an jedem funktionalen Teilsystem teilnehmen. Grundsätzlich! Denen, die draußen im Dunklen stehen, ist unter die Arme zu greifen. Klar! Wenn ich kein Geld oder keine geldwerten Ansprüche habe, kann ich nicht zahlen. Also sind etwa an diejenigen, die dauerhaft oder zeitweilig über Erwerbsarbeit oder daran geknüpfte Ansprüche kein Geld oder zu wenig Geld erhalten, Ausgleichszahlungen zu leisten. Selbstverständlich! Doch: Die Getreideernte fiel wegen zu langer Feuchtperiode katastrophal aus. Öffentliche Subvention soll's heilen. Ein Kleinkind in einer Krabbelgruppe unterzubringen kostet Geld. Ist doch eine gesellschaftliche Angelegenheit! Familie als Privatsache!? Na gut, aber doch nicht allein auf Kosten der Familie. Schließlich ist ja Chancengleichheit angesagt. Usw. Ist erst einmal ein Anspruch bekundet und anerkannt worden, fällt es verdammt schwer, ihn zurückzubauen und anderen Ansprüchen Legitimität zu verweigern. Für alle nur denkbaren Folgeprobleme funktionaler Differenzierung und für den Ausgleich von Schicksalsschlägen aller Art wird Kompetenz des Staates angemahnt. Sogar der versorgt sich überdies per politische Wahl selbst mit Ansprüchen. Das alles paradoxerweise umso mehr, je weniger geltend gemachte Leistungserwartungen und darauf bezogene Erfüllungsversprechen noch einlösbar sind. Zu beobachten ist am Ende ein mit Selbstantrieb ausgestatteter, sich selbst überfordernder demokratischer Wohlfahrtsstaat. Der Staat verfügt jedoch nicht mehr über die angemahnte Universalkompetenz, nur noch über Inkompetenzkompensationskompetenz. Umkehr wäre angesagt.

Einen eleganten Ausweg scheint die Berufung auf Werte anzubieten. Politische Parteien würzen ihre Programme mit einem bunten

Strauß von Werten. Regierungserklärungen kommen wertmäßig ummantelt daher. Kurzum, Politik ist im Medium von Werten zu legitimieren. Das macht sich gut, denn im Zweifel kann man sich immer auf jeweils angemahnte Werte berufen, ohne in die Wertefalle zu tappen, d. h. Werte untereinander zu bewerten. Denn zwischen Werten ist wertmäßig nicht entschieden zu unterscheiden. Kann der Wert Freiheit mehr wert sein, als der Wert Gerechtigkeit wert ist? Werte eignen sich überdies vorzüglich dazu, Wertekonflikte herbeizuzaubern und mit der Entscheidung für bestimmte Werte dennoch offenlassen zu können, womit diesen Genüge getan werden könnte. Zu beobachten ist z. B. das Versprechen, den Rückbau wohlfahrtsförderlicher staatlicher Leistungen sozial gerecht veranstalten zu wollen. Soziale Gerechtigkeit als Wert entwertete dann den Wert von Wohlfahrt, ohne dass damit vorentschieden wäre, wie denn sozialer Gerechtigkeit Genüge getan werden könnte. Überhaupt eignet sich die Wertesemantik vor allem deshalb zu politischer Legitimation, weil damit der Bezug von Politik auf Gesellschaft ausgewiesen wird und zugleich Nichtentscheidbarkeiten in Gestalt von Werten das politische System mit Entscheidungsmöglichkeiten, gerade auch selbsterzeugten, versorgen, ohne dass vorhergesehen werden könnte, was am Ende entschieden wird. Lieber mehr Gerechtigkeit als Freiheit, vielleicht gar in der Form von mehr Gleichheit? Schließen wir doch einfach die Gerechtigkeitslücke!

Der demokratische Wohlfahrtsstaat kann sich nur halten, wenn er, zunehmend im Medium von Werten operierend, Leistungserwartungen des Volkes mit dem Argument enttäuscht, sonst gar nicht mehr leisten zu können, und gerade daraus dann seine Legitimität bezieht. Am Horizont scheinen jedenfalls drohende Wolken aufzuziehen, das Ende sozialistischer und kapitalistischer wohlfahrtsstaatlicher Versprechen ankündigend.

Literaturhinweise

Die Organisationsmittel des Wohlfahrtsstaates und ihre Grenzen. In: H. Geißler (Hrsg.): Verwaltete Bürger – Gesellschaft in Fesseln. Berlin/Wien (Ullstein), 1978, S. 235–253.

Die Politik der Gesellschaft. (Hrsg. v. A. Kieserling.) Frankfurt a. M. (Suhrkamp), 2000, 3. Aufl. 2006, S. 422–429.

Politische Steuerung. Ein Diskussionsbeitrag. *Politische Vierteljahresschrift* 1989, 30 (1): 4–9.

Politische Steuerungsfähigkeit eines Gemeinwesens. In: R. Göhner (Hrsg.): Die Gesellschaft für morgen. München/Zürich (Piper), 1993, S. 50–65.

Politische Theorie im Wohlfahrtsstaat. München (Olzog), 1981

Probleme eines Parteiprogramms. Hn: H. Baier (Hrsg.): Freiheit und Sachzwang. Beiträge zu Ehren Helmut Schelskys. Opladen (Westdeutscher Verlag), 1977, S. 167–181.

Der Wohlfahrtsstaat zwischen Evolution und Rationalität. In: Soziologische Aufklärung 4. Beiträge zur funktionalen Differenzierung der Gesellschaft. Wiesbaden (Verlag für Sozialwissenschaften), 1983, 3. Aufl. 2004, S. 104–116.

Alles, was recht/Recht ist

Steigen wir ins alltägliche Rechtsgeschehen ein. In unseren Landen kann ein Gericht für seine Rechtsentscheidungen auf geschriebene Normen, insbesondere Gesetze, oder/und auf bereits als rechtens Entschiedenes als solide Grundlagen zurückgreifen. Von einer Rechtsnorm aus ist festzustellen, ob ein fragliches Verhalten konform oder abweichend und gegebenenfalls wie zu sanktionieren ist. Tatsache oder Fakt sei, dass der A den B aus nichtigem Anlass verprügelt hat und der B die eine oder andere sichtbare Blessur davongetragen hat. Dafür ist eine Freiheits- oder Geldstrafe vorgesehen, die sich in einem bestimmten Rahmen zu bewegen hat. Im Getriebe der Gerichtsmaschinerie knirscht es jedoch nicht gerade selten. Sei es, weil durchaus häufiger nicht klar auszumachen ist, was denn eigentlich die rechtserheblichen Tatsachen oder Fakten sind. Ist der Ehemann tatsächlich beim Fensterputzen von der Haushaltsleiter gefallen, wie seine Ehefrau behauptet, und hat sich dabei einen Arm gebrochen, oder ist das, wie er geltend macht, die Folge eines heftigen Streits mit seiner rabiaten Ehefrau? Sei es, weil nicht jeder einzelne konkrete Streitfall eine Form hat, die sich so ohne weiteres den normativen Vorgaben, den Programmen des rechtlichen Systems, fügen mag. Reichen die gegebenen rechtlichen Regelungen aus, den Betrieb eines Atomkraftwerks zu untersagen? Derlei ist leicht nachvollziehbar.

Wie aber sieht es bei folgenden Fällen aus? Da kommt ein betrügerischer Bankrotteur, der eine ganze Reihe von hoffnungsvollen Häuslebauern für ihr restliches Leben ruiniert hat, wegen gering erscheinender Haftstrafe und trotz Verpflichtung zur Vertragserfüllung praktisch ungeschoren davon, weil er ohnehin bald wieder frei ist und bei ihm sowieso kein Geld zu holen ist. Da landet ein Kinderschänder lediglich für ein paar Jahre hinter Gittern, das noch mit der Chance auf vorzeitige Haftentlassung bei als erfolgreich attestierter Therapie und guter Sozialprognose. Und bei manchem Prozess ist überhaupt offen, wohin die Waage Justitia sich neigen wird: »Vor Gericht und auf hoher See …« Was ist das für ein Recht, das so etwas für recht/Recht erklärt?! Der sich noch nicht scharf genug abzeichnenden Frage ist drastischer auf den Grund zu gehen. Waren die nationalsozialistischen Rassegesetze rechtens? Waren sie Recht im Sinne der Rechtheit von Recht? Haben die Richter des Volksgerichtshofs geltendes Recht übertreten? Oder: Kann versuchte Republikflucht ein strafwürdiger Tatbestand sein? Kann ein Richter, der jemanden wegen versuchter Republikflucht über die Maßen hart verurteilt hat, verurteilt werden, weil er geltendes Recht gedehnt hat? Fragen über Fragen.

Körperverletzung, Gewalt in der Ehe, Kindesmissbrauch, betrügerischer Bankrott, Betrieb von Atomkraftanlagen, Rassenschande, Republikflucht usw. Das sind zweifellos verschiedene Paar Stiefel. Dennoch sind Rechtsnormen angesprochen, jeweils geht es um geltendes positives Recht. Dann kann, so eine nicht bloß alltägliche Mutmaßung, mit dem Recht irgendetwas nicht stimmen, es kann nicht wirklich »positiv« sein. Da jedoch liegt der Haken. Denn darum geht es nicht. Positives Recht ist einfach das, was rechtens als Recht gilt. Es gilt das als Recht, was als Recht gesatzt wurde. Recht wird kraft Entscheidung in die Welt gesetzt. Solches Recht gilt gerade deshalb, weil es auch anders hätte ausfallen können, d. h. auch geändert werden könnte. Diese paradoxe Form des Rechts ist in seinen Code Recht/Unrecht eingelassen. Von der Seite des Rechts aus ist zu entscheiden, was Recht ist und was nicht. Das aber heißt, dass die Seite gewechselt werden kann. Was einst Recht war, kann jetzt Unrecht sein und umgekehrt. Man denke nur an Veränderungen bezüglich der Straftatbestände Homosexualität und Abtreibung wie an den neuen Tatbestand Vergewaltigung in der Ehe. Kurzum: Recht ist als ein symbolisch generalisiertes Kommunikationsmedium mit dem Code Recht/Unrecht zu sehen. Dennoch mag nach wie vor die Rechtheit von Recht füglich bezweifelt werden. Deshalb möchte man Kinderschänder lebenslang weggesperrt sehen. Deshalb wird nationalsozialistisches Rasserecht als unrechtes Recht befunden. Auf der Grundlage welchen Rechts ist über die Rechtheit von Recht zu befinden? Siehe die Nürnberger Prozesse, die Mauerprozesse, den Prozess gegen Saddam Hussein. Es ist Zeit für die »Zeit der Schuldlosen«.

Wir sagten: Recht wird kraft Entscheidung in die Welt gesetzt. Das riecht nach dezisionistischer Kälte und Unbarmherzigkeit. Zu gern hätte man ein Recht, das immer und überall so und nicht anders als Recht gilt. Woher nehmen? Von Gott aus? Göttliches Recht. Recht, das zunächst als aus sich selbst heraus wahr begründetes, unveräußerliches Recht nicht sozialer Natur auftretend gesehen wurde (Naturrecht), dann auf Subjekt hin umgestellt wurde (subjektives Recht) und schließlich als sozial zugewiesenes objektives Recht normalisiert wurde (positives Recht)? Wie selbstverständlich sagen wir: Jeder hat gleiche Rechte, das gleiche Recht auf freie Entfaltung seiner Persönlichkeit nebst zugehörigen besonderen Freiheitsrechten. Die nämlichen Rechte tragen zugleich einen Wertestempel. Sie erscheinen als um ihrer selbst willen geltend. In Wirklichkeit sind wir kein Stück weitergekommen. Auch derartiges Recht ist Recht kraft einer Entscheidung, dieses als Recht anzuerkennen.

Handelt es sich um rechtes oder gerechtes Recht? Gerechtigkeit schließt so oder so fatalerweise Ungerechtigkeit ein und nicht etwa aus. Sonst wäre ja die Unterscheidung von Gerechtigkeit witzlos. Es müsste so etwas wie eine Norm der Norm geben, eine Norm, die darüber letztverbindlich aufklären könnte, was gerecht und was ungerecht ist. Eine solche Norm gibt es ebenso wenig, wie Ethik über Moral aufklären könnte. Eine ethische Unterscheidung über gut oder böse müsste sich ihrerseits die Frage gefallen lassen, was denn diese Unterscheidung als gute Unterscheidung qualifiziert. Eine rechtliche Unterscheidung von Recht und Unrecht kann nicht der Frage ausweichen, weshalb sie rechtens sein soll. Der Frage nach der Gerechtigkeit kann auch der im Rechtssystem Rechtsentscheidungen äußerst hilfreich leitende Gleichheitssatz, wonach Gleiches gleich und Ungleiches ungleich zu traktieren ist, nicht abhelfen, liegt ihm doch die Unterscheidung gleich/ungleich zu Grunde, die sich ihrerseits gegen eine letzte Normierung sperrt. Die Soziologen lassen sich seit einiger Zeit weitverbreitet über Gerechtigkeit aus, betreiben aber letztlich nur ein kontroverses normsetzendes Geschäft im Namen dessen, was sie für gerecht halten. Der unschuldig bemühte Verweis auf das gesunde Volksempfinden, auf das, was man so allgemein denkt, dürfte ein fragwürdiger Verweis sein. Kinderschänder lebenslang wegsperren? Betrügerischen Boykotteuren elektronische Fußfesseln anlegen, um sie davon abhalten zu können, weiteres Unheil zu stiften? Was bleibt, ist mindestens die Entzauberung von Gerechtigkeit als Leitidee des Rechtssystems. Gerechtigkeit fungiert als Kontingenzformel des rechtlichen Systems, symbolisiert nichts weiter, als dass getroffene und zu treffende rechtliche Entscheidungen im Rahmen geltenden Rechts zueinanderpassen müssen. Mehr nicht.

Die Bilanz ist ernüchternd. Die Entscheidungsgrundlagen oder -programme des rechtlichen Systems, die Gesetze, stammen hauptsächlich aus dem politischen System, müssen ihrerseits grundlegendem geltendem Recht entsprechen und ebendeshalb auch rechtlich korrekt zustande gekommen sein. Entscheidungen des rechtlichen Systems sind an geltendes Recht gebunden, selbst als Recht Entschiedenes eingeschlossen. Recht bindet Recht. Neues oder geändertes Recht ist dennoch möglich, muss rechtmäßig zustande kommen. Die Rechtmäßigkeit neuen oder geänderten Rechts ist im Medium des Rechts kommunikativ geltend zu machen. Wir sehen: Recht ist schlicht und einfach nichts weiter als das, was als Recht unterschieden und entschieden worden ist. Es könnte auch anderes Recht geben. Sodann ist vor allem das rechtliche System als befreit vom Ballast zu sehen, für Gerechtigkeit zuständig sein zu müssen. Geblieben ist die Funktion des rechtlichen Systems für die Gesellschaft, die Beliebigkeit normativen Erwartens auszuschalten und normatives Erwarten zu stabilisieren. Das ist eine ganz erhebliche Zumutung. Alles, was recht/Recht ist!

Literaturhinweise

Ausdifferenzierung des Rechts. Beiträge zur Rechtssoziologie und Rechtstheorie. Frankfurt a. M. (Suhrkamp), 1981, 2. Nachdr. 1999.

Legitimation durch Verfahren. Darmstadt (Luchterhand), 1969 [Neudr. 2001, Frankfurt a. M. (Suhrkamp), 5. Aufl.].

Das Recht der Gesellschaft. Frankfurt a. M. (Suhrkamp), 1991, 4. Aufl. 2002.

Rechtssoziologie. Reinbek b. Hamburg (Rowohlt), 1972 [Nachdr. 1987, Opladen (Westdeutscher Verlag), 3. Aufl.]

Rechtssystem und Rechtsdogmatik. Stuttgart u. a. (Kohlhammer), 1974.

Die Rückgabe des zwölften Kamels: Zum Sinn einer soziologischen Analyse des Rechts. In: G. Teubner (Hrsg.): Die Rückgabe des zwölften Kamels. Niklas Luhmann in der Diskussion über Gerechtigkeit. Sonderausgabe aus der *Zeitschrift für Rechtssoziologie* 2000, 21 (1): 3–60, Stuttgart (Lucius & Lucius).

Die soziologische Beobachtung des Rechts. Frankfurt a. M. (Alfred Metzner), 1986

Überforderte Wissenschaft

Für jede Frage hinsichtlich der Gewissheit und Vergewisserbarkeit eines einheitlichen Verständnisses der Welt des Erlebens und Handelns beanspruchte in unseren Landen einst die Kirche bis zum ausgehenden Mittelalter mehr oder minder erfolgreich das Monopol, auch gewaltsam, eine über jeden Zweifel erhabene letztverbindliche Antwort unter Berufung auf Gott geben zu können. Sicher wissbares Wissen war eine Angelegenheit religiöser Dogmenverwaltung. Die bis in unsere Zeit wirkende frühneuzeitliche Welt war und ist dagegen durch eine Art Beweislastumkehr geprägt. Der denkende, seiner selbst gewisse Geist, die Welt des Erfahrbaren und Erlebbaren durchdringende, sie auf ihre Gründe und Regelmäßigkeiten hin befragende Geist trat auf den Plan. Er beansprucht seither mehr oder minder erfolgreich, diejenige Instanz zu sein, die sich all dessen, was ist, vergewissern kann, sich selbst und Gott eingeschlossen. Sicher wissbares Wissen wird nunmehr durch die Wissenschaft, durch Wissenschaftler verwaltet. Aber wie?

In unserer gegenwärtigen Welt ist allemal sicheres Wissen, Sicherbarkeit sicheren Wissens gefragt. Doch es sind ungewöhnliche Zweifel auf der Agenda erschienen. Nicht, was das Alltagswissen betrifft. Das war eigentlich immer ziemlich fraglos. Der Bauer bestellt sein Feld. Der Schuster fertigt Schuhe. Die Postkutsche fährt von A nach B. Um acht Uhr fährt der Intercity von Bremen nach Hamburg. Ich bin verheiratet. Anders sieht es mit wissenschaftlichem Wissen, mit wahrheitsbeanspruchendem Wissen aus. Nähern wir uns vorsichtig der veränderten Situation. Wer Kinder hat, kennt das Dilemma, alle möglichen Fragen beantworten zu müssen. Wenden wir Heinz von Foersters Frage-und-Antwort-Spiel an. Frage: »Papa, was ist ein Perpetuum mobile?« Antwort: »Eine Maschine, die ohne Energiezufuhr immer läuft.« »Aber das geht doch gar nicht.« »Das habe ich auch nicht behauptet.« Stille. Frage: »Papa, was besagt das Hebelgesetz?« Antwort: »Dass Kraft mal Kraftarm gleich Last mal Lastarm ist.« »Aha.« Frage: »Papa, was ist ein Thermostat?« Antwort: »Ein Thermostat ist eine kleine, einfache Maschine, bei der ein Bimetallstreifen sich durch äußere Temperaturänderungen ausdehnt oder zusammenzieht und dadurch entweder ein Heizelement ausschaltet oder einschaltet.«

»Wie bei unserer Heizung?« »Ja.« Frage: »Papa, was ist ein Gefühl?« Antwort: »Dazu lässt sich Verschiedenes sagen, z. B. dass ein Gefühl ein nicht weiter erklärbares menschliches Empfinden ist. Aber besser wäre es, als Gefühl einfach ein Erklärungsprinzip zu begreifen.« »Was erklärt das denn dann?« »Was du willst.« »Auch die Hebelgesetze?« »Ja, warum nicht!?« »Aber das ist doch Unsinn!« »Gewiss.« Frage- und-Antwort-Spiele dieser Art ließen sich beliebig fortsetzen. Sehen wir uns das Spiel näher an.

Ich fragte in meinen Seminaren z. B. stets die Studierenden: »Gibt es eigentlich Bäume?« Antwort: »Dumme Frage. Sieht man doch!« Meine langatmige Einlassung darauf sollte Zweifel säen: »Es ist mein Bewusstsein, das unter Mitwirkung der unbemerkten, geräuschlosen Aktivität meines Nervensystems erst ein Bild von der Außenwelt erzeugt, das im gegebenen Fall mit der Bezeichnung Baum belegt wird. Das Bewusstsein rechnet sich die unterscheidende Wahrnehmung von etwas zu, ohne auf die Wahrnehmung selbst kontrollierend zugreifen zu können. So gesehen wird das, was als Sache konstruiert wird, konstruiert wird!, als die Sache selbst unterschieden. In diesem Sinne gibt es Bäume, ist die entsprechende Aussage wahr.« Reaktion: »Ja, schon.« Neue Frage: »Gibt es Menschen?« Antwort: »Ja, so wie es Bäume gibt. Ich bezeichne mich als Mensch. Das heißt bereits, dass die Bezeichnung Mensch für etwas steht, was sie selbst nicht sein kann. So einfach ist das.« Reaktion: »Ja, schon.« Wir dürfen verallgemeinern: Die Landkarte ist nicht das Land. Jetzt kann man sicher wissen, dass die semantische Unterscheidung einer Sache nicht mehr mit der Sache selbst zu verwechseln ist.

Und die Fragen nach dem Perpetuum mobile, dem Hebelgesetz und dem Thermostaten? Diese Fragen scheinen auf den ersten Blick anders gestrickt zu sein. Schließlich werden Gesetze, Naturgesetze bemüht. Klar, die Natur sagt einem nicht: »Ich bin ein Baum.« Die Natur sagt einem nicht: »Alle Vorgänge in mir erfordern Energiezufuhr, damit ich Energie freisetzen kann.« Der Begriff Perpetuum mobile ist ein wissenschaftlicher Begriff, erfunden, um etwas unterscheiden zu können, was sonst nicht unterschieden werden könnte. Ein Baum sagt einem auch nicht: »Wenn die Schneelast auf meinen Ästen zu groß wird, brechen die Äste ab. Das liegt am Hebelgesetz.« Das, was wir Hebelgesetz nennen, wird den in der Natur beobachteten Vorgängen lediglich als ein Erklärungsprinzip unterlegt. Erst recht am Thermostaten ist zu erkennen, dass er nicht durch die Natur selbst in die Welt gesetzt, sondern auf Grund von der Natur unterlegten Regelhaftigkeiten gebaut wurde. Natur wird freilich nicht unmittelbar nachgebaut. Es ist der Wissenschaftler, der die Natur beobachtet, sich von der Natur ein Bild macht, sich selbst instruiert, statt von der Natur instruiert zu werden. Also: Die Natur enthält keine Gesetze, die als solche unmittelbar erkennbar sein könnten. Derartige Gesetze sind nichts weiter als Ergebnisse von Beobachtungen der Natur. Deshalb ist auch das Wissen von solchen Gesetzen nicht instruiertes, sondern konstruiertes Wissen, das Beobachter erzeugen, indem sie die Natur mit Annahmen über deren Regelhaftigkeiten überziehen, kontrolliert durch Regeln, die sie ebenfalls selbst konstruiert haben. Deshalb sind unter Anwendung solchen Wissens gebaute Maschinen, triviale Maschinen sagen wir, wie Thermostaten, Brücken, Verbrennungsmotoren, Flugzeuge und Atomkraftwerke, mithin jede Technik und Technologie, letztlich nichts weiter als Ausdruck funktionierender Simplifikationen. Natur kann nicht nachgebaut werden. Das kann man wissen.

Bleibt noch die Gefühlsfrage. Auch die Bezeichnung »Gefühle« steht nur für ein Erklärungsprinzip, das nichts erklärt. Deshalb der unsinnig erscheinende Hinweis auf die Möglichkeit, Hebelgesetze als Gefühle zu beschreiben. Überzogen oder nicht? Jedenfalls werden wir darauf aufmerksam gemacht, dass altvertraute Erklärungsansprüche auf wackligen Beinen stehen. Ich provozierte meine Soziologiestudenten gerne mit der Aussage: »Es gibt keine sozialen Probleme!« Gehört doch das Wissen über die Existenz sozialer Probleme zum unverzichtbaren Rechtfertigungsrepertoire der Soziologie. Soziale Probleme gibt es nur, wenn mit der Unterscheidung Problem/Problemlösung operiert wird. Ein als soziales Problem unterschiedener sozialer Sachverhalt ist nur das, was er ist, weil er als das unterschieden wird. Die Sache selbst sollte nicht mit ihrer Unterscheidung in eins gesetzt werden. Das passt auch schön auf folgende säkulare Daueraussage: »Die Reichen werden immer reicher und die Armen immer ärmer.« Kann man das wissen? Wie kann man das wissen? Es ist nur dann wissbares Wissen, wenn es als Wissen konstruiert wird, wenn eine Realität konstruiert wird, die es sonst nicht gäbe. Das kann man wissen.

Bis hierhin hat die Behauptung, alles Wissen sei konstruiertes Wissen, das auch anders aussehen könnte, einiges an Kontur gewonnen. Insbesondere ist nicht mehr davon auszugehen, dass wissenschaftliches Wissen, d. h. begrifflich forciertes und methodisch disziplinierte Wissen, nicht auch anders mögliches Wissen sein könnte. Gleichwohl produzieren die Wissenschaftler laufend solches Wissen. Sie überziehen die Welt des Wahrnehmbaren, des Erlebens und Handelns mit Erklärungsansprüchen. Sie lösen Welteinheit auf, indem sie dies und nicht das oder das und nicht dies unterscheiden und bezeichnen. Etwa Hebel, Energie, Moleküle und Atome. Etwa Verhalten oder Handeln als besonderes Verhalten oder Entscheiden als besonderes Handeln, auch sachliche, zeitliche, soziale und räumliche Aspekte des Entscheidungshandelns usw. Auflösung von Welteinheit ist einerseits verschieden möglich und eröffnet andererseits verschiedenartige Rekombinationen des Aufgelösten: Die Beobachtung von Hebelwirkungen ermöglicht den Bau von Flaschenzügen und Brücken. Der Beobachtung von Atomen folgte die Beobachtung von Atomkernspaltungen, was den Bau von Atombomben und Atomkraftwerken ermöglichte. Die Beobachtung verschiedener Merkmale von Lebenslagen ermöglicht es, Klassen, Schichten und Milieus zu konstruieren, d. h. hier sogar ein und dieselbe soziale Wirklichkeit mit alternativen Erklärungsansprüchen zu traktieren. Wissenschaft ist ein sich mit Selbstantrieb ausstattendes komplexitätsverminderndes und -steigerndes, sich selbst mit Überraschungen versorgendes Spiel von Auflösungen und Rekombinationen. Das Wissen nimmt ständig zu, deshalb auch das, was man nicht weiß, so dass man wissen kann, dass man eigentlich immer weniger weiß. Das kann man wissen.

Wissenschaft ist, wer wollte das bestreiten, der Wahrheit auf der Spur. Das Geschäft der Wahrheitssuche wird im wissenschaftlichen System der Gesellschaft betrieben. Wahrheit ist, so unser Befund, das Medium der Wissenschaft. Der Mediencode lautet wahr/unwahr. Steht bei alledem die Möglichkeit einzig wahren Wissen zur Debatte? Ja, denn es wird im Medium der Wahrheit kommuniziert. Nein, denn das Medium der Wahrheit sichert nur die Möglichkeit, dies oder das als wahr oder unwahr zu unterscheiden, nicht aber zu unterscheiden, dass dies die einzige Möglichkeit ist. Zweiwertige Logik versagt ihren Dienst. Es gibt kein eindeutiges entweder wahr oder unwahr. Ist es etwa wahr, dass genmanipulierte Nahrungsmittel gesundheitsschädlich sind? Ist es etwa wahr, dass die Armut in der Welt immer weiter zunimmt? Die einen bejahen, die anderen verneinen. Was denn nun? Geltend gemachte Ansprüche auf Wahrheit kommen natürlich theoretisch und methodisch unterfüttert daher. Nach einer sich kritisch nennenden Wirtschaftstheorie befördert Globalisierung die Armut in der Welt. Nach einer sich positiv nennenden Wirtschaftstheorie wirkt Globalisierung zunehmender Armut in der Welt entgegen. Es sind Theorien, welche die wissenschaftliche Erkenntnis anleiten, die Entscheidbarkeit zwischen wahren und falschen Aussagen sichern. An konträren Theorien besteht nicht der geringste Mangel. Theorien sind die Programme des wissenschaftlichen Systems der Gesellschaft. Theorien können ihrerseits aber nur den Status von Erfindungen beanspruchen, von Konstrukten, die man mehr oder minder erfolgreich mit Geltungsansprüchen ausstaffiert hat. Ihre Halbwertzeiten sind bisweilen erstaunlich gering. Methoden, ihrerseits erfunden, um allzu frei schwebendes theoretisches Arbeiten nachprüfbar zu disziplinieren, geht es nicht besser. Welche Logik ist als Organon der Kritik zu strapazieren? Eine, die mit der Annahme sich zwangsläufig verschärfender sozialer Widersprüche arbeitet? Eine, die auf die evolutorische Selbstregulierung sozialer Vorgänge setzt? Summa summarum: »Wahrheit ist die« – geniale – »Erfindung eines Lügners.« Das kann man wissen.

Was tun? Das Rad der Geschichte lässt sich nicht zurückdrehen. Ohne Wissenschaft geht es nicht. Selbstverständlich soll eine nach dem neuesten Stand der Technik gebaute Brücke den angenommenen Belastungen für einen bestimmten Zeitraum standhalten. Selbstverständlich kann eine den Standards der Zunft der Empiriker und Statistiker gerecht werdende vergleichende Erforschung der finanziellen und psychosozialen Effekte von Hartz IV und Lohnsubventionierungen politisches Entscheiden unterstützen. Solche Krücken, die zum Sehen und Handeln ausrüsten, sind schlechterdings unverzichtbar. Doch: Wider Erwarten hielten die Strommasten im Münsterland der ungewöhnlichen Schneelast nicht stand. Wider Erwarten erklommen die Ausgaben für Hartz IV astronomische Höhen. Falsches Wissen oder falsch angewandtes Wissen? Führen Frauen wirklich besser als Männer oder nur anders und darin besser? Sollten denn zu ihrem Wohle oder/und zum Wohle ihrer Eltern Kinder ganztägig außerhäuslich bzw. -familial betreut werden? Fragen wir mal die Wissenschaftler! Die können solche Fragen, so unser Befund, nur hypothetisch beantworten. Hypothetisch heißt: je nach theoriegeleiteten Wahrheitsansprüchen. »Die« Wissenschaft überfordert sich kraft Wahrheitsansprüchen selbst und wird ebendeshalb von ihrer Umwelt überfordert. Schön, das zu wissen.

Literaturhinweise

Die Ausdifferenzierung von Erkenntnisgewinn: Zur Genese von Wissenschaft. In: N. Stehr u. V. Meja (Hrsg.): Wissenssoziologie. Sonderheft 20 der *Kölner Zeitschrift für Soziologie und Sozialpsychologie*. Opladen (Westdeutscher Verlag), 1981, S. 101–139.

Erkenntnis als Konstruktion. In: Aufsätze und Reden. (Hrsg. v. O. Jahraus.) Stuttgart (Reclam), 1988, Nachdr. 2004, S. 218–242.

Die Praxis der Theorie. In: Soziologische Aufklärung 1. Aufsätze zur Theorie sozialer Systeme. Wiesbaden (Verlag für Sozialwissenschaften), 1969, 7. Aufl. 2004, S. 253–267.

Selbststeuerung der Wissenschaft. In: Soziologische Aufklärung 1. Aufsätze zur Theorie sozialer Systeme. Wiesbaden (Verlag für Sozialwissenschaften), 1968, 7. Aufl. 2004, S. 232–252.

Soziale Systeme. Grundriß einer allgemeinen Theorie. Frankfurt a. M. (Suhrkamp), 1984, 12. Aufl. 2006, S. 647–661.

Die Soziologie des Wissens: Probleme ihrer theoretischen Konstruktion. In: Gesellschaftsstruktur und Semantik. Studien zur Wissenssoziologie der modernen Gesellschaft. Bd. 4. Frankfurt a. M. (Suhrkamp), 1995, Nachdr. 1999, S. 151–180.

Theoretische und praktische Probleme der anwendungsbezogenen Sozialwissenschaft. In: Soziologische Aufklärung 3. Soziales System, Gesellschaft, Organisation. Wiesbaden (Verlag für Sozialwissenschaften), 1977, 4. Aufl. 2004, S. 321–334.

Die Wissenschaft der Gesellschaft. Frankfurt a. M. (Suhrkamp), 1990, 4. Aufl. 2002.

Gottesbeobachtung als teuflische Angelegenheit

Im christlichen Abendland ist die Sache mit Gott keine einfache Sache. Oder doch? Die einen glauben an Gott, die anderen nicht. Die an Gott glauben, scheinen es leicht zu haben. Natürlich gibt es Gott. Für sie ist Gott allgegenwärtig, immer und überall da. Alles, was in dieser Welt geschieht, entspricht dem Willen Gottes. Alles? Schicksalsschläge? Böses? Immerhin: Wenn Schicksalsschläge aller Art Gottes unerfindlichen Ratschlüssen zugerechnet werden, mag ihnen ein wenig der Stachel gezogen werden: Wenn's denn der Wille des Herrn ist. Aber auch: Wie kann Gott so etwas wollen!? Und das Böse? Eigentlich ist Gott dem Gläubigen der Inbegriff des Guten. Klar ist auch, dass es mit der offensichtlich von Gott in die Welt gesetzten Unterscheidung von gut und böse aufgegeben ist, selbst das Gute zu suchen und das Böse zu meiden. Kann das Böse ein Gutes sein? Schwer zu sagen. Im Namen Gottes wird gefoltert und gemordet. Wird Gottes Name lediglich missbraucht? Sollen die Kosten des eigenen Gewissens auf Gottes Konto umgebucht werden? Ja, es vermittelt Sicheres, Festes, sich auf etwas einlassen zu können, sich als an etwas unbedingt und verweisungssicher gebunden erleben zu können. Das zeichnet schließlich Religiosität aus. Stand nicht schon in meiner Konfirmationsbibel: »Verlaß dich auf den Herrn von ganzem Herzen, aber verlaß dich nicht auf deinen Verstand.«

Gehen wir die Sache grundlegender an. Wie gesagt: Für den Gläubigen ist die Existenz Gottes unzweifelhaft. Gott ist der Anfang. Im Anfang ist sein Wort. Die Schöpfungsgeschichte ist eine Geschichte, die mit Gott anfängt, ohne dass Gott selbst angefangen haben kann oder gar sein Ende denkbar wäre. Er ist der anfangslose Anfang. Er ist das endlose Ende. Er steht hinter allem, hinter der erfahrbaren und erlebbaren Welt in ihrer ganzen Vielfalt. Ist ja seine Schöpfung. Wie kann man das wissen? Natürlich durch die Offenbarung Gottes. Gott offenbart sich selbst und seinen Willen. Gewiss fragt man sich, wie er das macht und welchen Willen er offenbart. Er kennt dieses Dilemma und gibt sich entweder eine personalisierte Existenz oder/und überlässt es besonders Berufenen, z. B. Propheten, von seiner Existenz und seinem Willen zu zeugen, seiner Existenz Sichtbarkeit oder Erlebbarkeit und seinem Wort konkrete Form zu verleihen. Es liegt auf der

Hand, dass derartige Vermittlungen der Authentizität Gottes und seines wahren Willens nicht unbedingt auf Einheitlichkeit hinauslaufen. So stecken bereits in Unterscheidungen wie wahrer Wille und gut und böse kleine Teufeleien. Da bestritt etwa ein professoraler katholischer Theologe ex cathedra die Unfehlbarkeit des Papstes, sein Monopol der Auslegung des wahren Glaubens. Das war das Ende seiner Lehrtätigkeit. Oder: Kann die Unterscheidung von gut und böse selbst eine gute Unterscheidung sein? Wie sich dessen vergewissern? Hat Gott die fraglichen Unterscheidungen in die Welt gesetzt? Handelt es sich um Unterscheidungen seiner irdischen Unterscheidungsverwalter? Ist gar ein ungläubiger Beobachter am Werke? Gar der Teufel?

Uns soll nun weder die Frage nach der Vergewisserbarkeit des göttlichen Willens noch das Theodizeeproblem zuvorderst Gegenstand von Überlegungen sein, sondern die Beobachtung Gottes. Ein Wort zu Beobachtung. Beobachtung nennen wir im Folgenden die Unterscheidung und Bezeichnung (oder kurz: Unterscheidung) von etwas, was es ohne die nämliche Unterscheidung und Bezeichnung nicht gäbe. Es geht uns um die Unterscheidung Gottes. Gott kann, wie hier bereits als Beobachtungsfigur eingeführt, als sich selbst unterscheidend unterschieden werden. Unterschieden werden! Unmissverständlich: Gott unterscheidet sich als unterscheidungsunabhängig. Das ist paradox. Der blinde Fleck seiner Selbstunterscheidung ist gleichsam wegunterschieden worden. Nur dann ist zu sagen, dass Gott ohne blinden Fleck auskommt, durch nichts anderes als durch sich selbst ist und auch gar nicht anders sein kann. Die unterschiedene Stelle eines nicht unterscheidbaren Anfangs allen Anfangens wird mit der Unterscheidung Gott besetzt. Wohlgemerkt, eine nicht unterschiedene Stelle wird unterschieden. Ohne Unterscheidung läuft nichts, nicht einmal nichts. Schließlich hat Gott selbst der Schlange zum Leben verholfen, die Eva hat der Versuchung erliegen lassen, vom Baum der Erkenntnis zu essen. Diese teuflische Schlange! Dieses schwache Weib! Ja, die Beobachtung Gottes ist des Teufels. Freilich bleibt ungeklärt, ob Gott die Weisung zu beobachten in die Welt gesetzt hat oder ob Luhmann sich mit Spencer Brown angemaßt hat, an die Stelle Gottes den Unterscheidungsteufel zu setzen, selbst Gott zu spielen. So könnte man's sehen.

Versuchen wir es mit einer anderen Beobachtung, mit der Unterscheidung von Immanenz und Transzendenz. Denn das gesellschaftliche System der Religion operiert, systemtheoretisch gesehen, im Medium des Glaubens mit dem Code Immanenz/Transzendenz. Ohne weiteres wird man die Seite Transzendenz mit Gott besetzen können. Gott ist nicht von dieser Welt, wiewohl er hinter und in ihr steckt. Die Unterscheidung von Immanenz und Transzendenz verweist zum einen auf die Unterscheidung von vertraut und unvertraut und zum anderen auf die Unterscheidung von beobachtbar und unbeobachtbar. In dieser vertrauten und beobachtbaren Welt soll die unvertraute und unbeobachtbare Welt als vertraute und beobachtbare erfahrbar und erlebbar werden. Bezogen auf Gott: Er ist, wird in dieser Welt, also immanent, beobachtet als nicht von dieser Welt, als transzendent. Mehr noch. Er wird so beobachtet, als wäre er in der Transzendenz die Einheit von Immanenz und Transzendenz oder ihre transzendente Einheit. Religiosität erwiese sich als von solcher transzendenten Einheit her gedachte Immanenz. Der dahintersteckende Kunstgriff des *Reentry*, des Wiedereintritts einer Unterscheidung in sich selbst, macht solcherlei Beobachtung möglich. Nach wie vor ist der Unterscheidungsteufel am Werke. Sicher nur dann, wenn man kommunikativ Beobachtung erlaubt, in dieser Hinsicht keine Skrupel hat.

Wir sprachen vom gesellschaftlichen System der Religion. Diesem ist die exklusive gesellschaftliche Aufgabe zugewiesen, Kontingenz auszuschalten, d. h. der Negation von Notwendigkeit und Unmöglichkeit Form abzugewinnen, unbestimmte in bestimmbare Komplexität zu transformieren; man kann auch sagen, die Einheit der Differenz von vertraut und unvertraut im vertraut gewordenen Unvertrauten handhabbar zu machen. Und Gott symbolisiert die jeweilige dauerhafte Möglichkeit, alle Operationen in den Grenzen des religiösen Systems auf eine verlässliche Grundlage zu stellen. So fungiert Gott als Kontingenzformel des religiösen Systems, als sicherer Grund für die Orientierung religiöser Kommunikation. Nach wie vor ist es freigestellt, an Gott zu glauben, an seine Allgegenwart und Allzuständigkeit. Fatalerweise jetzt beschränkt auf religiöse Angelegenheiten. In der Politik, im Recht, in der Wissenschaft, in der Kunst, ja in der Schule ist es der Religion versagt, die jeweiligen Operationen primär zu führen. Selbstverständlich kann nach wie vor trotzdem überall und jederzeit in der Gesellschaft über Religion kommuniziert werden. Das aber wäre keine Kommunikation im Medium des Glaubens. Religiöse Kommunikation ist zu einem Reservat des Systems der Religion geworden. Nur hier lässt sich für das Heil der Seelen der Gläubigen arbeiten, lassen sich paradiesische Erlösungen im Jenseits anbieten.

Nur hier mag der Gläubige seinen Gott kommunikativ zu erreichen suchen. So unser Beobachtungsteufel.

Was bleibt dann als Mehrwert einer derartigen Umbettung von Religion und Religiosität? Nun, einerseits wird die unbeobachtbare Stelle Gott als unbeobachtbar beobachtbar gemacht, und zwar kaum merklich sogar so, dass sich diese Stelle als verschieden unbeobachtbar beobachtbar herausstellt. Es liegt dann am Glauben als Medium – codiert als Immanenz/Transzendenz mit Präferenz für Transzendenz – der Beobachtung Gottes, dass der Glaube verschieden ausfallen kann. Dann kann es nicht mehr nur den einen und keinen anderen Gott geben, es sei denn für den jeweiligen Gläubigen. Außer für den Gläubigen ist es aus mit der Weisung: »Ich bin der Herr, dein Gott [...]. Du sollst keine anderen Götter neben mir haben« (2. Mos. 20, 2–3). Man erkennt die Möglichkeit verschiedener Religionen als Angebot, sich auf verschiedenen Wegen im Vertrauten mit dem Unvertrauten vertraut zu machen. Sodann ist es nicht verwunderlich, wenn sich selbst innerhalb einer Religion verschiedene Wege zu Gott einrichten, wie es am Christentum und Islam gut zu studieren ist. Es wundert natürlich nicht weiter, wenn die eine oder andere Religion mit dem Anspruch auftritt, die einzig richtige zu sein. Die Folgen: Missionierungen, Kreuzzüge, gar Inquisition, Glaubenskriege, »heiliger Krieg«. Da rückte ein niederländischer Filmemacher christlichen Glaubens den teilweise nackten Körper einer Muslimin ins Bild, bedeckt mit einer die vermeintliche Unterdrückung der Frau im Islam aufdeckenden Inschrift. Welche Verletzung religiöser Gefühle! Das Todesurteil folgte auf dem Fuße. Ist diese ganze Produktpalette nicht schon wieder des Teufels? Ja! Kommunikation über Gott setzt Negation frei. Unser Teufel gönnt sich den Luxus, bei passender Gelegenheit »Nein« zu sagen.

Der Teufel krönt am Ende seine Arbeit. Die schlichte Weisung, eine Unterscheidung zu treffen, darunter die Unterscheidung einer nicht unterscheidbaren Unterscheidung, legt nicht einmal gleich auf Gott fest. Die Operation des Unterscheidens selbst ist schlicht gottlos, schiere Operation.

Literaturhinweise

Die Ausdifferenzierung der Religion. In: Gesellschaftsstruktur und Semantik. Studien zur Wissenssoziologie der modernen Gesellschaft. Bd. 3. Frankfurt a. M. (Suhrkamp), 1989, 2. Nachdr. 2004, S. 259–357.

Funktion der Religion. Frankfurt a. M. (Suhrkamp), 1977, 6. Aufl. 2004.

Religiöse Dogmatik und gesellschaftliche Evolution. In: K.-W. Dahm, N. Luhmann u. D. Stoodt: Religion. System und Sozialisation. Darmstadt u. a. (Luchterhand), 1972, S. 15–132.

Die Religion der Gesellschaft. (Hrsg. v. A. Kieserling.) Frankfurt a. M. (Suhrkamp), 2000, 2. Aufl. 2002.

Die Unterscheidung Gottes. In: Soziologische Aufklärung 4. Beiträge zur funktionalen Differenzierung der Gesellschaft. Wiesbaden (Verlag für Sozialwissenschaften), 1987, 3. Aufl. 2004, S. 236–253.

Die Weisung Gottes als Form der Freiheit. In: Soziologische Aufklärung 5. Konstruktivistische Perspektiven. Wiesbaden (Verlag für Sozialwissenschaften), 1990, 3. Aufl. 2004, S. 77–94.

»Das soll Kunst sein? Dass ich nicht lache!«

In unserem Wohnzimmer hängt ein größeres gerahmtes Bild einer uns bekannten und wohl vom Kunstbetrieb verkannten und deshalb unbekannten Künstlerin. Kann das Bild ein Kunstwerk sein?

Früher, in der Schule, mussten wir Bildbeschreibungen anfertigen. Da wurden einem fotomechanisch reproduzierte Bilder von »großen« Künstlern vorgelegt, meist ging es um Stillleben, Porträts, biblische Ereignisse, auch um Darstellungen menschlicher Laster und Tugenden. Vorausgesetzt war jeweils, dass es um Kunst, große Kunst, echte Kunst ging. Unsere Aufgabe war dann nur noch, genau das mündlich oder schriftlich zu bestätigen. Wie es sich für erziehenden Unterricht gehört, wurde selbstverständlich am Ende eine Aussage über die Aussage des Bildes erwartet: »Was will uns das Bild sagen?« Als ob das Bild sprechen könnte! »Was will uns der Maler sagen?!« Aha, der Maler kann durch das Bild sprechen. Man begann vorsichtig mit Äußerlichkeiten, etwa technischen, wie: Ölbild oder Aquarell. Da ließ sich kaum etwas falsch machen. Dann traute man sich zu sagen, dass da Früchte in einer auf einem Tisch stehenden Schale lagen, eine junge Frau geheimnisvoll lächelte oder der Teufel ein Paar bei der Befriedigung seiner Lust beobachtete. Das war schon mal was. Die Früchte lagen da freilich nicht einfach so rum, sondern erschienen durch besondere Farbgebung und Form der Anordnung in der Schale sich abzuheben von einem eher beiläufig mitgelieferten Hintergrund. Sehr schön, dieses Spiel mit Farben und Formen! Oder: eindrucksvoll diese feine Zeichnung der das in sich entspannt ruhende und trotzdem geheimnisvoll-tiefgründige Lächeln unterstützenden Gesichtszüge! Wie hier Wesentliches belichtet und gegen Unwesentliches abgesetzt wird! Oder: wie das Teuflische des Teufels so unmittelbar hervortritt und das Sündige animalischer Lustbefriedigung so recht eigentlich unterstreicht! Ei, der Teufel. Freilich: Wohlverstandene Ironie war fehl am Platze.

In den genannten und anderen Fällen war zweifellos immer ein Unterschied zwischen Bild und Gegenstand, abzubildender und abgebildeter Wirklichkeit gesetzt. Um bloße Abbildung von Wirklichkeit konnte es nicht gehen. Das leistet ja nicht einmal ein Foto. Gefragt ist Darstellung von etwas, von dem man annimmt, es sei eben so, wie es ist. Man denkt aber an wahrnehmungsnahe Darstellung, Darstellung von vertrauten Sachverhalten. Sicher, gekonnte Darstellung soll es schon sein, denn Kunst kommt schließlich von »können«. Nein, liebe Lehrer, so einfach liegen die Dinge nicht. Bei Tizian, Raffael, Leonardo, Dürer, Holbein, Rembrandt und Gauguin könnte das mit der weithin vertrauten Wirklichkeit noch irgendwie einleuchten, aber bei Picasso, Klee und Kandinsky? Oder gar bei Beuys? Darstellungen nehmen auf jeden Fall abstraktere Formen an, gerade noch irgendwie einen Blick auf das freilegend, was da gemeint sein könnte. Wir ersetzen jetzt Begriffe wie Abbildung oder Darstellung oder Beobachtung im herkömmlichen Sprachgebrauch durch einen umgeformten Begriff von Beobachtung als Zugriff auf Wirklichkeit, mit dem Wirklichkeit erst erzeugt, konstruiert wird. Mithin: Bereits Dürers Hase ist eine wirkliche Beobachtung von Beobachtbarem. Der Hase ist beobachtbar. Den kennt jeder. Es geht um eine sehr wahrnehmungsnah gebaute Beobachtung. Das Bild ist nicht der Hase. So wäre auch noch das geheimnisvolle Lächeln der »Mona Lisa« zu beobachten. Was wohl dahinterstecken mag? Aber »Guernica«? Ja, schon, trotz aller Abstraktheit auf das vermeintlich Wesentliche hin oder gar dessen Aufgehen in fast ununterscheidbarer katastrophischer Form. Was aber mit der Auflösung von Gegenständlichem in ein bloßes Spiel gegenständlich ungegenständlicher Formen und Farben, wie bei manchen Bildern von Kandinsky? Geht es hier noch um wahrnehmungsnahe Beobachtung von irgendwie noch vertrauter Wirklichkeit?

Allmählich dämmert's. Kunst, das Kunstwerk, ist unterschieden als eine Form der Beobachtung von Wirklichkeit, kann als Beobachtung Wirklichkeit jedoch nur konstruieren; das wirkliche Kunstwerk »ist« nicht die Wirklichkeit, die es beobachtet, und es kann nicht beschreiben, was wirklich »ist«. In diesem Sinne wird Unbeobachtbares beobachtet. Das geht gar nicht anders. Nichtbeobachtbares unterscheidet der Beobachter dann als Welt, sinnhafte Welt. Dann ist Kunst eine Form der Beobachtung des Nichtbeobachtbaren, von Welt, die ebendeshalb ganz verschieden beobachtbar ist, mit jeder Beobachtung als unbeobachtbare Welt erst erzeugt wird. Das schließt denn auch bloßes Spielen mit Formen ein. Ist deshalb aber jede Beobachtung von unbeobachtbarer Welt Kunst? Weltkunst gar? Offensichtlich nicht. Man hört landauf, landab, dass es der Jugend von heute viel besser gehe als der Jugend von früher. Das ist eine Beobachtung, die mit Kunst nichts zu tun hat. Kunst manifestiert sich in Kunstwerken, in externalisierten gegenständlichen wie ungegenständlichen Objekten: Gedichten, Bildern, Skulpturen, Sinfonien ... Nur Kunstwerke können Kunst sein: Und es geht nur dann um Kunstwerke, wenn es Werke sind, die darauf angelegt sind, wogegen sie sich nicht zu sträuben vermögen, sich der Beobachtung als Beobachtung von Welt auszusetzen. Jetzt erst geht es um Kunst. Das wiederum trifft sehr wohl auch auf Kandinsky und Beuys zu. Aber Beuys schön oder passend oder stimmig? »Das soll Kunst sein? Dass ich nicht lache!« Mal abwarten.

Ist, so fragen wir nun, Kunstbeobachtung bereits Kommunikation? Was kann Kommunikation im Medium der Kunst heißen? Kunstwerke gelten uns ebenso als Medium wie als Elemente des kommunikativen oder sozialen Systems der Kunst. So wie das Medium der Wahrheit verschiedene Wahrheiten ermöglicht, ermöglicht das Medium Kunstwerk verschiedene Kunstwerke. Kommunikation als Element eines sozialen Systems ist, wie wir wissen, definiert als Einheit der Differenz von: Information – Mitteilung – Verstehen. Auf unseren Fall übertragen: Ein Kunstwerk will verstanden sein, d. h., es verlangt jemanden, der die in das Kunstwerk eingearbeitete Beobachtung, die dadurch mitgeteilte Information, zu unterscheiden vermag. Das Kunstwerk selbst als externalisiertes gegenständliches (Bild) oder ungegenständliches (Orchesterklang) Objekt kann nicht sagen: »Ich symbolisiere die unergründliche Tiefe menschlicher Gemütsbewegungen.« Dazu benötigen wir wieder einen Beobachter. Das kann ein vom Künstler verschiedener Beobachter oder ein Künstler als Beobachter seiner selbst sein. Ersterer möge fragen: »Was will mir das Kunstwerk sagen?« Etwa: »So schön ist die Natur!« »So lasterhaft ist der Mensch!« »So kann man sich in der Unwirklichkeit der Vielfalt der Möglichkeiten der Welt verlieren!« Der Künstler zeigt sich etwa irritiert durch sein eigenes Kunstwerk: »Sagt es mir das, was es mir eigentlich sagen sollte?« Das Kunstwerk wäre jedenfalls ein kommunikatives Angebot, das angenommen oder abgelehnt werden kann. Leider sieht sich das Kunstwerk nicht in der Lage, seinerseits seine(n) Beobachter zu beobachten: »Du spinnst doch! Ich will die Tugendhaftigkeit des Lasters symbolisieren.« Also muss zur Kunstkommunikation die Kommunikation über Kunst unter den Beobachtern von Kunst gehören. Man stelle sich zwei Kunstinteressenten vor, die sich, in gebührendem Abstand vor einem Bild stehend, über die im Bild enthaltene Aussage unterhalten. Ich kann auch, wenn möglich, den Künstler fragen: »Was wolltest du eigentlich ausdrücken?« Wenn man

Pech hat, lautet die Antwort: »Nichts Bestimmtes. Ich wollte dich nur dazu anregen, dir selbst Fragen zu stellen.« Jetzt wird im Medium der Kunst, d. h. über Kunstwerke als Kommunikationen, kommuniziert. Jetzt hat sich Kunst als soziales Geschehen zu erkennen gegeben. Man sieht sofort, dass jede Kunstkommunikation eine eigene Realität von Kunst erzeugt: »Natürlich ist das Kunst. Da gibt's nichts zu lachen.« Kurzum: Kunst ist das, was im kommunikativen Kunstsystem mit stimmigen Kunstwerken als Elementen als Kunst beobachtet wird. Das ist auch den Werken von Beuys widerfahren.

Damit mag zufrieden sein, wer will. Wir wollen z. B. wissen, ob das Bild in unserem Wohnzimmer ein Kunstwerk ist. Wurde das Bild geschaffen, damit es beobachtet wird? Meine Frau und ich wissen, die Künstlerin hätte es auch in ihrem Keller liegenlassen (typisch brotlose Kunst), wenn es uns nicht irgendwie in die Hände gefallen wäre und beeindruckt hätte. Wir haben mit Kunst sonst nichts am Hut. Wurde das Bild fürs Beobachten geschaffen? Sicher, denn sonst wäre es nicht da. Das Bild selbst ist ziemlich abstrakt, in unruhigen Formen und gedämpften Farben gehalten, verströmt, wie wir meinen, eine belastend-bedrohliche Grundstimmung. Einblicke in eine geschundene Seele? Ist es das, was uns das Bild sagen will? Will es überhaupt etwas sagen? Die Künstlerin verneint einen bestimmten Anlass und eine bestimmte Botschaft: »Nein, ich wollte nichts Bestimmtes aussagen oder über mich sagen.« Das Bild wurde einfach so gemalt. Vielleicht auch nicht. Das sind nur Beobachtungen. Alles spricht dafür, dass es um Kunst geht. Das Kunstwerk ist auf dem Kunstmarkt gelandet (in Galerien muss es vorher nicht gesehen worden sein), sonst hätten wir Kunstbanausen es ja nicht in unserem Besitz. Wir finden das Bild schön, passend, stimmig. Ein echtes Kunstwerk, so das Ergebnis unserer Kommunikation. Nur die von uns verschiedene Kunstkritik als eine der Einrichtungen der Selbstbeobachtung des Kunstsystems hat sich noch nicht zu Wort gemeldet. Wer weiß, vielleicht kommt das noch. Kunst posthum, wie so oft?

Literaturhinweise

Die Ausdifferenzierung des Kunstsystems. Bern (Benteli), 1994.

Ist Kunst codierbar? In: Soziologische Aufklärung 3. Soziales System, Gesellschaft, Organisation. Wiesbaden (Verlag für Sozialwissenschaften), 1976, 4. Aufl. 2004, S. 245–266.

Die Kunst der Gesellschaft. Frankfurt a. M. (Suhrkamp), 1995, 5. Aufl. 2006.

Weltkunst. In: J. Gerhards (Hrsg.): Soziologie der Kunst. Produzenten, Vermittler und Rezipienten. Opladen (Westdeutscher Verlag), 1990, Nachdr. 1997, S. 55–102.

Das Kabelkalb. Ein Gespräch über Kunst. In: N. Luhman, F. D. Bunsen u. D. Baecker: Unbeobachtbare Welt. Bielefeld (Haux), 1990, S. 51 –66.

Wesenstest und Maulkorb oder: Wissen wir alles, was wir wissen, aus den Massenmedien? Woher sonst?

Ich habe verschiedene Bücher geschrieben. Das, was darin steht, musste ich zuvor zu Papier bringen oder/und mittels Textprogramm meinem Computer anvertrauen. Dann galt es, einen Verlag zu finden. Der Verlag ließ das Buch drucken und brachte es auf den Markt. Von dem Buch wurden mehr oder weniger Exemplare verkauft und bisweilen wohl auch gelesen. Das alles sind Banalitäten. Dahinter verbergen sich freilich einige folgenreiche evolutionäre Unwahrscheinlichkeiten. Den zur Massenherstellung tauglichen Buchdruck gibt es erst seit gut fünfeinhalb Jahrhunderten. Dieser setzte u. a. die Entwicklung von Schriftsprache und die Techniken des Schriftsatzes mit gegossenen Buchstaben und des Buchbindens voraus. Auch ohne eine gewisse Verbreitung von Lesefähigkeit hätte der Buchdruck kaum Sinn gehabt. Das Buch ist uns heute jedenfalls selbstverständliches Medium der Verbreitung von Informationen, von Wissen, ein Medium massenmedialer Kommunikation; das gilt auch für Medien wie Rundfunk, Film, Fernsehen, Computer. Massenmedial deshalb, weil viele, im Grenzfall nahezu alle für die entsprechend mitgeteilten Informationen erreichbar sind. Kommunikation deshalb, weil mitgeteilte Informationen verstehbar sind.

Wir haben es mit vielerlei Arten von Medien zu tun. Werfen wir zunächst einen kurzen Blick auf die massenmediale Kommunikation ermöglichenden physikalischen, technischen, elektronischen Medien. Massenmedien beanspruchen physikalische Medien oder Mittel der Übertragung von Informationen. Auf dem physikalischen Medium Papier lassen sich mittels physikalischer Medien (Druckerschwärze oder Tinte) unter Nutzung des Mediums optisch-räumlich geformter Zeichen (Buchstaben) ortsfest platzierte geformte Wörter als Medien anbringen, die in ihrer geformten Abfolge einen bestimmten Sinn ergeben. Wir haben eine Beanspruchung der Medien Sinn, Sprache, Schriftsprache vor uns. Die Medien der Druckpresse wie Bücher, Zeitungen, Zeitschriften müssen durch Raum und Zeit per Einsatz weiterer technischer oder elektronischer Medien (von der Postkutsche bis zum Düsenflieger, inzwischen auch als Downloads per Computer) zum potentiellen Nutzer transportiert werden. Die zuerst drahtlose und zunehmend wieder kabelverwendende und neuerlich wieder drahtlos-terristrische raumüberwindende und kaum zeitbeanspruchende Übertragung von Wörtern oder Bildern mittels der Medien Tonrundfunk (Radio), Ton- und Bildrundfunk (Fernsehen) oder Computer beansprucht etwa in das Medium Luft bzw. Glasfasern einzeichenbare Formen mittels des Mediums elektromagnetische Wellen unterschiedlicher Frequenz (Impulse). Die Adressaten benötigen ihrerseits technische Medien der Entschlüsselung (Radio, Fernseher, Decoder, Computer, Modem, TV-Karte). Wie die Sachverhalte auch immer genauer liegen mögen, hinter der massenmedialen Mitteilung von Informationen stehen ihrerseits mannigfache physikalische, technische, elektronische mediale Ermöglicher. Die Massenmedien selbst benutzen als einheitliches Medium Information(en) mit dem Code Information/Nichtinformation. Information ist der Akzeptanzwert. Das, was einen Unterschied macht, das ist eben das, was einen Unterschied macht, eine Information ist. Im Medium Information formen die Massenmedien unter Beanspruchung weiterer Medien wie vorzugsweise Sprache, Zeit und Raum bestimmte Informationen. Mit Sprache lässt sich alles sagen. »Die Welt wird immer undurchschaubarer.« Unsagbares ist sagbar: »Man kann gar nicht sagen, wie bedrohlich das ist.« Unter dem Aspekt von Zeit lassen sich gegenwärtig vergangenes Geschehen (Hamburger Sturmflut; 11. September), gegenwärtig ein gegenwärtiger Zustand (»So sieht sterbender Wald aus!«), laufendes gegenwärtiges Geschehen (Öffnung der Mauer; Big Brother; Livecam; »No Comment«), gegenwärtig mutmaßliches künftiges Geschehen (»Die Erhöhung der Tabaksteuer wird den Tabakkonsum senken«) darstellen. Räume werden real sichtbar (Platz des himmlischen Friedens) und erst recht Bewegungen von etwas in Raum und Zeit (der gefilmte Absturz der Concorde).

Massenmedien sind also Medien der Verbreitung von Kommunikationen. Sie machen, wie erwähnt, beinahe jeden für jede Information erreichbar. Die sich dieser Medien bedienenden Mitteiler von Informationen können bekannt oder unbekannt, einzelne sich selbst identifizierende oder nicht zu erkennen gebende personale Autoren sein. Zunehmend verbreitet sind quasipersonale *(dpa)* und als entpersonalisiert daherkommende Autorschaften (»Allgemein gilt ...«, »Wie wir alle wissen ...«). Adressaten sind meist bekannte (Abonnenten), unbekannte (Zielgruppen wie die »jungen Alten«) oder je situativ erreichbare unbekannte Gesamtheiten (das je interessierte Publikum) natürlicher oder kollektiver Personen. Die Adressaten sind nur erreichbar, wenn sie ihrerseits die Möglichkeit haben, auf relativ dauerhaft verfügbare unveränderte (Bücher, bespielte Tonträger, im Computer gespeicherte bzw. über ihn abrufbare gespeicherte Dateien) oder als neu etikettierte Mitteilungen (Zeitungen, Rundfunk, Fernsehen, Handy) zurückgreifen zu können. Hinsichtlich der verschiedenen Sinndimensionen gibt es Distanzgewinne – insbesondere im Vergleich zu interaktiven Situationen – zwischen Autorschaften und Adressatenkreisen. D. h.: Körperliche Abwesenheiten erlauben es, fast alles mitzuteilen (Sachdimension von Sinn). Von der sozialen Einbettung der Autoren und der Adressaten kann weitestgehend abgesehen werden (soziale Dimension von Sinn). Jeder ist im Prinzip jederzeit irgendwie erreichbar (Zeitdimension von Sinn). Räumliche Entfernungen spielen keine Rolle mehr (Raumdimension von Sinn).

Noch könnte man den Eindruck gewinnen, massenmedial würden einfach Informationen transportiert. Wir müssen allerdings das Sender-Empfänger-Modell durch ein anders gestricktes Kommunikationsmodell ersetzen. Um Kommunikation geht es, wenn eine durch einen Autor mitgeteilte Information durch einen Adressaten erst als mitgeteilte Information unterschieden wird. Warum irritiert Luhmann seine Leser mit dem Satz: »Es gibt Systeme«, obwohl er doch weiß, dass Systeme keinerlei Seinsformat haben? »Ach so, um genau das zu sagen.« Warum wird die so schön »Maschendrahtzaun« aussprechende Sächsin ins Bild gerückt und warum so und nicht anders? »Um zu zeigen, wie kleinformatig manche Probleme des Alltags sind?« Auf eine mitgeteilte Information wird reagiert. Wie man sieht, ist die Beteiligung an Kommunikation der Job der Massenmedien. Die ganze Sache hat jedoch einen Haken. Massenmedien als kommunikatives oder soziales System operieren real im Medium der Information, das allein ihr Medium als autopoietisch operierendes System ist. Das ist ihre Realität. Massenmedien operieren real als Formgeber im Medium der Information. Sie erzeugen das, was für sie Realität ist. Weil sie das auswählen oder unterscheiden, was für sie Information ist. Weil sie unterstellen, dass das, was sie für Information halten, für ihr Publikum ebenfalls Information ist; als wollte ihr Publikum die Dinge so und nicht anders sehen. Man steht vor einem Instrukt, das leicht als Konstrukt zu enttarnen ist. Jedenfalls dient den Massenmedien die Öffentlichkeit, die interne Umwelt des Gesellschaftssystems, die sie als ihre

Umwelt unterscheiden (in der Form ihres Publikums), als dasjenige Medium, in dem sie sich hinsichtlich ihrer Formgebungsarbeit (Selektionsgeschichte) beobachten (Fremdreferenz) und deren Formung durch sie selbst (Selbstreferenz) sie im Normallauf ihres Operierens als ihren blinden Fleck behandeln (müssen). Kein Moderator sagt, dass er das, was er sagt, deshalb sagt, weil das Publikum das erwartet. Auf diese Weise übernehmen die Massenmedien zugleich die Funktion der Repräsentation von Öffentlichkeit. Die von ihnen immer schon aufgegriffenen, ihr Systemgedächtnis formenden und darin in der Form von Schemata und Skripten verwalteten Themen erhalten den Stellenwert allgemeinen Akzeptiertseins. Ein paar Illustrationen dazu: Kultur (ein großer Denker, ein bedeutender Lyriker, Nobelpreisträger, ein gutes Buch), Schutz des Lebens und Bewahrung von Gesundheit (Aids, Kinderschänder, Kampfhunde, BSE, Diät), Wertewandel (es geht um die wirklichen Dinge im Leben – und nun Boris), Umweltschutz (Waldsterben, »Brent Spar« – leckgeschlagener Seelenverkäufer mit Ölladung), Armut (schlimm, schlimm und immer wieder erwähnenswert), Resozialisation (versteht sich, aber nicht bei Kinderschändung) usw. Oder: In einem zuerst 1972 aufgelegten, weitverbreiteten Lehrbuch zur Industriebetriebslehre steht: »Die Anreiz-Beitrags-Theorie ist mausetot.« Seither ist das so. Leben Totgesagte vielleicht doch länger? Im *Weser-Kurier* stand am 22.01.2001: »Frauen können besser genießen.« Das habe eine wissenschaftliche Untersuchung (natürlich eines Psychologen) ergeben. Sozialisation sei der Grund. Es lebe der Mehrwert sozial konstruierter Weiblichkeit! Oder? Vor der Sommerolympiade in Sydney 2000 ging's den Massenmedien nur um Medaillenhoffnungen. Wessen? Der Öffentlichkeit? Der Journalisten? Und dann diese Enttäuschung. Wer hat Schuld? Natürlich die Athleten und ihre Funktionäre – und die Öffentlichkeit.

Aufgeregtheit ist nicht angesagt. Die Massenmedien waschen ihre Hände in Unschuld. Sie tun doch nur, was sie tun müssen: etwa objektiv über Tatsachen informieren. Ihre Selbsttäuschung vermögen sie nicht zu durchschauen, ihr Publikum auch nicht. Außerdem: Verstehen mag, wer verstehen will. Niemand wird gezwungen, Luhmann zu lesen, die *FAZ* zu studieren oder *Spiegel-TV* einzuschalten. Es zeichnet sich ein raffiniertes Doppelspiel ab. Grundsätzlich steht allen Adressaten ein und dieselbe Autorschaft gegenüber. Das riecht nach Uniformierung. Grundsätzlich unterscheidet sich jeder Adressat als solcher und je spezifisch zwischen Information und Mitteilung.

Mit Identität muss man sich selbst versorgen. Das riecht nach Freiheit und (kollektiver) Individualisierung. Außerdem sind da noch die erfolgreich benutzten Schemata. Hatte der Beobachter Luhmann bei seinen Beobachtungen seine potentiellen Beobachter mit ihren üblichen Beobachtungen im Visier? Die Beobachter Luhmanns fragen sich, ob die Realität, mit der sie da konfrontiert werden, zu ihrer Realität passt. Muss man umlernen? In der *FAZ* stand dies oder das, auf jeden Fall Erhebliches. Muss ich das kennen, wenn ich mitreden will? Usw. Gibt's da Manipulationen? So läuft gesellschaftliche Selbstbeobachtung. Das Systemgedächtnis ist zäh. Zugleich ist zu sehen, dass alles veraltet – zwangsläufig. Wie sieht es mit Luhmanns Halbwertzeit aus? Nichts ist so alt wie die Zeitung von gestern. Wer weiß noch, was gestern in der Tagesschau berichtet wurde? Unaufgeregte Normalität interessiert normalerweise nicht. Entsprechend ist Neuheit (oder nur Aktualität des vermeintlich immer schon Geltenden?) das Gütezeichen massenmedialer Kommunikation. Abweichende Beobachtungen haben es nicht leicht.

Darf man so wie Luhmann und sein Beobachter Krause über Massenmedien reden? Würde man statt irritierender Hinweise auf blindes massenmediales Beobachten nicht eher Beschreibungen ihrer hehren Aufgaben erwarten?: der höheren öffentlich-rechtlichen Wahrheit verpflichtet; Pflicht zur objektiv-neutralen Berichterstattung; Bereitstellen von Entscheidungshilfen; Befriedung des Bedürfnisses nach guter Unterhaltung; Hinweise auf Probleme, die nun mal nicht zu übersehen sind; Kennzeichnung von bloßen Meinungen; Anmahnungen von Werten und Moralität; Aufklärung gar usw. Wissen wir wirklich alles, was wir wissen, aus den Massenmedien? Wo sonst könnte die Quelle allen Wissens liegen, wenn nicht in der Kommunikation, zumal in der massenmedialen, zumal in der nicht unerheblich massenmedial inspirierten interaktiven? In Bremen erfahre ich aus verschiedenen Massenmedien, dass in Hamburg ein Kampfhund ein Kind totgebissen hat. Selbst habe ich das nicht erlebt. Ich erfahre viel über vermeintliche Gründe (die Natur des Hundes, Bissstärken, Hundeerziehung und -erzieher) und mögliche Abhilfen (Wesenstest, Umerziehung, Maulkorbzwang, Tötung). Oder: Sind nicht auch die Lektüre von Literatur jeder Art und der sogenannte gepflegte interaktive Diskurs letztlich gespeist durch Wissen, das selbstsozialisiert wurde, wieder aus Büchern, Diskursen und dergleichen stammt, ein vermeintlich belesener Professor oder Luhmann von sich gibt? Unzweifelhaft entstammt ein guter Teil unseres alltäglichen Wissens der Teilnahme an massenmedialer Kommunikation. Erst recht ist unser wissenschaftliches Wissen weithin Bücherwissen oder sonstwie in Schriftform verbreitetes Wissen. Auch wenn man's nicht unbedingt wahrhaben möchte. Und alles Wissen ist nun einmal konstruiertes Wissen. Auch dieses.

Literaturhinweise

Die Gesellschaft der Gesellschaft. 2 Bände. Frankfurt a. M. (Suhrkamp), 1997, 6. Aufl. 2006, S. 1096–1109.

Die Politik der Gesellschaft. (Hrsg. v. A. Kieserling.) Frankfurt a. M. (Suhrkamp), 2000, 3. Aufl. 2006, S. 303–312.

Die Realität der Massenmedien. Wiesbaden (Verlag für Sozialwissenschaften), 1995,3. Aufl. 2004.

Statistische Depression. Zahlen in den Massenmedien. In: P. Gente, H. Paris u. M. Weinmann (Hrsg.): Niklas Luhmann. Short Cuts. Frankfurt a. M. (Zweitausendeins), 1996, 4. Aufl. 2002, S. 107–112.

Veränderungen im System gesellschaftlicher Kommunikation und die Massenmedien. In: Soziologische Aufklärung 3. Soziales System, Gesellschaft, Organisation. Wiesbaden (Verlag für Sozialwissenschaften), 1975, 4. Aufl. 2004, S. 309–320.

Wer oder was ändert hier eigentlich wen oder was? Zur Desillusionierung von Eltern, Lehrern, Managern, Therapeuten und Soziologen

Kann man jemanden ändern, seine Ansichten über Gott und die Welt, seine Einstellung zum Schwangerschaftsabbruch, seine Lernhaltung? Kann man die Gesellschaft ändern, verbessern? Oder: Kann man sich bzw. kann die Gesellschaft sich selbst ändern? Schließlich sagt man ja: »Du musst dich ändern!« Auch: »Ich werde mich ändern.« »Die Gesellschaft muss verändert werden.« Auch: »Die Gesellschaft muss sich ändern!« In allen Fällen ist Intervention angesagt, in irgendjemanden oder irgendetwas durch irgendjemanden oder irgendetwas. Man denkt gleich an Therapie, Technik bzw. Technologie, Beratung, Steuerung und dergleichen. Zu unterscheiden wären grob die Formen der Personenänderung und der Änderung sozialer Systeme. Typische soziale Veränderungssituationen wären Sozialisation, Erziehung, Einzel-, Gruppen-, Familientherapie, Personal- und Organisationsberatung bzw. -entwicklung und politische Steuerung.

Intervention bedarf der Aufdeckung eines Problems mit der Implikation von Problemlösung. Kleinformatiges dazu: »Die Effizienz der Lehre wird erhöht, wenn Professoren von Studenten evaluiert werden.« »Sie müssen Ihr Knowledge-Management ausbauen, wenn Sie innovativer werden wollen.« »Ich helfe Ihnen herauszufinden, was Sie selbst wollen.« »Ich kann Ihnen nicht helfen. Sie müssen sich selbst helfen.« »Sie haben den unbewussten Wunsch, mit Ihrer Mutter zu schlafen. Ihr Nein bestätigt nur, dass sie den unbewussten Wunsch haben.« »Sie haben das Problem, dass Sie Ihr Problem nicht als Problem erkennen. Bleiben Sie dabei!« Oder: Ich habe mir schon oft vorgenommen, im Seminar nicht so schnell und so vieles einschließend zu reden. Vergeblich. Kann ich diesem Problem abhelfen? Schwerlich. Wer oder was blockiert hier was? Mich mein Unterbewusstsein als aktuell nicht erinnerbarer Teil meines Gedächtnisses? Könnte mir ein Therapeut helfen? Oder: Ich rede im Seminar über Luhmann. Ich nehme an, dass das, was ich sage, von den Anwesenden verstanden wird, diesen klar ist, wie ich was warum unterscheide. Fragende Gesichter. »Die haben dich wieder mal nicht verstanden! Dabei könnten sie, wenn sie doch nur verstünden, das Verstandene in den erinnerbaren Bestand ihres Gedächtnisses packen und fürderhin sich selbst und alles andere umso trefflicher sehen.« Kann ich so einfach in eine Gesamtheit von Personen intervenieren? Muss ich einen Hochschuldidaktiker zu Rate ziehen? Oder: Es wird behauptet, wenn »die« Wissenschaft »der« Gesellschaft nur genug brauchbares Wissen anbietet, dann lassen sich unser aller Lebensbedingungen zum Besseren wenden. Intervention der Gesellschaft in sich selbst? Soziologie als Gesellschaftstherapie? Immerhin: Die *Grünen* hat's gegeben! Jetzt sind sie nachgedunkelt. Falls sich trotzdem etwas geändert haben sollte: Können das die *Grünen* oder kann das die Gesellschaft auf ihre Fahnen schreiben? Nachfragen sind erforderlich.

Nach dem überlieferten Interventionsmodell gibt es mehr oder weniger irrtumsfreies Wissen über Weltsachverhalte jeder Art – das, was »ist« –, mit dessen Hilfe es möglich ist, Abweichungen dessen, was nicht so ist, wie es eigentlich sein müsste, zu erkennen und in Anwendung mehr oder weniger gesicherten Wissens über Abweichungsvermeidungen oder -minderungen zu beseitigen oder zu begrenzen. Kurz: Probleme sind erkennbar und lösbar. Diesem erkenntnisgewissen oder cartesischen Modell der Intervention stellen wir das Beobachtungsmodell der Intervention gegenüber. Als Beobachten setzen wir ein: in einem das Unterscheiden und Bezeichnen von etwas, was es ohne diesen Akt nicht gäbe. Danach erzeugt jeder Beobachter mit seinen Beobachtungen das, was der Fall ist, z. B. ein Problem. Ferner beobachten wir den Beobachter als System. Als System lassen wir ihn das beobachten, was sich vermöge seiner Elemente selbst in Abgrenzung zu dem erzeugt, was nicht zu ihm gehört. Ein solches autopoietisches System kann nun nicht unmittelbar in ein anderes System eingreifen. Davon können wir inzwischen ausgehen. Was kann dann noch Intervention heißen? Nun, in der Situation, in der ein Lehrer einen Schüler tadelt oder lobt, haben wir ein eigenes soziales System in der Form eines Interaktionssystems vor uns. Auch Eltern-Kinder- und Berater-Klienten-Beziehungen sind von dieser Art. An einem solchen System sind, genauer gefasst, psychische Systeme in personaler Form beteiligt, in der Form von Lehrern, Schülern usw. Personen rechnen einander Verhalten, ja Verhaltensgründe zu. Jede kommunikativ an fremdes oder eigenes Verhalten gerichtete Zumutung ist dann eine Intervention. Soweit man sich Adresseure und Adressaten als personalisiert denken kann, in der Form von Personen und Organisationen, spräche somit eigentlich nichts gegen ihre wechselseitige Erreichbarkeit. Eltern können also ihre Kinder erziehen, Lehrer ihren Schülern etwas beibringen, Personalberater die Mitarbeiter neu motivieren und Unternehmensberater die Unternehmensorganisation umkrempeln, Soziologen die Welt verbessern. Lehrer: »Peter, wenn du weiterhin versuchst, von deinem Nachbarn abzuschreiben, lernst du es nie, Aufgaben selbstständig zu lösen.« Doch Vorsicht! Ungeachtet des möglichen personalen Aufeinander-Bezug-Nehmens bleibt einem psychischem System A (z. B. des Lehrers) ein psychisches System B (z. B. Peters) fremd; die beiden Beteiligten haben lediglich Vorstellungen voneinander und davon, wie sie sich aufeinander beziehen. Der Zugang eines Lehrers zu seinen Schülern ist lediglich eine interaktiv oder kommunikativ erzeugte Fiktion, die kontrafaktisch durchgehalten wird. Der Soziologe mag glauben – im Sinne von imaginieren! –, die Gesellschaft zu erreichen, etwa über das Bewusstsein der Menschen, da die Gesellschaft selbst keine Adresse hat: »Jeder von uns sollte zur Linderung der Armut in unserer Gesellschaft beitragen.«

Noch stehen weitere Fragen offen. Wenn Peter künftig nicht mehr abschreibt, hat dann der Lehrer Peter verändert, oder hat sich Peter selbst verändert? Wenn die Armut in der Gesellschaft abgenommen hat, hat dann der Soziologe die Gesellschaft verändert oder die Gesellschaft sich selbst? Greifen wir auf unser Kommunikationsmodell zurück. An Kommunikationen in der Form von Personen beteiligte psychische Systeme verstehen, d. h. unterscheiden je für sich zwischen Mitteilung und Information. Das verstehende System bezieht sich auf dieser Grundlage selbstbezüglich auf das, was es als für sich in seiner Umwelt informationell relevant unterscheidet. In diesem Sinne kann Systemänderung immer nur Selbständerung eines Systems sein. Von wem oder von wo aus auch immer die Impulse ausgehen mögen, die ein System verhaltensrelevant irritieren. Nicht der Lehrer ändert den Schüler, sondern der Schüler sich selbst. Nicht der Schüler ändert den Lehrer, sondern der Lehrer ändert sich selbst. Alle Sozialisation ist Selbstsozialisation. Daran ändert die durchgehaltene Fiktion eines intervenierenden Systems, es habe eine beabsichtigte Änderung tatsächlich bewirkt, nichts. Lehrer: »Na siehste, es geht doch.« Das betrifft auch die durchgehaltene Fiktion des intervenierten Systems, es habe sich gemäß Intervention geändert. Schüler: »Wenn ich Sie nicht hätte.« An alldem ändert ferner auch noch so starker struktureller Umweltdruck nichts. Nicht der Soziologe ändert die Gesellschaft, sondern die Gesellschaft sich selbst. Der Soziologe: »Die Gesellschaft lässt Kindern mit migrantem Hintergrund keine Bildungs- und damit Integrationschance. Ändert das über individualisierte vorschulische Sprachförderung.« Übersetzung: »Ihr da an den Schaltstellen von Entscheidungen über das Erziehungs- bzw. Bildungssystem, ändert euch bzw. eure Entscheidungsprogramme, damit die Kinder mit migrantem Hintergrund sich selbst ändern können, so sie's denn wollen können.«

Da man nicht wirklich zureichend wissen kann, was Interventionen letztendlich auslösen, erweisen sie sich als eine höchst riskante Angelegenheit. Hinterher ist es immer leicht, zu sagen, das, was eingetreten sei, sei auch gewollt worden oder zu erwarten gewesen. Trotzdem wird laufend, wie es scheint, sogar zunehmend interveniert. »Es gibt viel zu tun. Packen wir's an.« »Innoviert, innoviert. Das ist: Moses und die Propheten.« Auch wird Intervention in der Absicht der Sicherung selbstreferentieller Autonomie nachgefragt. »Ich will endlich wissen, wer ich bin.« Und: Wenn man schon keine Probleme hat, dann macht man ebendas zum Problem. Wofür gibt es denn Psychologen, Berater, Therapeuten, Soziologen ...!? Sogar Interventionsverzichten kann der Stempel von Interventionen aufgedrückt werden: »Der Staat sollte sich weniger einmischen; dann kommt's zu einer sich selbst tragenden Aufbruchstimmung.« Mit der Illusion, unmittelbar intervenieren zu können, kann man, wie es scheint, ganz gut leben. Desillusionierung mag dann zu einem behutsameren Umgang mit den bestens gepflegten Illusionen führen.

Literaturhinweise

Erziehung als Formung des Lebenslaufs. In: D. Lenzen u. N. Luhmann (Hrsg.): Bildung und Weiterbildung im Erziehungssystem. Lebenslauf und Humanontogenese als Medium und Form. Frankfurt a. M. (Suhrkamp), 1997, S. 11–29.

Das Erziehungssystem der Gesellschaft. (Hrsg. v. D. Lenzen.) Frankfurt a. M. (Suhrkamp), 2002, Nachdr. 2003, S. 48–81.

Glück und Unglück der Kommunikation in Familien: Zur Genese von Pathologien. In: Soziologische Aufklärung 5. Konstruktivistische Perspektiven. Wiesbaden (Verlag für Sozialwissenschaften), 1990, 3. Aufl. 2004, S. 218–227.

Interventionen in die Gesellschaft? Die Gesellschaft kann nur kommunizieren. in: G. de Haan (Hrsg.): Umweltbewußtsein und Massenmedien. Perspektiven ökologischer Kommunikation. Berlin (Akademie), 1995, S. 37–45.

Das Kind als Medium der Erziehung. Frankfurt a. M. (Suhrkamp), 1991, Neudr. 2006.

Kommunikationssperren in der Unternehmensberatung. in: N. Luhmann u. P. Fuchs: Reden und Schweigen. Frankfurt a. M. (Suhrkamp), 1989, 4. Aufl. 2001, S. 209–227.

Politische Steuerung. Ein Diskussionsbeitrag. *Politische Vierteljahresschrift* 1989, 30 (1): 4–9.

Therapeutische Systeme – Fragen an Niklas Luhmann. In: F. B. Simon (Hrsg.): Lebende Systeme. Wirklichkeitskonstruktionen in der systemischen Therapie. Berlin/Heidelberg/New York u. a. (Springer), 1988, S. 124–138.

Die Wissenschaft der Gesellschaft. Frankfurt a. M. (Suhrkamp), 1990, 4. Aufl. 2002, S. 648–653.

Liebe. Ein riskantes soziales Geschäft!

»Ich liebe dich!« – »Ich liebe dich auch!« Es scheint um Gefühle zu gehen, die zwei Menschen füreinander empfinden und deren sie sich wechselseitig vergewissern. Es müssen, wenn schon Gefühle, besondere Gefühle sein, angenehme, solche, die, wie es Poeten so ausdrücken, zwei Seelen zur Einheit verschmelzen, augenblicklich als unbedingt und unendlich empfunden. Ob darauf nicht bereits ein Schatten fällt, wenn's kommuniziert wird? Und ist das nicht viel zu eng und zu psychologisch gefasst?

Spannen wir erst einmal einen weiten Rahmen für alles das auf, was so als Liebe firmiert: romantische Liebe, Gattenliebe, Partnerliebe, hetero- und homosexuelle Liebe, Eltern- und Kinderliebe, Selbst- und Nächstenliebe, Geschwisterliebe, Gottesliebe, erfüllte bzw. unerfüllte Liebe, das Lieben der Liebe ... Umstandslos können wir deshalb Liebe als ein besonderes Medium betrachten, eben als eine Menge von Möglichkeiten, verschiedene Arten von Liebe zu unterscheiden, die ihrerseits weiter unterscheidbar sind. Gottesliebe kann z. B. recht verschiedene Formen annehmen. Das alles erscheint nicht weiter ungewöhnlich. Der gemeinsame Nenner Liebe bereitet jedoch gewisse Sorgen. Sind jeweils lediglich psychische Befindlichkeiten angesprochen? Irgendwie schon, wenn man einen seine Liebe erlebenden Menschen im Auge hat. Ich empfinde Liebe für meine Frau und auch für meine Kinder. Man mag aus der Liebe zu sich selbst oder zu seinem Nächsten oder zu Gott innere Befriedigung erfahren. Das Burgfräulein mag ob der schönen Lieder zur Laute des Minnesängers dahinschmelzen. Zweifel regen sich, ob's damit sein Bewenden haben kann. Irgendwie ist bei Liebe doch nicht gerade selten an eine zweiseitige Beziehung gedacht, an einen Liebenden und eine Geliebte und umgekehrt. Mindestens sind alle Arten von Liebe als einseitig erlebte Zweierbeziehungen vorstellbar. Liebt meine Frau mich auch? Ich denke schon. Liebt mich Gott auch, so wie ich ihn liebe? Wie das herausfinden? Lieben Minnesänger und Burgfräulein einander? Eher nicht. Geht es also um wechselseitige psychische Befindlichkeiten? Sicher nicht in allen Fällen.

Als Soziologen interessiert uns zuallererst die Frage, ob wir Liebe auch als soziale Veranstaltung zu begreifen vermögen. Das erfordert, Liebe als eine eigenständige Form wechselseitigen Aufeinander-Bezug-Nehmens einzusetzen, als Form jeweils einseitig bestätigter Zweiseitigkeit, kurz als soziale Form. Wir verstehen ab sofort unter Liebe keine rein psychischen bzw. seelischen oder/und gleichsam entsozialisierten ideellen bzw. transzendenten Angelegenheiten. Darum könnte es zwar gehen, denn sonst wären ja die entsprechend geformten Beobachtungen im Medium der Liebe nicht verfügbar. Hier ließen sich vielleicht platonische und Gottesliebe platzieren. Liebe sei aber stattdessen in einem ersten Schritt als entsozialisierte soziale Beziehung vorgestellt. »Soziale Beziehung« soll schlicht heißen, dass Liebende sich in besonderer Weise wechselseitig kommunikativ ihrer Liebe versichern, was schließlich ihr Aufeinander-Bezug-Nehmen als einen eigenen, wir sagen: emergenten Sachverhalt unterscheidbar macht. »Entsozialisiert« soll heißen, dass gesellschaftliche Differenzierung bereits so weit fortgeschritten ist, dass Liebesbeziehungen als von allen möglichen gesellschaftlichen Rücksichten freigesetzt zu beobachten sind. Nicht die Familie sucht den Partner aus und hofft, die Liebe werde sich schon einstellen. Die möglichen Partner müssen nicht aus der gleichen sozialen Schicht kommen; gegen Aufwärtsmobilität in dieser Hinsicht ist nichts einzuwenden. Zufall ist heute in Anspruch zu nehmen. Dem kann auf die Sprünge geholfen werden: In der Disco steigen die Chancen. »Entsozialisiert« meint außerdem, dass Liebende nicht mehr der Zumutung ausgesetzt sind, als Keimzelle der Familie die Keimzelle der Gesellschaft in der Gesellschaft zu bilden. Liebesbeziehungen, nicht: Liebende sind in die Gesellschaft eingeschlossen, aktualisieren Gesellschaft, ohne für die Gesellschaft noch irgendwelche besondere Funktionen zu erfüllen.

Was sicher bleibt, ist die schiere Reduktion von Liebe auf eine soziale Intimbeziehung, vermittelt durch das Medium der Liebe. Greifen wir jetzt auf die uns inzwischen hinlänglich vertraute Unterscheidung Mensch als Einheit der Differenz von körperlichem und psychischem System sowie auf die Unterscheidung von psychischem und sozialem System zurück. Dann ergibt sich: Die gemeinte Intimbeziehung setzt mindestens zwei einander unzugängige autopoietische psychische Systeme voraus. Die psychischen Systeme sind in der Form von Personen an einem sie als Adresse referierenden eigenen sozialen System in der besonderen Form eines interaktiven Intimsystems beteiligt. Kommunikation erfordert »nur« kommunikative Erreichbarkeit, Intimkommunikation wechselseitige Erreichbarkeit. Fragen tauchen auf. Gott als an Liebe personal beteiligtes psychisches System? Kaum. Kann Gott mich kommunikativ erreichen? Nicht wirklich. Gottesliebe, Selbstliebe, Nächstenliebe signieren keine Intimbeziehungen im hier gemeinten Sinne. Minnesänger und Burgfräulein bleiben irgendwie noch im Geschäft. Zur Intimkommunikation gehört jedoch noch mehr – man staune, bewegen wir uns doch auf systemtheoretischem Glatteis –, nämlich die wechselseitige Berücksichtigung aller als nicht kommunikativ und kommunikativ unterscheidbaren und darüber kommunikativ zugängigen Merkmale des jeweils anderen. Beide müssen sich praktisch als eins erlebend erleben. Wir sprechen von Komplettberücksichtigung, darin, wie wir gleich sehen werden, Körperliches eingeschlossen. Die Burgherrin mag darauf hoffen, dass die Lieder zur Laute niemals enden mögen. Erleben als Einheit? In gewisser Weise sicherlich. Aber Komplettberücksichtigung? Eltern lieben normalerweise ihre Kinder, aber doch nicht so komplett, wie sie sich als Eltern lieben, wenn sie sich noch lieben. Komplettberücksichtigungen verlangen Anwesenheit. Der Nächste ist meist weit weg, und Gott steht bestenfalls für anwesende Abwesenheit.

Geblieben sind Paarbeziehungen als Liebesbeziehungen, als Formen romantischer Liebe, die noch so etwas wie einer irdischen Deckung bedürfen. Wir argumentieren: Psychische Systeme nehmen etwas wahr, was sie als ihren Körper unterscheiden. Die Körper, Konglomerate von Systemen des Lebens, gehören in die Umwelt psychischer Systeme. Soweit die psychischen Systeme in personalisierter Form an einem interaktiven Intimsystem beteiligt sind – und sie sind derart beteiligt, sobald sie sich als Liebende erleben –, beobachten sie auch ihren Körper, auch unter dem Gesichtspunkt von Sexualität als einer besonderen Form körperlichen Verhaltens. So komisch sich das anhört, wechselseitiges Erleben von Körperlichkeit im Allgemeinen und von Sexualität im Besonderen sind hier beobachtet als soziale Sachverhalte, denn wie die psychischen Systeme nicht ineinander einzugreifen vermögen, so auch nicht die Körper – ein Narr, der dabei an biologischen Kontakt denkt. Die Erfüllung eher kommunikationsfrei wahrgenommenen und möglichst kommunikationsarm kommunizierten Begehrens der körperlichen Nähe oder die Erfüllung körperlichen als sexuellen Begehrens gehört zur Liebe, ist so eine Art Deckungsgarantie romantischer Liebe, die vererdet und auch dadurch moderne Liebe wird. Jetzt sind auch Minnesänger und Burgherrin vollends aus dem Geschäft. Ginge mit rein körperlicher Liebe so etwas wie Komplettberücksichtigung der beteiligten Personen einher? Eher nicht. Also keine Liebe. Andererseits setzt Liebe nicht differente Geschlechtlichkeit voraus, es sei denn, man erweist gesellschaftlichen Moralisierungen Referenz.

Wir haben Liebe beobachtet als eine im Medium der Liebe geformte zwischenmenschliche Beziehung. Liebe ist hiernach zunächst unterschieden als ein formbares Medium. Dieses unterscheidet eine Liebesbeziehung als eine besondere zwischenmenschliche Beziehung. Die zwischenmenschliche Beziehung ihrerseits hat die Form eines sozialen Systems in der Form eines interaktiven Intimsystems, an dem, vereinfacht gesagt, Menschen in der Form von Personen mit besonderen, exklusiven, wechselseitigen, über Erleben und Handeln laufenden, komplettberücksichtigenden kommunikativen Zumutungen beteiligt sind. Das, was hier Liebe genannt wird, ist eine hochriskante soziale Veranstaltung. Das ist leicht zu erkennen. Der Himmel hängt meist nicht lange voller Geigen. Schon die ach so spontanen Liebesbeweise, die beliebten roten Rosen außer der Reihe, nähren Motivverdacht: »Ob er mich wirklich (noch) liebt?« Thematisierung von Liebe kann Gift für die Liebe sein: »Ich liebe dich!« Oder als Floskel: »Habe ich dir heute schon gesagt, dass ich dich liebe!?« Ganz zu schweigen von der Rede über unerfüllte sexuelle Interessen. Es gibt, wie sich alsbald zeigt, von Anfang an zu viel pauschalen Einschluss von Merkmalen des jeweils anderen – wir sprachen von Komplettberücksichtigung –, die nicht nachhaltig mit dem Mantel der Liebe zugedeckt werden können; von den natürlich mitspielenden inneren Befindlichkeiten der beteiligten psychischen Systeme ganz abgesehen. Liebesbeziehungen werden im Himmel geknüpft, im Auto lösen sie sich: »Wie du bloß einparkst. Typisch Frau.« Deshalb ist enthemmte, komplettberücksichtigende Intimkommunikation von Anfang an zu enthemmen, z. B. durch Schweigen, eine Form beredter Kommunikation von Nichtkommunikation. Es sei beachtet, dass jede Kommunikation eine Intervention ist. Muss man unbedingt sagen, was einem auf der Zunge liegt? Muss man unbedingt über alles reden, was den einen oder anderen so bewegt? Vor allem hilft wohl die Strukturierung von Liebe, die Formung eines Liebesgedächtnisses, eine Liebesgeschichte. Obwohl gerade Intimkommunikation wahrnehmungsnah mündlich gebaut ist, was ganz gut fürs Vergessen ist (»Dein Genörgel geht mir langsam auf den Keks.« – das vergisst sich meist schnell), wird das Erinnern umso dringlicher: »Weißt du noch damals, wir zwei beiden.«

Auch diesbezüglich stumme Kommunikation mag wirken. Man sieht sich an und weiß, was Sache ist. Kritisch wird's nach einem: »Schließlich haben wir uns mal geliebt!« Dann steht das Ende der Liebe ins Haus.

Literaturhinweise

Darum Liebe. Interview mit D. Baecker. In: P. Gente, H. Paris u. M. Weinmann (Hrsg.): Niklas Luhmann. Short Cuts. Frankfurt a. M. (Zweitausendeins), 1983, 4. Aufl. 2002, S. 135–149.

Einführende Bemerkungen zu einer Theorie symbolisch generalisierter Kommunikationsmedien. In: Soziologische Aufklärung 2. Aufsätze zur Theorie der Gesellschaft. Wiesbaden (Verlag für Sozialwissenschaften), 1974, 5. Aufl. 2004, S. 170–192.

Knappheit, Geld und die bürgerliche Gesellschaft. *Jahrbuch für Sozialwissenschaft* 1972, 23 (2): 186–210, bes. 204–206.

Liebe als Passion. Zur Codierung von Intimität. Frankfurt a. M. (Suhrkamp), 1982, 8. Aufl. 2004.

Soziale Systeme. Grundriß einer allgemeinen Theorie. Frankfurt a. M. (Suhrkamp), 1984, 12. Aufl. 2006, S. 303–311.

Sozialsystem Familie. In: Soziologische Aufklärung 5. Konstruktivistische Perspektiven. Wiesbaden (Verlag für Sozialwissenschaften), 1988, 3. Aufl. 2004, S. 196–217.

Soziologie der Moral. In: N. Luhmann u. H. Pfürtner (Hrsg.): Theorietechnik und Moral. Frankfurt a. M. (Suhrkamp), 1978, S. 8–116, bes. 69–73.

Draußen vor der Tür: Einschluss durch Ausschluss

An anderer Stelle hatten wir bereits dargelegt, in welchem Sinne unseres Erachtens Menschen nicht in Gesellschaft vorkommen. Dem wollen wir hier hinsichtlich verschiedener Formen gesellschaftlicher Differenzierung unter dem Blickwinkel von sozialer Integration weiter nachspüren.

Drei Annahmen dirigieren unser Verständnis von Sozialintegration: Erstens ist Bezugsadresse die Gesellschaft. Es geht also entsprechend der Unterscheidung der sozialen Differenzierungsformen Interaktion, Organisation und Gesellschaft nicht in erster Linie um die Möglichkeiten der Teilhabe an Interaktionen und Organisationen, sondern um die Teilhabe an Gesellschaft, um Einschluss (Inklusion) in die und um Ausschluss (Exklusion) aus der Gesellschaft. Zweitens ist Einschluss als ein Formbegriff zu sehen, der zurückgeht auf eine Zwei-Seiten-Unterscheidung mit der Innen- und Anschlussseite Einschluss und der Außen- und Nichtanschlussseite Ausschluss. Die Unterscheidung von Einschluss wäre informationslos, fehlte die Unterscheidung von Ausschluss. Drittens sind Einschluss des Menschen in die Gesellschaft und Ausschluss des Menschen aus der Gesellschaft entweder zu sehen bezogen auf den ganzen Menschen oder auf den Menschen als kommunikative Adresse in der sozialen Form der Person. Diese Einschluss-/Ausschlussunterscheidung ersetzt am Ende die überlieferte, wesentlich noch moralisch, normativ, wertmäßig, vernunftmäßig, konsensuell unterfütterte Unterscheidung von Sozialintegration.

Wie werden nun die Menschen vor die gesellschaftliche Tür gesetzt? Blicken wir dazu auf drei typische Formen gesellschaftlicher Differenzierung: segmentäre, schichtmäßige und funktionale. Bei segmentärer gesellschaftlicher Differenzierung wird der als Einheit begriffene Mensch über Zugehörigkeiten zu segmentären Kleinsteinheiten in Form von Wohn- oder Lebensgemeinschaften unmittelbar in ein übergreifendes Segment wie Stamm oder Clan u. Ä. eingeschlossen. Die Segmente und ihre Elemente sind im Wesentlichen sozial homogen. Deshalb ist diese Form der Sozialintegration beschreibbar nach dem Ganzes-Teil-Schema. Ausschluss nimmt entsprechend typisch die Form des Ausschlusses des ganzen Menschen an, in Formen wie Stammeswechsel, Verstoßung, Raub, Tötung. Man könnte insgesamt die Unterscheidung Totaleinschluss/-ausschluss handhaben. Bei schichtmäßiger gesellschaftlicher Differenzierung kommt es ansatzweise, bei funktionaler gesellschaftlicher Differenzierung vollends zu einer einschneidenden Veränderung. Zunächst erhält der Mensch seinen Platz in der Gesellschaft über die Zugehörigkeit zu einem Haushalt (im Sinne von *oikos, familia*, ökonomischer Einheit) als Segment innerhalb einer bestimmten Schicht. Schichtzugehörigkeit reicht aus für personale Fremd- und Selbstadressierung. Man weiß, wer man und wer wer ist und welchen Erwartungen zu genügen ist. Zugehörigkeit zu einer bestimmten Schicht heißt im Normalfall Ausschluss der Möglichkeit der Zugehörigkeit zu einer der anderen Schichten; jedenfalls sind Schichtwechsel typischerweise nicht vorgesehen. Wer dagegen die in der Zeit sich ausweitende Möglichkeit des Schichtwechsels erhält (man denke an Nobilitierungen), der ist fortan aus der Herkunftsschicht eher ausgeschlossen. Dies ist eine erste Form des Ausschlusses des Menschen aus der Gesellschaft in der Gesellschaft. Innerhalb der Schichten und zwischen ihnen wiederholt sich das Einschluss-/Ausschlussspiel: Wer keinem Haushalt o. Ä. angehört, haushaltslose Person ist, da gibt es bekanntlich zahlreiche Formen, der ist mit dem Ausschluss aus der Schicht in dem Sinne aus der Gesellschaft in der Gesellschaft ausgeschlossen, als soziale Beziehungen auf Einseitigkeit umgestellt oder Reziprozitätsbeziehungen unterbrochen werden. Üblicherweise werden einseitige soziale Beziehungen also aufrechterhalten; man gibt z. B. Bettlern, Gauklern, Vaganten usw. Bereits im Übergang zu funktionaler gesellschaftlicher Differenzierung und bei ihrer noch ungleichen, unvollständigen oder ungleichgewichtigen Durchsetzung zeichnet sich ab, dass die verhältnismäßig dauerhafte Zugehörigkeit eines Menschen zu einem Kleinstsegment (Haushalt, Familie) oder seine Einbindung in einen wesentlich standes- bzw. herkunftsmäßig vermittelten Zusammenhang brüchig wird, immer weniger und schließlich zu wenig über die Möglichkeiten seiner Teilnahme an Gesellschaft aussagt. Gleichwohl greifen noch einmal gesellschaftliche Selbstbeschreibungsfiguren wie Freiheit und Gleichheit der Menschen in der Form von Individuen und dann Subjekten. Diese Beschreibungen sind der paradoxen Vorstellung eines unterschiedslosen gesellschaftlichen Einschlusses aller in ihrer Unteilbarkeit gleichen und freien sowie in ihrer Einzigartigkeit verschiedenen Individuen oder Subjekte verpflichtet.

Den Sprung zu veränderten Einschluss-/Ausschlussformen bei funktionaler gesellschaftlicher Differenzierung bereiten wir vor, indem wir die sich bereits ankündigende Auflösung der Einheit des Menschen (z. B. bürgerliches Individuum, Subjekt) gleich auf die Spitze treiben. Wir lösen die als Mensch bezeichnete Einheit in die als psychisches oder Bewusstseinssystem und Körper oder System des Lebens bezeichneten Einheiten auf. Wir setzen an die Stelle Mensch als Einheit des Sozialen Kommunikation als soziale Einheit. Wir erfinden die völlig abstrakte, von allen Konnotationen mit Mensch und Persönlichkeit befreite Beobachtungsfigur Person als jenen Gesichtspunkt, der von Gesellschaft aus das Verwiesensein auf die Beteiligung psychischer Systeme und von den psychischen Systemen aus das Verwiesensein auf Gesellschaft beobachtbar macht. Damit ist die in Systeme aufgespaltene Einheit Mensch in die Umwelt der Gesellschaft versetzt. In der Form von Person verschafft sie sich wieder Zutritt. Das nennen wir Einschluss durch Ausschluss (Inklusion durch Exklusion). In der überwiegend funktional differenzierten Gesellschaft ist der Ausschluss universell, betrifft alle; aber der universell mögliche Einschluss ist nur von Fall zu Fall, nur partiell oder selektiv möglich. Jeder kann Geld ausgeben, in der personalen Form des Konsumenten am wirtschaftlichen System der Gesellschaft teilnehmen. Wenn er es kann bzw. will. Jeder kann wählen, in der personalen Form des Wählers am politischen System der Gesellschaft teilnehmen. Wenn er es kann bzw. will. Jeder kann ein Recht einklagen, in der personalen Form des Klägers am rechtlichen System der Gesellschaft teilnehmen. Wenn er es kann bzw. will. Usw. Stets geht es um grundsätzlich unbeschränkte Möglichkeiten der Teilnahme an oder des Einschlusses in Gesellschaft in ausgewählten Hinsichten. Funktionale gesellschaftliche Differenzierung ersetzt den Volleinschluss durch zeitweilige und nicht redundante selektive als unbeschränkt mögliche Einschlüsse: Jeder muss in verschiedenen Hinsichten erst zeigen, wer er ist und was von ihm zu erwarten ist.

Sogleich ist weitverbreiteten Missverständnissen ein Riegel vorzuschieben. Überwiegende funktionale gesellschaftliche Differenzierung schließt eine verwirrende Vielfalt anderer innergesellschaftlicher Einschluss- und Ausschlussmöglichkeiten ein. Nur die wichtigsten seien kurz aufgelistet. Haushalte und Familien, Unternehmen, Schulen und Gerichte usw. sind durchaus als soziale Einheiten segmentären Zuschnitts zu betrachten: Funktionale schließt segmentäre Differenzierung ein. Klassen, Schichten (Schichten jetzt im heute geläufigen Verständnis) oder Milieus signalisieren unverkennbar sozial verschiedene bis ungleiche Einschlüsse, wenngleich mit mehr oder minder ausgefransten Übergangsbereichen: Funktionale Differenzierung schließt schichtmäßige Differenzierung ein. Weitere Auffälligkeiten: Da gibt es z. B., was funktionale Teilsysteme betrifft, außerhalb von ihnen, zwischen ihnen und innerhalb von ihnen Interaktionssysteme, die Nichtanwesende ausschließen (wie z. B. Stammtischgespräch, Frühstückskartell, Projektgruppe): Funktionale Differenzierung schließt interaktive Differenzierung ein. Da gibt es insbesondere allenthalben organisierte Sozialsysteme, bei denen Mitgliedschaft geradezu auf dem Ausschluss vom Einschluss durch Ausschluss beruht: Funktionale Differenzierung schließt organisationale Differenzierung ein. Da gibt es z. B. soziale Netzwerke in der Form von Nutzfreundschaften oder Korruptionen. Diese fungieren wie Ausfallbürgschaften für nicht mehr zureichende haushaltlich-familiale Einschließungen und damit für fehlende Mehrfachabsicherungen. Es kann nur zahlen, wer zahlen kann. Fällt Zahlungsfähigkeit vorübergehend oder dauerhaft(er) aus, fällt leicht auch die Möglichkeit aus, sein Kind zu einer weiterführenden Schule zu schicken oder mangels Rechtsschutzversicherung ein Recht einklagen zu können. Und am Rande der Gesellschaft geht es – in beachtlichem Ausmaß wohl nur in weniger entwickelten bzw. sich auf funktionale Differenzierung hin bewegenden Gesellschaften – nur noch um die Sicherung physischen Überlebens, da in fast allen funktionalen Hinsichten auf Grund negativer Redundanzen (keine Arbeit – kein Geld – keine Wohnung – kaum Nahrung) insoweit die Teilnahme an Gesellschaft in der Gesellschaft verwerfungsreich durchbrochen ist. Überhaupt ist zu sehen, dass sich funktionale gesellschaftliche Differenzierung selbst mit Dysfunktionalitäten versorgt.

Man kann für den Fall funktionaler gesellschaftlicher Differenzierung verallgemeinern: Funktionaler Einschluss schließt schwach ein, integriert sozial schwach. Funktionaler Ausschluss schließt stark aus, integriert sozial stark. Wenn ich will, kann ich bei *Penny* einkaufen: schwacher Einschluss. Nach dem Einkauf bei *Penny* bin ich wieder draußen: schwache soziale Integration. Wer im Gefängnis sitzt, kann nicht bei *Penny* einkaufen: starker Ausschluss. Dafür ist der Gefängnisinsasse unentrinnbar den kommunikativen Zumutungen innerhalb einer sozialen Subkultur ausgesetzt: starke soziale Integration. Nach wie vor gilt jedoch, dass im Ausschlussbereich Sozialität nicht vollständig ausfällt. Den Hungernden ist zu helfen und den Benachteiligten eine Perspektive zu eröffnen. Die Gesellschaft behandelt schließlich die durch sie selbst unbeabsichtigt bewirkten Wirkungen negativer sozialer Integration (schwache soziale Integration) wie Verstöße gegen sich selbst – jeder soll sich schwach integrieren können –, die Selbsttherapierung oder Resozialisierung anmahnen. Man mag gar die Ausdifferenzierung eigener sekundärer Systeme beobachten, die darauf spezialisiert ist, funktional mit den dysfunktionalen Folgen funktionaler Differenzierung umzugehen: System sozialer Hilfe (Rückbau der Minderung von Chancen auf gesellschaftliche Teilhabe), System des Protests (gegen soziale Segregierungen). Die meisten können die im Haus der Gesellschaft errichteten Türen öffnen. Vor den im Haus der Gesellschaft errichteten Türen stehen aber auch immer wieder so manche, deren Einlassbegehren ein Riegel vorgeschoben ist. Daran ist grundsätzlich nichts zu ändern; es sei denn, man setzt auf die kommunistische Fiktion.

Literaturhinweise

Frühneuzeitliche Anthropologie. Theorietechnische Lösungen für ein Evolutionsproblem der Gesellschaft. In: Gesellschaftsstruktur und Semantik. Studien zur Wissenssoziologie der modernen Gesellschaft. Bd. 1. Frankfurt a. M. (Suhrkamp), 1980, Nachdr. 2004, S. 162–234.

Die Gesellschaft der Gesellschaft. 2 Bände. Frankfurt a. M. (Suhrkamp), 1997, 6. Aufl. 2006, S. 609–634.

Inklusion und Exklusion. In: Soziologische Aufklärung 6. Die Soziologie und der Mensch. Wiesbaden (Verlag für Sozialwissenschaften), 1994, 2. Aufl. 2004, S. 237–264.

Kausalität im Süden. Soziale Systeme 1995, 1 (1): 7–28.

Politische Theorie im Wohlfahrtsstaat. München (Olzog), 1981, S. 25–32.

Unmenschlich und unsozial? Das ist hier die Frage!

Schrecklich diese Systemtheorie. Menschen sollen darin keinen prominenten Platz mehr haben. Sie beklage nicht das Leid der Menschen in der Welt. Der Gesichtspunkt von wahrhaft gelebter Individualität in Sozialität sei ihr abhandengekommen bzw. verkommen zur substanzlosen Floskel von kommunikativen Erreichbarkeiten. Soziale Ungleichheit sei ihr ein Fremdwort. Das kann doch alles nicht wahr sein! Fragen wir zuerst nach einigen üblichen Unterscheidungen von menschlich/unmenschlich und sozial/unsozial und setzen dann unsere veränderten Unterscheidungen dagegen.

Alltägliche Kommunikation handhabt wie selbstverständlich die Unterscheidung menschlich/unmenschlich, die ihrerseits auf der fraglosen Unterscheidung Mensch aufruht. Eigentlich müsste bekannt sein, was das ist, was da als Mensch und auf diesen bezogen als menschlich unterschieden wird. Es scheint um einen Seinssachverhalt zu gehen. Natürlich, so sagt man, gibt es Menschen. Schließlich sind wir alle Menschen. Das hilft nicht viel weiter. Es bedarf weiterer Unterscheidungen des Menschen, z. B. als Lebewesen, als animiertes Lebewesen, als im Unterschied zum Tier besonders animiertes Lebewesen, als Einheit von Körper und Geist oder so ähnlich, schließlich als verstandes- bzw. vernunftfähiges Lebewesen. Das Menschliche am Menschen scheint etwas zu sein, oder: zur Natur des Menschen scheint zu gehören, was mit der Möglichkeit dieses besonderen Lebewesens zu tun hat, sich irgendwie seiner selbst vergewissern zu können, sich eben kraft seiner Fähigkeit zur Selbstvergewisserung von etwas unterscheiden zu können, dem die nämliche Qualität nicht zugeschrieben wird, z. B. dem Tier, ob man's wirklich wissen kann oder nicht. Mindestens Trieb- oder Instinktbeherrschung ist angesagt. Doch: »Wie die Tiere stürzen sie sich auf das kalte Buffet!« Animalische Lust bricht sich Bahn: »Das große Fressen.« Doch: Menschen fügen einander unsägliches Leid zu, töten einander. Zu den menschlichen Unmenschlichkeiten gehören etwa Tötungen Neugeborener in ursprünglichen Gesellschaften, Menschenfresser, bittere Stammeskämpfe, Kriege, Atombombenabwürfe, Raubmörder, unfassliche Eifersuchtstaten, Messerstecher, nachlässige Mütter, Kinderschänder. Das kann's nicht sein. Vielleicht geht es nur um Irrungen und Wirrungen, die das wahrhaft Menschliche des Menschen nur verdecken.

Also fragen wir, ob mit der besagten Fähigkeit zur Selbstvergewisserung ein freundlicheres, sozial zu nennendes Menschenbild kompatibel ist. Wie die Unterscheidung menschlich/unmenschlich wird ja die Unterscheidung sozial/unsozial wie selbstverständlich gehandhabt. Was wäre dann das Soziale am Menschen? Ist an einen Menschen zu denken, der nur insoweit an sich selbst denkt, seine Verwirklichung im Auge hat, als er die nämliche Möglichkeit zugleich für alle anderen Menschen garantiert sehen möchte? Man denke nur an den wahrhaft gutgemeinten kategorischen Imperativ. Und dann werden im Namen der Vernunft, ja der Menschlichkeit schlechthin, Todesstrafen vollstreckt, Kriege geführt (Nato-Einsatz in Jugoslawien, sogar die *Grünen* waren dafür), Menschenleben gegeneinander aufgewogen. Ideologien, d. h. je systematische Vorstellungen des im Namen der Menschlichkeit zu Erstrebenden, geben den Deckmantel für unvorstellbare, menschenverachtende Grausamkeiten ab: Kinderkreuzzüge, Holocaust, Archipel Gulag, Kulturrevolution, Rote Khmer unter Pol Pot, Srebenica usw. Oder ist, um einen anderen Ausgangspunkt zu wählen, der seiner selbst mächtige Mensch derart bedacht auf sein Wohl, dass dadurch das Wohl aller anderen Menschen irgendwie befördert wird und entsprechend die anderen Menschen zu seinem Wohl beitragen? Man denke nur an Smith' unsichtbare soziale und wirtschaftliche Hand oder an Rawls' gerechte Welt. Wie kann es dann so viel selbstisches Verhalten auf Kosten anderer, vor allem aber so viel Armut, so viel soziale Ungerechtigkeit und Ungleichheit geben? Da gab es einst die soziale Frage. Neuerdings entdeckte man die alte Armut neu, thematisierte neue Armut, neue soziale Ungleichheiten. Viel erheblicher: Menschen, Kinder insbesondere, verhungern in den armen Ländern unserer Welt. Große Teile der Weltbevölkerung leben unter menschenunwürdigen Bedingungen, können nur mit Mühe überleben. Von fehlenden Möglichkeiten der Selbstgestaltung eines Lebens in Freiheit und Würde ganz abgesehen. In unseren Tagen wird der Hauptschuldige für derartige sich vermeintlich ausweitende missliche Verhältnisse unter dem Titel Globalisierung in Haft genommen. Wirtschaftliche Weltvergesellschaftung vor allem erscheint als eine unmenschliche, weil unsoziale Veranstaltung.

So einfach ist es mithin nicht, das spezifisch Menschliche des Menschen, seine Natur, sein Wesen herauszupräparieren. Dabei hilft es nicht viel weiter, sogleich das Menschliche am seiner selbst gewissen Menschen als etwas Soziales herauszukehren, sei es in Form seiner Sozialnatur, sei es in Form von Gleichheit oder Ungleichheit bezüglich seiner Teilhabe an Gesellschaft. Setzen wir folglich anders an. In einem ersten Schritt lösen wir in der uns im Einzelnen längst vertrauten Weise die Bezugseinheit Mensch auf. Ja, es ist an der Zeit, vom Menschen, vom menschlichen Menschen Abschied zu nehmen. »Ich bin ein Mensch.« »Es gibt Menschen.« »Seien wir doch menschlich!« Sätze dieser Art wären als der Unterscheidung von Sein/Nichtsein geschuldete Unterscheidungen des Seienden zu unterscheiden. Dagegen sei die Unterscheidung gesetzt, dass es als Einheit nichts gibt, was dem unterschiedenen Begriff Mensch entspricht. Wir lösen die Einheit Mensch in die Einheiten Körper als System des Lebens und psychisches System als sinnverwendendes System auf. Auch der Bezeichnung psychisches System entspricht nichts, was es ohne diese Bezeichnung gäbe. Als mit Gedanken operierendes System kann das psychische System Gedanken über den Menschen und Menschlichkeit, über Soziales und Unsoziales, über soziale Gleichheit und Ungleichheit produzieren. Produzieren, d. h. als Konstrukte erzeugen. Diese Produkte sind Einzelprodukte. Was ich so bei mir denke, ist im Augenblick des Denkens nur für mich und sonst überhaupt nicht erheblich und schon gar nicht für jemand anderen zugänglich. Mit der so vollzogenen Einheitsauflösung ist uno actu die Verabschiedung des Menschen als Bauelement des Sozialen, von Sozialität, vollzogen. Der freigewordene Platz wird nicht mit der Einheit psychisches System besetzt. Wir fügen vielmehr, wie uns ebenfalls hinlänglich vertraut, Kommunikationen als Elemente von Sozialität, als Elemente sozialer Systeme, ein. Werden Gedanken psychischer Systeme kommunikativ geltend gemacht bzw. kommunikativ geltend gemachte Gedanken von psychischen Systemen in Anspruch genommen, haben wir es mit sozialen Konstrukten zu tun, z. B. von Menschlichkeit und Sozialität. Es gilt dann das als menschlich oder unmenschlich bzw. sozial oder unsozial bzw. sozial gleich und sozial ungleich, was mehr oder weniger erfolgreich so kommuniziert wird. Selbstredend sind kommunikative Zusammenhänge, soziale Systeme sagen wir, nicht mehr einfach als zwischenmenschliche Beziehungen auszuweisen, setzte dies doch die Einheit Mensch voraus. Was für eine Gesellschaft, die weder aus Menschen noch aus zwischenmenschlichen Beziehungen gebaut ist! Eine unmenschliche Gesellschaft?

Dramatisches ist behauptet worden. Gesellschaft ist von Grund auf unmenschlich. Klassisch gesehen mindestens dann, wenn der Mensch es schwer hat, in ihr zu überleben oder in ihr eine menschenwürdige Existenz zu führen, was auch immer das jeweils heißen mag. Gesellschaft ist von Grund auf unsozial. Klassisch gesehen mindestens dann, wenn die Möglichkeiten der Teilhabe des Menschen an Gesellschaft ungleich verteilt sind oder bestimmten sozialen Mindeststandards nicht entsprechen. Noch dramatischer: Gesellschaft kann nur unmenschlich sein, wenn sie gar nicht mehr aus Menschen besteht, so beobachtet wird. Selbst die einleitend aufgelisteten Einwände scheinen zu tragen. Der Mensch ist wohl noch da, aber reduziert auf eine Einheit der Differenz von Körper und psychischem System und außerdem außerhalb des Sozialen, von Gesellschaft, geparkt. Sozialität ist uns nicht abhandengekommen. Sie wird aber erst durch die Hintertür der temporären Beteiligung psychischer Systeme in der Form von Personen an sozialen Systemen und damit deren Konstitution in inhaltsleerer, kalter Form eingeführt. Soziale Ungleichheiten finden tatsächlich eher weniger Beachtung, wenngleich sie sich markiert finden als Ungleichheiten zwischen sozialen Segmenten und Schichten, als ungleiche reale Chancen formal gleicher Möglichkeiten der Beteiligung an sozialen Systemen und auch als Gegenstand sozialer Hilfssysteme.

Wenden wir das vordergründig negativ Wirkende ins Positive. Sehen wir dabei nur auf die funktional differenzierte Gesellschaft. Die Differenz von Mensch und Gesellschaft und die Auflösung der Einheit des Menschen gesetzt, ermöglicht der Einschluss durch Ausschluss der empirisch gedachten Einheit Mensch aus der Gesellschaft dieser selbst bislang nicht mögliche, sozial grundsätzlich unbeschränkte Beteiligungen, und dies, ohne mit der jeweiligen Beteiligung hinsichtlich anderer Beteiligungen unmittelbar festgelegt zu sein. Welcher Überschuss an Möglichkeiten! Man kann, muss sich aber nicht beteiligen. Ich kann, wenn ich will, ein Buch lesen, in eine Männergruppe gehen, mich mit Freunden treffen, mit Arbeitskollegen reden usw. Ich kann, wenn ich will, bei *Penny* einkaufen, meinen Nachbarn verklagen, Studierenden etwas über soziale Ungleichheiten erzählen usw. Ist das nicht in höchstem Maße menschlich und sozial! Doch diesem hochriskanten Spiel mag wiederum der Stempel der Unmenschlichkeit aufgedrückt werden, jedenfalls, wenn man Einheit statt Differenz haben will. Und soziale Ungleichheit? Diese ist in den Einschluss durch

Ausschluss eingeschlossen. Welche Beschränkung von Möglichkeiten! Man kann sich nur so beteiligen, wie man sich beteiligen kann. Wie könnte das anders sein! Für Gleichheit ist der Preis der Ungleichheit zu entrichten. Habe ich keine Freunde, kann ich mich auch nicht mit ihnen treffen. Mangels Geld kann ich bei *Penny* nichts oder nicht das kaufen, was ich möchte. Der Vorgesetzte hat nun mal die Macht, seinen Untergebenen Weisungen zu erteilen. Usw. Unmenschlich und unsozial?! Was ist zu tun?

Meist kommen Vorschläge daher, die in ihrer Rechnung dem Differenzwirt bisweilen zu wenig Ehre erweisen, die formalen Beteiligungsmöglichkeiten materialrechtlich zu unterfüttern im Sinn haben, und zwar etwa in Form der Ausstattung der Menschen mit unveräußerlichen Rechten. Hier haben Menschenrechte, Rechte gemäß Sozialcharta u. Ä. ihren Ort. Politiker, Sozialethiker, Soziologen und Globalisierungsgegner haben soziale Gerechtigkeit auf ihre Fahnen geschrieben. Offen ist dann, ob gemäß Anspruch die Unmenschlichkeit des Einschlusses durch Ausschluss bekämpft oder uneingestandenermaßen klammheimlich seine Menschlichkeit gestärkt werden soll. Oder ist gar an den Rückbau funktionaler Differenzierung im Sinne des Papstes und Bourdieus (oder im Sinne des Jahrhundertflutsatzes: »In der Not rücken die Menschen wieder näher zusammen«) zugunsten eher totaler Inklusion (an Gefängnisse und Altenheime mag man da nicht denken, zumindest, wenn man kein Narr ist) gedacht? Sollte man trotz des missglückten kommunistischen Experiments widerspenstig auf eine zweite entsprechende Chance setzen? Man weiß es nicht so recht. Immerhin schließt der Einschluss durch Ausschluss es beileibe nicht aus, soziale Ungleichheit zu beobachten, mutmaßlich mit bedachteren Beobachtungsergebnissen, und zu enttäuschungsfreierer Bekämpfung freizugeben. Und sei es im Namen der Menschlichkeit.

Literaturhinweise

Die Differenzierung von Interaktion und Gesellschaft. Probleme der sozialen Solidarität. In: R. Kopp (Hrsg.): Solidarität in der Welt der 80er Jahre. Leistungsgesellschaft und Sozialstaat. Basel/Frankfurt a. M. (Helbing und Lichtenhahn), 1984, S. 79–96.

Evolution – kein Menschenbild. Die Gesellschaft besteht nicht aus Menschen. *Ethik und Unterricht* 1994, 5: 14–18.

Frühneuzeitliche Anthropologie. Theorietechnische Lösungen für ein Evolutionsproblem der Gesellschaft. In: Gesellschaftsstruktur und Semantik. Studien zur Wissenssoziologie der modernen Gesellschaft. Bd. 1. Frankfurt a. M. (Suhrkamp), 1980, Nachdr. 2004, S. 162–234.

Die Gesellschaft der Gesellschaft. 2 Bände. Frankfurt a. M. (Suhrkamp), 1997, 6. Aufl. 2006, S. 609–618, 772–776, 1055–1060.

Inklusion und Exklusion. In: Soziologische Aufklärung 6. Die Soziologie und der Mensch. Wiesbaden (Verlag für Sozialwissenschaften), 1994, 2. Aufl. 2004, S. 237–264.

Kapital und Arbeit. Probleme einer Unterscheidung. In: J. Berger (Hrsg.): Die Moderne – Kontinuitäten und Zäsuren. Sonderband 4 der Zeitschrift *Soziale Welt*. Göttingen (Otto Schwartz), 1986, S. 57–78.

Kausalität im Süden. Soziale Systeme 1995, 1 (1) 7–28

Zum Begriff der sozialen Klasse. In: N. Luhmann (Hrsg.): Soziale Differenzierung. Zur Geschichte einer Idee. Opladen (Westdeutscher Verlag), 1985, S. 119–162.

Unstet und flüchtig in der Welt der Systeme

Ich sitze zu Hause an meinem Schreibtisch und denke über mich nach. Dazu benötige ich Gedanken, denke ich. Denkend unterscheide ich mich als jemanden, der über sich nachdenkt. Die Möglichkeit der Beanspruchung von Gedanken rechne ich meinem Bewusstseinssystem oder psychischen System zu. Mein psychisches System verwendet Gedanken als seine Elemente. So mache ich mich auf in die Welt sozialer Systeme, die Kommunikationen als ihre Elemente verwenden. Ich denke: »Ich will sehen, an welchen sozialen Systemen ich mich kommunikativ beteilige (beteiligen kann) und durch meine Beteiligung als soziale Systeme mit konstituiere (konstituieren kann).« Ich weiß, dass das unbedingt voraussetzt, jemand anderen oder andere in der sozialen Form der Person adressieren zu können und meinerseits so adressiert zu werden.

Während ich so vor mich hin sinniere, betritt meine Frau mein Arbeitszimmer. Ich bin also nicht allein auf dieser Welt. »Du sitzt schon wieder an deinem Schreibtisch. Du wolltest doch heute bügeln!« »Ja, gleich.« Meine Frau bezieht sich auf mich, und ich beziehe mich auf meine Frau, und zwar kommunikativ. Wir beziehen uns als räumlich Anwesende in der sozialen Form von Personen aufeinander, denn unsere psychischen Systeme selbst sind einander nicht zugängig. Entstanden ist momenthaft ein soziales System vom Typ des Interaktionssystems. Darum geht es auch, wenn ich beim Bremer Sechstagerennen mit einer Gruppe Bekannter am Biertresen stehe und mich mal mit diesem, mal mit jenem über dies oder das unterhalte oder mich mal in lockerer Runde an einem Gespräch beteilige, das so seinen eigenen Lauf nimmt. Wir haben es mit einer Abfolge von Interaktionssystemen zu tun, und mit der lockeren Gesprächsrunde findet sich ein sich selbst mit kommunikativem Treibstoff versorgendes System ins Bild gerückt. Vielerlei andere Beteiligungen an situativ und thematisch unterscheidbaren intimeren oder oberflächlicheren Interaktionen prägen einen wesentlichen Teil meines Alltags. Derartiges Geschehen ist immer temporär, spontan oder geplant, einmalig oder wiederholbar. Zwischenfazit: Zur gleichen Zeit kann ich jedoch nur an einem sich im Moment meiner Beteiligung neu formierenden oder umformierenden interaktiven sozialen System beteiligt sein. Jede Beteiligung ist flüchtig.

Ich bin Mitglied einer Organisation, der Universität Bremen. Eine Organisation ist wieder eine eigene Art von sozialem System. Organisationen benutzen Kommunikationen in der Form von Entscheidungen als ihre Elemente. Als Mitglied gehöre ich zwar relativ dauerhaft der Organisation an, aber nur durch meine momenthafte Beteiligung an oder Betroffenheit von organisationalen Entscheidungen wird Organisation als soziales System mit aktualisiert, denn zur gleichen Zeit sind viele andere Mitglieder in die organisationalen Entscheidungsprozesse involviert. Organisationen besitzen zwar so etwas wie eine dauerhafte Existenz als abstrakte Personen, werden aber infolge wechselnder Mitgliedschaften und sich verändernder Entscheidungskommunikationen als dieselben und doch anderen laufend neu geformt. Eine Person kann mehr als einer Organisation angehören, z. B. einer Universität und einem Kommunalparlament. Ein Gewerkschafter mag mehreren Aufsichts- und Verwaltungsräten angehören. Usw. Eine gleichzeitige Beteiligung an Entscheidungskommunikationen mehrerer Organisationen ist dagegen ausgeschlossen. Zwischenfazit: Ich kann mich an Interaktions- oder Organisationssystemen beteiligen. Eine gleichzeitige Beteiligung an einem Interaktionssystem und einer Organisation als System ist ausgeschlossen. Jede Beteiligung ist flüchtig.

Ein wichtiger Typ meiner möglichen Beteiligung an sozialen Systemen steht noch aus. Ich muss am Biertresen für mein bzw. das von mir bestellte Bier zahlen. Kürzlich habe ich mich an einer Kommunalwahl beteiligt. Vor Gericht habe ich auch schon gestanden. In meinen Luhmann-Seminaren bilde ich stets wahrheitsbeanspruchende Sätze. Usw. Ich erlebe mich also als darauf verwiesen, mich in bestimmter Rolle (Konsument, Wähler, Beklagter, Wissenschaftler) an funktional ausdifferenzierten gesellschaftlichen Teilsystemen zu beteiligen. Die betreffenden Kommunikationen erfolgen dann im Medium des betreffenden Systems. Für das Bier habe ich mit Geld gezahlt. Meine bei der politischen Wahl abgegebene Stimme zwecks Auswahl von Programmen und Personen für politische Entscheidungen ist selbst als Ausüben politischer Macht zu sehen. Vor Gericht wurde mir rechtens Unrecht attestiert. Ich habe wahrheitsbeanspruchend behauptet, im Medium der Wahrheit unterschiedliche Wahrheiten behaupten zu können. Jede kommunikative Beteiligung der jeweiligen Art aktualisiert im jeweiligen Moment das jeweilige soziale System mit. Zwischenfazit: In jedem Moment kann ich mich an nur einem funktionalen sozialen Teilsystem der Gesellschaft beteiligen, zu dessen Formung beitragen. Eine gleichzeitige Beteiligung an einem Interaktionssystem, einem Organisationssystem und einem funktionalen Teilsystem ist ausgeschlossen. Jede Beteiligung ist flüchtig.

Ich fühle mich verunsichert. Immer nur flüchtige Aktualisierung nur eines Systems, momenthafte Beteiligungen an nur einem sozialen System? Unstet und flüchtig in der Welt der Systeme? Kann ich nicht doch, um einen ersten Zweifel aufzugreifen, bewusst kommunizieren, gleichzeitig augenblicklich mein Bewusstsein beanspruchen und an einem sozialen System teilnehmen? Ich habe doch ganz bewusst in meinem Luhmann-Seminar gesagt, dass es bewusste Kommunikationen nicht geben kann. Ich denke nach: Mein Gedanke betreffend bewusste Kommunikation ist ein Ereignis in meinem psychischen System. Wähle ich diesen Gedanken aus und teile ihn anderen mit, binde ich mich in einen kommunikativen Zusammenhang ein. Dann aber läge ein Ereignis in einem sozialen System vor. Also erweisen sich am Ende doch mein Denken und mein Kommunizieren als zwei verschiedene Paar Schuhe. Anders wäre es, wenn ich mir zurechnete, absichtlich anderen das gesagt zu haben, was ich gesagt habe, und das von diesen genau so verstanden wird, wie ich es gemeint habe. Das hieße vereinfachende Verkürzung von Kommunikation auf Handeln. Das wäre auch in allen anderen Fällen von Kommunikation möglich. Man kann und muss so mit der Fiktion(!) arbeiten, als kommunizierte man bewusst. Das zieht dem Umherirren in der Welt der Systeme schon ein wenig den Stachel.

Was jedoch, wenn ich als Mitglied der Organisation Universität Bremen nicht nur mein Luhmann-Seminar abhalte, dem Rat des Fachbereichs Sozialwissenschaften angehöre, Vorsitzender des Diplomprüfungsausschusses Soziologie bin oder auf dem Flur vor meinem Dienstzimmer mit einem Kollegen ein lockeres Pläuschchen über den neuesten Uniklatsch halte? Das deutet auf eine feste, dauerhafte organisationale Rahmung meiner Zugehörigkeiten zu miteinander verflochtenen sozialen Systemen hin. Von universitären Entscheidungskommunikationen bin ich immer betroffen, bzw. ich bin daran beteiligt: als Lehrender hinsichtlich universitärer Vorgaben gemäß Prüfungs- und Studienordnungen (passt das Luhmann-Seminar?), als Mitglied des Fachbereichsrats z. B. hinsichtlich universitär zugewiesener Haushaltsmittel, als Vorsitzender des Prüfungsausschusses hinsichtlich rechtlich verbindlicher Ordnungsmittel. Im Fall des Luhmann-Seminars ist anders als in den beiden anderen Fällen keine Beteiligung an organisationalen Entscheidungen gegeben. Mit meinen Entscheidungsbeteilungen in Haushalts- bzw. Prüfungsangelegenheiten trage ich hingegen zur Aktualisierung der Organisation als System durch die Aktualisierung der organisationalen Subsysteme Fachbereich bzw. Prüfungsausschuss bei. Nur eine Systembeteiligung ist jeweils gegeben. Sodann kann ich nicht zugleich lehren und an den Sitzungen von Fachbereichsrat und Prüfungsausschuss teilnehmen. Darüber hinaus stellen der Unterricht, die Fachbereichsratssitzung und die Sitzung des Prüfungsausschusses eigene soziale Systeme dar. Das betrifft erst recht das Pläuschchen mit meinem Kollegen. Es bleibt bei flüchtigen, soziale Systeme mitformenden kommunikativen Vorgängen, während mein Umherirren besänftigenderweise in der Organisation verankert bleibt. Wieder vermag allein die Fiktion gleichzeitiger Beteiligungen an mehreren Systemen beruhigend wirken.

Eine letzte Hoffnung auf noch mehr Ruhe in der flüchtigen Welt sozialer Systeme ist uns geblieben. Sehen wir uns dazu folgenden klassischen Fall an. Ein Gericht hat mich zur Zahlung einer Geldbuße wegen eines Verkehrsvergehens verurteilt. Ich bin gehalten, in Erfüllung einer Rechtspflicht eine Zahlung zu leisten. Es scheint, als gebe es doch Situationen, in denen es zu Kurzschließungen zwischen sozialen Systemen kommen kann, ich in einem Augenblick gleichzeitig an mehreren Systemen beteiligt sein könnte, hier am rechtlichen und am wirtschaftlichen System. Aber die Hoffnung trügt einmal mehr. Die Rechtsentscheidung ist und bleibt ausschließliches Ereignis des rechtlichen Systems. Die daraufhin erfolgende Zahlung ist und bleibt ausschließliches Ereignis des wirtschaftlichen Systems. Die beiden Vorgänge bleiben sachlich und zeitlich fein säuberlich getrennt. Allerdings ist das Ereignis »Zahlung in Erfüllung einer Rechtspflicht« ein selbstständiges Ereignis mit zwei Systemreferenzen, einer rechtlichen und einer wirtschaftlichen. Dieses Ereignis betrifft mithin tatsächlich zwei verschiedenartige soziale Systeme, ohne jedoch in ihre elementaren Operationen, im Medium des Rechts bzw. im Medium des Geldes vermittelt, eingreifen zu können, in einer eigene Elemente verwendenden kommunikativen Operation aufgehen zu können. Es bleibt wiederum bei flüchtigen, soziale Systeme mitformenden kommunikativen Vorgängen. Einmal mehr vermag allenfalls die Fiktion gleichzeitiger Beteiligungen an mehreren Systemen beruhigend wirken.

So bin ich am Ende trotz aller hilfreichen Fiktionen dazu verdammt, in der Welt autopoietisch operierender sozialer Systeme herumzuirren, mal hier, mal dort Halt suchend. Der einzige feste Grund, den ich habe, ist der, keinen solchen Grund zu haben. Trotzdem habe ich mit dieser Welt meinen Frieden gemacht.

Literaturhinweise

Funktionen und Folgen formaler Organisation. Mit einem Epilog 1994. Berlin (Duncker & Humblot), 1964, 5. Aufl. 1999, S. 73–88.

Die Gesellschaft der Gesellschaft. 2 Bände. Frankfurt a. M. (Suhrkamp), 1997, 6. Aufl. 2006, S. 92–120, 595–608.

Interaktion, Organisation, Gesellschaft. In: Soziologische Aufklärung 2. Aufsätze zur Theorie der Gesellschaft. Wiesbaden (Verlag für Sozialwissenschaften), 1975, 5. Aufl. 2004, S. 9–20.

Die operative Geschlossenheit psychischer und sozialer Systeme. In: Soziologische Aufklärung 6. Die Soziologie und der Mensch. Wiesbaden (Verlag für Sozialwissenschaften), 1992, 2. Aufl. 2004, S. 25–36.

The Paradox of System Differentiation and the Evolution of Society. In: J. C. Alexander a. P. Colomy (eds.): Differentiation Theory and Social Change. Comparative and Historical Perspectives. New York et al. (Columbia University), 1990, pp. 409–440.

The Paradoxy of Observing Systems. *Cultural Critique* 1995, 31 (Fall): 37–55.

Soziale Systeme. Grundriß einer allgemeinen Theorie. Frankfurt a. M. (Suhrkamp), 1984, 12. Aufl. 2006, S. 242–285.

Das Mysterium der Kopplung

Wir haben alltäglich mit Illusionen zu kämpfen. Wir sagen schlicht wider besseres Wissen, dass die Sonne aufgeht. Damit sehen wir uns in einer Welt, der wir uns zu fügen haben. Ich denke für mich nach einem Streit mit meiner Frau: »Nur weil du wieder einmal nicht wusstest, was du wolltest, konnte ich nicht tun, was ich stattdessen getan hätte.« Systemtheoretisch: »Du kommst in meiner Umwelt vor. Ich bin von dir abhängig. So isses.« Gleichwohl würde man im Alltag nicht sagen, man sei an diese oder jene Person gekoppelt, gar strukturell gekoppelt. Von Beziehungen oder Bindungen würde man hingegen ohne weiteres sprechen. So etwa von einer Beziehung mit jemandem oder von einer Bindung durch das Rechtsinstitut des Ehevertrags. Es steht allgemein die Frage an, als wovon wir uns in unserem Erleben und Handeln abhängig sehen oder, gleich in systemtheoretische Sprache übersetzt, wie man Systeme als von sich selbst abhängig oder von ihren Umwelten abhängig sieht. Für entsprechende Betrachtungen steht der Begriff der Kopplung zur Verfügung. Genauer wäre strukturelle Kopplung zu sagen, da es stets um die Frage geht, ob und, wenn ja, wie systemisch vorgehaltene oder eben strukturell geronnene Ereignismöglichkeiten, die ihrerseits systemischen Umwelten abgetrotzt sind, ebendeshalb Systeme ereignishaft an die sie ermöglichenden Umwelten koppeln. Darüber ist aufzuklären.

Zur Debatte sind in einem ersten Schritt Ermöglichungsbedingungen von Systemen zu stellen, nicht sinnhafte wie sinnhafte Bedingungen oder Realitätsbasen der Funktionsfähigkeit von Systemen. Es geht um Angepasstheiten von Systemen an Nichtsystem- oder Systemumwelten, und zwar nur an jene Umwelten, die für die betreffenden Systeme tatsächlich Ermöglichungsbedingungen darstellen. So ist das organische System auf Materie angewiesen, das psychische System auf (Materie und) Leben, das soziale System auf (Materie, Leben und) Bewusstsein. In diesem Sinne und nur in diesem Sinne ist ein Kausalverhältnis beschrieben. Der Begriff der Materialität ist hauptsächlich im Wortsinne, z. B. als physische oder chemische Materie, aber auch im übertragenen Sinne, z. B. als Gedanken oder Kommunikationen als materielle Voraussetzungen, zu verstehen: ohne Gedanken keine Gedanken, ohne Kommunikationen keine Kommunikationen. Ich denke so bei mir: »Stoibers Wahlchance ist größer als die von Merkel.« Mein Anschlussgedanke: »Aber Schröder hat wohl eine größere Wahlchance als Stoiber.« Gedanke wird an Gedanke angeschlossen. Gedanken sind voneinander abhängig. Gedanken strukturieren Gedanken. Angenommen, ich hätte meine Gedanken zu den Wahlchancen jemandem mitgeteilt, und dieser jemand hätte geantwortet: »Sie glauben allen Ernstes, Stoiber habe eine größere Wahlchance als Merkel und Schröder eine größere Wahlchance als Stoiber!?« Kommunikation wird an Kommunikation angeschlossen. Kommunikationen sind voneinander abhängig. Kommunikationen strukturieren Kommunikationen. Man könnte von konstruktiven Umweltbedingungen sprechen. Denn einige Umweltbedingungen können destruktiv ausfallen. Ohne Wasser macht die Qualle schlapp. Feuer kann Bücher vernichten, aber keine Bücher schreiben. Mächtiger Discosound lässt mündliche Kommunikation leicht unmöglich werden. Parolenskandierende Studierende verhindern jede Diskussion. So verweist die Materialitätsgrundlage von Systemen auf die Unterscheidung von Irritation (systemermöglichend) und Destruktion (systemverhindernd).

In einem zweiten Schritt haben wir einzelne Kopplungsformen zu unterscheiden. Strukturelle Kopplung erweist sich als ereignishaftes Geschehen, ist auf operative Kopplung angewiesen. Einer Operation (Ausgangsgedanke, Ausgangskommunikation) folgt eine Operation (Anschlussgedanke, Anschlusskommunikation). Operative Kopplung vollzieht strukturelle Kopplung als lose Kopplung. Gedanken bleiben dabei Gedanken, und Kommunikationen bleiben dabei Kommunikationen. Operative Kopplung, sagten wir, vollzieht strukturelle als lose Kopplung. Dabei kommt es im Moment des Vollzugs zu fester Kopplung. Jeder einzelne Gedanke ist im Moment seines Aufblitzens und nur dann an einen vorhergehenden einzelnen Gedanken fest gekoppelt. Jede einzelne Kommunikation ist im Moment ihres Auftretens und nur dann fest an eine vorhergehende einzelne Kommunikation gekoppelt. Ich kann sogar annehmen, einen Folgegedanken deshalb gedacht zu haben, weil ich einen Ausgangsgedanken gedacht habe. So mein Gedanke über die Wahlchancen. Oder man mag eine Ausgangskommunikation als ursächlich für eine Folgekommunikation halten. Mein Gesprächspartner möge meine Aussage zu den Wahlchancen wie folgt quittieren: »Ja, das sehe ich auch so.« Ich unterstelle, dass er das deshalb sagt, weil ich das gesagt habe. Lose Kopplung ist ferner für ein die Gemeinsamkeit von Elementen ausschließendes, je temporär aktualisiertes wechselseitiges systemisches Konstitutionsverhältnis oder Interpenetrationsverhältnis einzusetzen, wenn also Gedanken Kommunikationen und Kommunikationen Gedanken in Anspruch nehmen. Wie zu sehen ist, treten operative, lose und feste Kopplung selbdritt als Momente struktureller Kopplung auf.

Ein dritter Schritt ist den Medien der Kopplung zu widmen. Ohne Medien als bestimmte Mengen sonst unbestimmter Möglichkeiten keinerlei Kopplungen. Ohne das Medium Schwerkraft kein Gehen, ohne das Medium Nahrung kein Leben, ohne das Medium Luft könnte nicht gehört und ohne das Medium Licht nicht gesehen werden. Die Welt ist dem wahrnehmenden Bewusstsein nicht unmittelbar gegeben. Ich sehe die Sonne aufgehen. Die Erzeugung eines Bildes von der Umwelt, das Sehen einer aufgehenden Sonne, beansprucht etwa Licht. Das psychische System muss irgendetwas medial vermittelt in seiner Umwelt wahrnehmen (Beanspruchung von Medien der Wahrnehmung und der Wahrnehmung selbst als Medium), um sich in seinen internen Operationen darauf beziehen zu können. Im Falle sozialer Systeme gilt etwa, dass diese nicht unmittelbar physikalisch, chemisch oder biologisch irritierbar sind. Hier läuft Irritation über Bewusstseine, die jedoch, wie gesagt, ihrerseits an ihre Systeme des Lebens und darüber an ihre natürlichen System- und Nichtsystemumwelten über je eigene Medien gekoppelt sind. Psychische Systeme z. B. sind in der Form von Personen als Medien an soziale Systeme gekoppelt. Dabei bedarf die Beteiligung psychischer Systeme an sozialen Systemen in der Form von Personen der Mitteilbarkeit von Wahrgenommenem, besonders im Medium der ihrerseits hör- oder sichtbaren Sprache. Und weiter: Der morgendliche Zeitungsleser ist im Moment seines Lesens an das System der Massenmedien, das seinerseits im Medium der Information operiert, gekoppelt. Ähnlich finden wir Kopplungen an das rechtliche System im Medium des Rechts, an das wirtschaftliche System im Medium des Geldes, an das wissenschaftliche System im Medium der Wahrheit usw. Kurzum, Kopplungen jedweder Art sind stets medial vermittelt.

Verdeutlichen wir die vielen Schattierungen des medial vermittelten Kopplungsgeschäfts an vielerlei alltäglichen Geschehnissen. Kopplung durch Medien eher institutioneller Art: Eine Ehe koppelt die Partner aneinander. Die durch einen Arzt ausgestellte Arbeitsunfähigkeitsbescheinigung koppelt Krankheits- und Wirtschaftssystem. Eine Verfassung koppelt politisches und rechtliches System; sie bindet politisches wie rechtliches Entscheiden, ähnlich wie die Institute von Eigentum und Vertrag das wirtschaftliche und das rechtliche System aneinanderbinden. Kopplung durch personale Rollen: Die Versichertenkarte, beim Arzt vorgelegt, koppelt den Versicherten an die Krankenkasse als System im System der Krankheit. Das vom Arzt ausgestellte Rezept koppelt den Kranken an das Apothekensystem als System im System der Krankheit. Die Zahlung eines Schuldners in Erfüllung einer Rechtspflicht koppelt rechtliches und wirtschaftliches System. Die politische Wahl koppelt den Menschen in der Form der Person eines Wählers an das politische System. Kopplungen durch Interaktionssysteme: Vertreter der politischen Parteien führen ein freiwillig vereinbartes Gespräch mit Vertretern der *ARD*, des *ZDF* und der Privaten über Regularien der Werbung der politischen Parteien bei der nächsten Bundestagswahl. Hier treffen sich Personen aus dem politischen und aus dem System der Massenmedien und bilden für die Dauer ihres Treffens ein Interaktionssystem. An einem runden Tisch zum Thema des möglichen Verbots des Erwerbs und Gebrauchs von Gewaltvideos durch Jugendliche mögen sich Politiker, Vertreter der Massenmedien und Psychologieprofessoren versammelt haben. Die beteiligten Systeme Politik, Massenmedien und Wissenschaft werden über ein Interaktionssystem aneinandergekoppelt. Kopplung durch Organisationssysteme: Es gibt einen auf unbestimmte Dauer eingerichteten Beirat für Umweltfragen beim *Umweltministerium*. Der Beirat ist fraglos ein organisiertes Sozialsystem, das etwa zur Kopplung von politischen und wissenschaftlichen und auch Anliegen der Protestbewegungen beitragen soll. Der *Bundesverband der Deutschen Industrie* sei als eine Organisation zur politischen Vertretung wirtschaftlicher Interessen betrachtet. Gegeben ist wieder ein soziales System in der Form eines organisierten Sozialsystems. Dieses System operiere im politischen System. Es diente dann als System im Subsystem der Politik des politischen Systems der Kopplung von wirtschaftlichen und politischen Interessen. Eine Abteilung für Schulpolitik im *Ministerium für Bildung und Wissenschaft* (ein System im System der Verwaltung des politischen Systems) koppelt in gleicher Weise das politische an das Erziehungssystem. Kopplungen funktionaler Teilsysteme durch funktionale Teilsysteme: Wenn der Bundesminister für Justiz für seine Mitarbeiter Büromaterial kauft oder der Verteidigungsminister Panzer für seine Armee, findet die jeweilige Operation im wirtschaftlichen System statt. Hier koppelt sich das politische System über das Medium

Geld an das wirtschaftliche System. Was aber, wenn z. B. die Finanzierung des öffentlichen Haushalts oder ganz allgemein politisch motivierte Einnahmen und Ausgaben von Geld oder die Orientierung der Politik an wirtschaftspolitischen Daten anstehen? Hier bindet sich das politische System über politisch motivierte Entscheidungen (z. B. Erhöhung der Benzinsteuer) bzw. über die Beurteilung der Entwicklung der Arbeitslosenzahl (als wirtschaftspolitischen Datums) als entscheidungsrelevant für die Auflage eines eigene finanzielle Mittel erfordernden Beschäftigungsprogramms an das wirtschaftliche System. Ein im politischen System zustande gekommenes Gesetz über die Hochschulreform legt den Rahmen dafür fest, welche Arten von Ausbildungsabschlüssen Hochschulen überhaupt anbieten können. Kopplung hat hier die Form einer Programmierung des Entscheidungshandelns. Systemische Kopplung von Systemen ist ebenfalls gegeben, wenn sich etwa das politische System über das System der Massenmedien als wesentlichen Formgeber der öffentlichen Meinung an das politische Publikum als System koppelt.

Jetzt lässt sich strukturelle Kopplung allgemein bestimmen. Im Normalgeschehen der Autopoiesis von Systemen ist strukturelle Kopplung ein je temporär, je unbemerkt wirkender Konstitutionszusammenhang für System-Umwelt-Verhältnisse. Strukturelle Kopplung unterscheidet dann jene eher invarianten bis selbst unterschiedlich variablen Voraussetzungen in der Umwelt eines Systems, deren das System in den Formen von selbsterzeugten Irritationen für die Sicherung seiner Autopoiesis bedarf. So verwickelt die Sachverhalte im Einzelnen auch sein mögen, stets geht es darum, dass es eines nicht verbrauchbaren beanspruchbaren Mediums lose gekoppelter Elemente bedarf, damit sich Systeme in ihren System- bzw. Nichtsystemumwelten als ihren äußeren Existenzgrundlagen auf unbestimmte Dauer grundsätzlich selbst ermöglichen können. Die gemeinten Umwelten wirken dadurch medial vermittelt auf die jeweiligen Systeme ein, dass sie deren operative Möglichkeitshorizonte beschränken. Die angeführten und weitere mögliche Beispiele zeichnen sich allerdings sämtlich dadurch aus, dass nicht in die operative (!) Autonomie der je fraglichen Systeme eingegriffen wird. So ist z. B. die Zahlung eines im wirtschaftlichen Systems operierenden Konzerns für den Unterhalt eines Stiftungslehrstuhls an einer Universität nicht in Wahrheitsoperationen konvertierbar: 1 Million € für drei Einheiten einer bestimmten Wahrheit? Solche Konvertierbarkeiten sind allemal ausgeschlossen. Es kommt nie zu einer Gleichheit von Elementen Es kann aber zu einem Betroffensein durch gleiche Ereignisse kommen: Da ist z. B. die Arbeitsunfähigkeitsbescheinigung (Krankheits- und Wirtschaftssystem sind betroffen); da ist z. B. die Zahlung in Erfüllung einer Rechtspflicht (Wirtschafts- und Rechtssystem sind betroffen). So oder so ändert sich nichts an der Autopoiesis jeweils involvierter Systeme.

Nein, bei Tageslicht besehen, haftet struktureller Kopplung nichts Dunkles, gar Mystisches bzw. erfahrbare Wirklichkeit Transzendierendes an. Sie ist, was lediglich noch für den Uneingeweihten dunkel wirkt, plausibles Konstrukt der Konstruktion einer Welt autopoietisch operierender Systeme. So wie aber Autopoiesis sehr wohl anschaulich plausibilisiert werden kann, so und damit auch ihre umweltrelative Selbstermöglichung. Unsere Beispiele sollten in dieser Hinsicht eine deutliche Sprache sprechen.

Literaturhinweise

Einführung in die Systemtheorie. (Hrsg. v. D. Baecker.) Heidelberg (Carl-Auer), 2002, 3. Aufl. 2006, S. 118–141.

Die Gesellschaft der Gesellschaft. 2 Bände. Frankfurt a. M. (Suhrkamp), 1997, 6. Aufl. 2006, S. 101–120, 601–608) .

Interpenetration – Zum Verhältnis personaler und sozialer Systeme. In: Soziologische Aufklärung 3. Soziales System, Gesellschaft, Organisation. Wiesbaden (Verlag für Sozialwissenschaften), 1977, 4. Aufl. 2004, S. 151–169.

Organisation und Entscheidung. Wiesbaden (Verlag für Sozialwissenschaften), 2000, 2. Aufl. 2006, S. 397–400.

Die Politik der Gesellschaft. (Hrsg. v. A. Kieserling.) Frankfurt a. M. (Suhrkamp), 2000, 3. Aufl. 2006, S. 372–406.

Das Recht der Gesellschaft. Frankfurt a. M. (Suhrkamp), 1991, 4. Aufl. 2002, S. 440–495.

Soziale Systeme. Grundriß einer allgemeinen Theorie. Frankfurt a. M. (Suhrkamp), 1984, 12. Aufl. 2006, S. 286–345.

Die Wissenschaft der Gesellschaft. Frankfurt a. M. (Suhrkamp), 1990, 4. Aufl. 2002, S. 38–44, 163–166.

»Wir müssen uns wieder auf die grundlegenden Werte besinnen!« Wieso?

Werte bzw. Moralen bzw. Normen gibt es. Wozu eigentlich? Also: Gehören nicht das Streben nach Werten, wertorientiertes Handeln zur Perfektionierung der menschlichen Natur? Muss nicht Gesellschaft als eigentlich der Verwirklichung menschlicher Werte, dem wahren Wesen des Menschen dienend eingerichtet gesehen oder eingerichtet werden? Das Gute wollen (wenn's denn möglich ist) und bewirken (wenn's denn möglich ist), das versteht sich doch von selbst!? Ohne Moral geht's wohl nicht. Das jeweils Gebotene ist zum Maßstab der sich selbst beschränkenden Verhaltensorientierung zu nehmen. Und Normen, Rechtsnormen vor allem, sind allemal zu Beachtung aufgegeben. Sind da Zweifel erlaubt?

In der Erziehung, in der Schule, in den Medien anlässlich schrecklicher Ereignisse in der Welt, in den Grundsatzprogrammen politischer Parteien, in soziologischen Problem- und Menschheits- und Gesellschaftsbeschreibungen ohnehin – Soziologie hat kritisch zu sein, für Besseres einzustehen –, in Festreden jeder Art, in Talkshows und natürlich immer kurz vor christlichen Festen, besonders Weihnachten, findet sich der standardmäßige Appell an die Besinnung auf alles, was wirklich etwas wert sei, selbstredend menschliche und soziale Werte. Werteanmahnungen, wohin man auch schaut. Außerdem: Werteverfall, gar Sittenfall, wird beklagt und Wertewandel behauptet. Werteverfall, oft mit moralischem Niedergang gleichgesetzt, setzt geltende Werte voraus. Da sollen Nächstenliebe und Leistungsmoral den Bach runtergegangen sein. Wertewandel zielt auf Umschichtungen im Lager der geltenden Werte, von Pflichterfüllungs- und Tugendkatalogs- zu Selbstentfaltungswerten, von schnöden materiellen zu hehren immateriellen Werten – die Unterscheidung von Warenwerten und wahren Werten markiert eine typische Episode –, von den niederen zu den höheren Werten (Maslow hat's »bewiesen«). Über allem thronen dann menschliche Werte, vom Wert des menschlichen Lebens bis zu den inneren menschlichen Werten, vom Wert eines sich seines Werts gewissen Menschen zum Wert einer nur in wahrhafter Solidarität lebbaren Individualität. Man sieht: Sowohl Orientierungsbedarfe als auch

Beklagungsbedarfe werden als Sinnbedarfe befriedigt. Man sieht noch mehr: Werte über Werte und kein Ende. Eine Auflistung würde jeden Rahmen sprengen. Also Werte klassifizieren (materielle/immaterielle, individuelle/soziale), hierarchisieren (den Mehrwert von Werten bestimmen), gar kodifizieren (Menschenrechts- bzw. Grundrechtskataloge)? Woher den Wertmaßstab nehmen? Vergleichbares versucht man mit Moralen und Normen gar nicht erst.

Wertesemantiken kommen in fast jeder Gesellschaft vor. Wertesemantiken sind historisch relative Semantiken. Es ist klar zu sehen, dass sich das, was als in sich selbst wertvoll unterschieden wird, wenn es unterschieden wird, mit der Gesellschaftsstruktur ändert. Deshalb gibt es ein gutgefülltes Arsenal nicht begründbarer Begründungen. Entsprechend der korrelativen Beziehung zwischen Gesellschaftsstruktur und Semantik (jeweilige Gesellschaften bringen je eigene Unterscheidungen von Werten hervor), ist jeweils für Beliebigkeit (trotz aller Kontingenz: Werteunterscheidungen sind grundsätzlich als weder notwendig noch unmöglich anzusehen) oder gar blinden Dezisionismus (trotz aller Blindheit allen Sehens: Man sieht eben immer nur das als Wert, was man als Wert sieht, und nicht das, was man dann nicht als Wert sieht) wenig Raum gelassen. Jeweils gelten Werte. Dann gilt auch: Gegen in einer gegenwärtigen Vergangenheit erfolgreich kommunizierte Wertezumutungen kann man sich schlecht wehren. Es mag angehen, das Anmahnen von bereits in das Wertemedium eingelassenen Formen in der Form bestimmter Werte als ein konservatives Unternehmen zu beobachten. Die möglichen Gefahren, nicht Risiken, von Werteversprechen emanzipationskonservativen Zuschnitts sind freilich nicht zu unterschätzen. Werden hier doch Werte angemahnt, die in einer vergangenen Gegenwart erfolgreich kommuniziert wurden und etwa die Befreiung des Menschen aus selbstverschuldeter Unmündigkeit korsettieren sollten: Freiheit, Gleichheit, Brüderlichkeit. Menschenrechte! Die Guillotine sollte es möglich machen. Und heute: Natur- und Umweltschutz. *Greenpeace* hat fast schon Verfassungsrang. Nicht viel besser stehen konservativ-progressive Werte da. Tradition, Respekt vor dem Alter, Ehrlichkeit, Stolz, Pflichterfüllung, Toleranz. Fast schämt man sich, derlei ins Gedächtnis zu rufen. Weiß man doch, wie auch Werte dieser Art einst überstrapaziert wurden.

Was bringt die systemtheoretische Sicht auf Werte, Moral(en), Normen? Folgende Unterscheidungen seien vorangestellt: Werte sind als fraglos geltend unterstellte Verhaltenszumutungen zu unterscheiden. Das geht über den Code Wert/Gegenwert. Nach der Wert-/Gegenwertunterscheidung ist unterscheidbar und entscheidbar, was als Wert gilt bzw. gelten soll. Eine moralische Unterscheidung wie gut/böse ist ethisch schlecht unterscheidbar, denn dann müsste sich die ethische Unterscheidung ihrerseits als gute Unterscheidung unterscheiden lassen. Moral ist dagegen sehr griffig als entmoralisierte moralisierbare Moral zu unterscheiden. Sie ist als entmoralisiert zu unterscheiden, weil sie moralfrei als Achtung/Missachtung codiert ist. Sie ist remoralisierbar, weil unterscheidbar und entscheidbar ist, was als achtenswert/missachtenswert gilt bzw. gelten soll. Normen sind als relativ enttäuschungsfeste Verhaltenszumutungen zu unterscheiden. Das läuft über den Code Lernen/Nichtlernen. Dann ist unterscheidbar und entscheidbar, was als normkonformes/normabweichendes Verhalten gilt bzw. gelten soll. Der gemeinsame Nenner derartiger Festlegungen liegt unverkennbar darin, dass jeweils Medien angesprochen sind, also Form- oder Entscheidbares. Bei Werten, Moralen, Normen und schließlich Ethik hat man es schlussendlich mit Beobachtungen zu tun, für die eben alles ins Feld zu führen ist, was Beobachtungen von Beobachtern beobachtbar macht. Beobachten heißt uns ja, in einem etwas unterscheiden und bezeichnen, was es sonst nicht gäbe, hier z. B. die Einheit der Differenz Wert/Gegenwert. Ob das viel ändert? Halten wir uns an die Werteunterscheidung. Es bleibt nichts anderes übrig, als an die Innenseite Wert der Form Wert/Gegenwert anzuknüpfen und bestimmte Werte als Werte zu unterscheiden. Immerhin: Zu sehen ist, dass von der positiven Seite des als Wert Unterschiedenen aus unterschieden und als anschlussfähig auszuzeichnen ist, was als Wert gilt bzw. gelten soll und was nicht. Das ist die Tragik oder Paradoxie von Werten und von Ethik sowieso. Sie kommen im Gewand der Geltung um ihrer selbst willen daher, machen dadurch die Kontingenz ihrer Unterscheidung oder ihren unbegründbaren Grund unsichtbar und werden dennoch oder gerade deshalb gerne als Sehhilfen für alles Beobachten und als Wegweiser für alles Handeln benutzt. Blindheit ermöglicht Sehen. Zu vermeiden ist das nicht, aber zu sehen. Man sieht: Wie Sinn erweisen sich im Medium des Sinns geformte Werte ihrerseits als formbare Medien. Nicht viel anders stellt sich das Schicksal von Moralen und Normen dar.

Wie wirken die Sehhilfen? Das Wertberücksichtigungspotential je präferierter Werte ist jedenfalls ziemlich problematisch. Ein präferierter Wert schließt andere Werte eher aus als ein. Sind wahre Werte nur auf Kosten von Warenwerten zu haben? Wie weit könnten z. B. Leistungsgerechtigkeit und soziale Gerechtigkeit ein Stück gemeinsamen Weges gehen? Außerdem dürfte es schlechterdings unmöglich sein, alles, was als Wert gilt, und gehe es nur um die vermeintlich wirklich wertvollen Werte, zugleich zur Beachtung aufzugeben. Angesichts der Unlösbarkeit von Wertekonflikten den Kopf in den Sand stecken? Auf Wertepluralismus oder Werturteilsfreiheit setzen und jene oder diese als Wert setzen? Die Quadratur von Freiheit, Gleichheit und Brüderlichkeit ist uns als Dauerproblem erhalten geblieben. Auch: Demokratie statt Gottesstaat? Auch: Sterbehilfe erweist sich als eine in den gesamten Wertekosmos eingebundene kaum entscheidbare Entscheidung. Das Zweck-Mittel-Problem schneidet nicht viel freundlicher ab. Werte als Selbstzweck öffnen leicht ungebremster Mittelwahl Tür und Tor. Der Zweck heiligt das Mittel, auch Werte als Mittel. Die geschickt öffentlichkeitswirksam inszenierten Aktionen von *Greenpeace* wirken noch vergleichsweise harmlos. Man spiegle den Einsatz eigenen Lebens vor, und schon sind sämtliche Schädigungen vermeintlicher Schädiger auf der Habenseite zu verbuchen. Gegenstand von Gravamina wären: Inquisition. »Und willst du nicht mein Bruder sein, dann schlag ich dir den Schädel ein.« Judenverfolgung. »In Vietnam wird die Freiheit des Westens verteidigt!« Jetzt auch in Afghanistan. Der Nato-Beelzebub gegen den serbischen Teufel; selbst die *Grünen* haben zugestimmt. Fatalerweise geht's ohne bestimmte erinnerte Werte nicht. Andere Werte ruhen sanft auf der Vergessensseite psychischer und sozialer Gedächtnisse. Man kann außerdem nicht wissen, was dereinst, in einer gegenwärtig antizipierten Zukunft, einmal geltende Werte sein werden. Die Zukunft ist unbekannt. Was werden wohl einst künftige Generationen über unsere gegenwärtigen Werte sagen?

Wie also der raffiniert konstruierten Wertefalle entrinnen? Klar ist, dass es Werte zu beachten gilt, man ihnen nicht ausweichen kann. Werte sind nichts weiter als folgenreiche kontingent-selektive Kondensate gesellschaftlicher Selbstbeschreibungen. Sie sind eine ärgerliche soziale Tatsache. Nicht minder klar dürfte deshalb sein, dass weder klar sein kann, was welche Werte eigentlich möglich und wertvoll macht und ob und inwieweit Gesellschaft solche Werte zu erzeugen und zu befördern vermag. Mit schlichten Unterstellungen imperativen Zuschnitts (z. B. von Kant bis Habermas, Marx nicht zu vergessen) werden möglicherweise kontrafaktische Möglichkeiten inszeniert und Alternativen abgedunkelt. Eine allenthalben behauptete gesellschaftsintegrative Schlüsselrolle mag man Werten angesichts funktionaler Differenzierung ohnehin kaum noch zubilligen, erst recht nicht der Moral. Vielleicht ist gerade deshalb Wertekommunikation so beliebt und in diesem Sinne so erfolgreich erfolglos. Es sagt sich unschuldig leicht: »Wir müssen uns wieder auf die grundlegenden Werte besinnen!« Wieso? Damit Werten genügt wird? Damit unser Dasein in dieser ach so sinnentleerten Welt einen Sinn erhält? Welchen Sinn dann?

Wir schlagen etwas anderes vor. Man könnte sich angesichts der Wertefalle vielleicht auf das paradoxe Geschäft einlassen, den unbegründbaren Wert der Nichtbegründbarkeit von Werten zu begründen, um damit die Erfolgschancen allzu flotter und folgenreicher wertorientierter Verhaltenszumutungen, seien diese als regressiv oder progressiv oder sonstwie unterschieden, unter erschwerte Anforderungen zu stellen. Sinnstiftende kreative Paradoxieentfaltung könnte gefragt sein: Aufwertung von Werten durch ihre Entwertung, nicht Umwertung. D. h. Sichtbarmachen ihrer Beobachtungsabhängigkeit, ihrer nicht begründbaren Begründung, ihrer Paradoxie. Zugleich: Sichtbarmachen dessen, was das Setzen und Verfolgen von Werten für das Setzen und Verfolgen von Werten so alles impliziert. Einem entsprechenden Management wären Moralen und Normen auszusetzen. Es besteht also kein Grund, den Kopf in den Sand zu stecken.

Literaturhinweise

Die Gesellschaft der Gesellschaft. 2 Bände. Frankfurt a. M. (Suhrkamp), 1997, 6. Aufl. 2006, S. 340–344, 798–801.

Gibt es in unserer Gesellschaft noch unverzichtbare Normen? Heidelberg (C. F. Müller), 1993.

Grundrechte als Institution. Ein Beitrag zur politischen Soziologie. Berlin (Duncker & Humblot), 1965, 4. Aufl. 1999.

Die Politik der Gesellschaft. (Hrsg. v. A. Kieserling.) Frankfurt a. M. (Suhrkamp), 2000, 3. Aufl. 2006, S. 177–184, 358–365.

Selbstreferenz und Teleologie in gesellschaftstheoretischer Perspektive. In: Gesellschaftsstruktur und Semantik. Studien zur Wissenssoziologie der modernen Gesellschaft. Bd. 2. Frankfurt a. M (Suhrkamp), 1981, Nachdr. 2000, S. 9–44, bes. 9–28.

Tautologie und Paradoxie in den Selbstbeschreibungen der modernen Gesellschaft. In: Protest. Systemtheorie und soziale Bewegungen. Hrsg. v. K.-U. Hellmann. Frankfurt a. M. (Suhrkamp), 1987, 2. Aufl. 1997, S. 79–106.

Zweckbegriff und Systemrationalität. Über die Funktion von Zwecken in sozialen Systemen. Tübingen (Mohr Siebeck), 1968 [Nachdr. 1999, Frankfurt a. M. (Suhrkamp), 6. Aufl.].

Vom Grundrechtsschutz zum Wertemanagement

Rekonstruieren wir kurz rechtlich: Menschen- bzw. Grundrechte gelten zum einen als dekonstruierte Naturrechte, als in den Zivilzustand hinübergerettete Naturrechte, als Rechte kraft Vernunft (Vernunft als Gerichtshof, als letzte Einsichtsquelle), als zu objektiven Rechten erklärte subjektive Rechte. Als vorpositive Rechte kommen sie als unbegründbar begründet daher, beanspruchen unbedingte anfangs- und endlose Geltung. Ihre Vertextung steht für eine Positivierung. Positive Rechte unterscheiden Rechte, erkennen den Anfang von Recht in der Setzung bzw. Unterscheidung als Recht. Die Konstruktion positiver Menschen- bzw. Grundrechte hat zum anderen mit der Differenz von Staat und Gesellschaft zu tun. Hier konstruiert die Gesellschaft ihre Handlungsfähigkeit als Staat. Über die verfassungsmäßige Einrichtung von Menschen- bzw. Grundrechten der die Gesellschaft ausmachenden Individuen schützt die Gesellschaft sich bzw. ihre Individuen vor dem aus sich selbst entlassenen Staat und vor ihren eigenen Erwartungen an ihre Individuen. Positive Verfassung beschreibt die Negation der uneingeschränkten Änderbarkeit des Rechts, namentlich der Menschen- bzw. Grundrechte.

Rekonstruieren wir kurz soziologisch: Mit sich zunehmend ausdifferenzierenden und gegeneinander verselbstständigenden Bereichen gesellschaftlicher Kommunikation, darin das Aufgehen des Staates in einem politischem System eingeschlossen (Auflösung der Differenz von Staat und Gesellschaft), differenzieren sich noch einmal die Zumutungen an Beteiligungsentscheidungen der individualisierten Individuen. Die Individuen sind jetzt darauf verwiesen, sich in der Form von Personen an einer Mehrzahl von abstrakten Unpersonen, insbesondere den funktional ausdifferenzierten gesellschaftlichen Funktionssystemen, zu beteiligen. Das markiert einen erheblichen Freiheitsschub. Dem stehen spiegelbildlich differenzierte und also vermehrte Abhängigkeiten von den Unpersonen soziale Systeme gegenüber. Das markiert einen erheblichen Schub an Unfreiheit. Personen werden zugleich unabhängiger und abhängiger von Unpersonen, wie die Unpersonen zugleich unabhängiger und abhängiger von den Personen werden. Dabei werden überlieferte Menschen- bzw. Grundrechte als Problemlöser mit Ansprüchen überladen und geraten entsprechend unter Veränderungs- und Ablösungsdruck.

Streifen wir im Sinne der beiden heroischen Rekonstruktionen ein paar überlieferte Menschen- bzw. Grundrechte. Freiheit und Würde sind nicht länger einzusetzen als angeborene Natürlichkeiten, sondern als soziale Konstrukte des Offenhaltens von Chancen der Teilnahme an Kommunikationen (Freiheit) bzw. des seine Individualität identifizierenden Individuums (Würde). Beim Recht auf freie Entfaltung der Persönlichkeit und bei zugehörigen besonderen Freiheitsrechten geht es um das Offenhalten der Möglichkeiten, sich als Persönlichkeit unterscheiden zu können und darin soziale Anerkennung zu finden. Der über das Recht auf Gleichheit vor dem Gesetz hinausgehende Gleichheitssatz kann nicht mehr als Suche nach Gleichheit und Meidung von Ungleichheit im Sinne von Gerechtigkeit, sondern nur noch als Legitimierung nicht begründbarer Vergleichshinsichten funktionieren: Gerechtigkeit erscheint nur noch als Konsistenz des Entscheidens, als eine Art purer Systemtechnik. Selbst Rechte wie Glaubens- und Meinungsfreiheit sowie Versammlungs- und Vereinigungsfreiheit samt je daran hängenden Folgerechten zielen unmittelbar auf das Offenhalten von kommunikativen Möglichkeiten bzw. kommunikativer Beziehungen. Der Schutz des geldlich übercodierten Eigentums soll in erster Linie die Möglichkeiten der Teilnahme am wirtschaftlichen System auf eine generalisierte Grundlage stellen. Ähnlich ist die Funktion der Berufsfreiheit in der Ermöglichung der Verteilung von Personen auf Arbeitsaufgaben zu verorten. Funktional wären auch Rückwirkungen auf die Selbstdarstellungsmöglichkeiten der Individuen in Rechnung zu stellen. Und Demokratie als Menschen- bzw. Grundrecht? Soll gesichert werden, dass der physische Gewalt monopolisierende Staat diese Gewalt allenfalls notfalls anwendet, ist es erforderlich, Institutionen der Ermöglichung legitimer als fraglos akzeptierter politischer Entscheidungen zu schaffen. Demokratie soll das sichern, statt nur als Form der Beherrschung des Staates durch den eigentlichen Souverän Volk, als Form der Selbstbeherrschung des Souveräns in der Form der Entscheidung über politische Macht, und dies in der Form einer Normalisierung von Machtwechseln. Demokratie als Menschen- bzw. Grundrecht wird zu einer funktionalen Technik des Machtwechsels. Das politische System seinerseits hat sich auf die Funktion zu konzentrieren, u. a. für die Selbstbestimmung der Personen angesichts sich selbst bestimmender Unpersonen kraft kollektiv verbindlicher Entscheidungen Möglichkeiten offenzuhalten.

Die klassischen Menschen- bzw. Grundrechte, nur einige wurden gerade kurz gestreift, sind also nicht von der Agenda verschwunden. Sie gelten noch, können sich allerdings mehr oder weniger nicht gegen die skizzierten Transformationen sperren. Ein auf das Offenhalten von Möglichkeiten persönlicher Selbstbestimmungen gerichteter Funktionsschutz tritt allenthalben an die Stelle des Schutzes von als Substanzen gedachten unveräußerlichen Rechten. Überdies ist eine beinahe inflationäre Schöpfung neuer Rechte von Menschen- bzw. Grundrechtsrang zu sehen. Da ist etwa die Rede von Rechten auf einen freien Zugang zur Natur, auf eine natürliche Umwelt, auf die Wiederbelebung eines kulturellen Erbes, auf originäre Rechte von Kindern gegenüber ihren Eltern. Sodann finden sich vielerlei Rechte des Zugriffs auf materielle und immaterielle Lebensmöglichkeiten nahezu umstandslos wie selbstverständlich dem ohnehin bereits bunten Strauß überlieferter Menschen- bzw. Grundrechte hinzugefügt. Recht auf Arbeit, auf Ausbildung, auf Teilhabe an allem, was eine Gesellschaft so an lebens- und erlebenswerten Möglichkeiten bereithält. Menschen- bzw. Grundrechte werden derart ihrer Einzigartigkeit beraubt. Wir können noch weitergehen. Beides, zunehmende Umformung in ein bloßes funktionales Offenhalten von Möglichkeiten und inflationäre Handhabung, entwertet am Ende Menschen- bzw. Grundrechte.

Gleichsam unter der Hand gehen nämlich Menschen- bzw. Grundrechte der überlieferten Bauart auf in einem voluminösen Bukett von Werten, von um ihrer selbst willen allgemein zu akzeptierenden Verhaltenszumutungen. Das setzt seinerseits einen generalisierten Wertekonsens voraus, gelegentlich im Begriff Zivilreligion abstrahiert. Sich selbst begründende Werte sind jedoch unbegründet und begründen nichts mehr, sind aber unverzichtbar, sollen Verhaltensmöglichkeiten im Allgemeinen und Entscheidungen im Besonderen in Unbezweifelbarkeit abgesichert, dabei aber auswähl- bzw. entscheidbar gehalten werden. Werte legen einen nicht entscheidbaren Verhaltens- bzw. Entscheidungsrahmen fest. Menschen- bzw. Grundrechte als Werte und schließlich alle anderen Werte als Institutionen zeitlich, sachlich und sozial generalisierter Verhaltenserwartungen garantieren ihrerseits wiederum nichts weiter als Kommunikationschancen. Insofern sind sie natürlich weiterhin statt nach ihrem Geltungsgrund nach ihren Funktionen zu betrachten. Das Dilemma dabei ist, dass unvermeidlich eine Vielzahl von Werten aus dem Arsenal von Werten zur Befolgung aufgegeben ist, ohne dass eine Möglichkeit verfügbar wäre, sie gegeneinander verlässlich abwägen zu können. Werte sind eben nicht hierarchisierbar, fügen sich keiner transitiven Ordnung. Trotzdem ist mit ihnen allgegenwärtig zu rechnen und zwischen ihnen zu wählen. Das ist tragisch. Die Unverzichtbarkeit von Werten, einschließlich adoptierter Menschen- bzw. Grundrechte, findet sich aufgelöst in paradoxem Wertemanagement, in entfalteter Paradoxie.

Literaturhinweise

Gibt es in unserer Gesellschaft noch unverzichtbare Normen? Heidelberg (C. F. Müller), 1993.

Grundrechte als Institution. Ein Beitrag zur politischen Soziologie. Berlin (Duncker & Humblot), 1965, 4. Aufl. 1999.

Grundwerte als Zivilreligion. In: Soziologische Aufklärung 3. Soziales System, Gesellschaft, Organisation. Wiesbaden (Verlag für Sozialwissenschaften), 1978, 4. Aufl. 2004, S. 293–308.

Das Paradox der Menschenrechte und drei Formen seiner Entfaltung. In: Soziologische Aufklärung 6. Die Soziologie und der Mensch. Wiesbaden (Verlag für Sozialwissenschaften), 1993, 2. Aufl. 2004, S. 229–236.

Mao Tse-tung, Willy Brandt und Bill Clinton oder: Moral und Politik

Mao Tse-tung ist nicht daran gescheitert, dass er seine sexuellen Bedürfnisse jederzeit jedenorts mit jederfrau befriedigte. Willy Brandt hat's erwischt, und Bill Clinton versuchte es mit raffiniertem Lügen. Mao hatte Glück, denn er konnte Schweigen anordnen. Willy Brandt hatte Pech, denn in seinem politischen Gepäck hatte man Guillaume entdeckt. Bill Clinton hat sich moralisch reinwaschen wollen, Sex mit Monica nicht wirklich gehabt und das auch schließlich nicht in Abrede gestellt. Was hat Moral mit Politik zu tun? Kann Politik moralisch sein? Was hat Moral mit Politikern zu tun? Müssen Politiker moralisch einwandfreie Politik machen? Dürfen nur moralisch einwandfreie Personen Politiker sein?

Zwischenüberlegung über das »Wesen« von Moral: Man findet die Annahme, es gebe das Gute, ob es als in sich selbst, in seiner Natur, in Gott oder in der menschlichen Natur oder sonst wo gegründet gesehen wird. Gibt es das Gute, dann wird vom Guten her das Böse bestimmt, sind Unterscheidungen gut/böse, tugendgemäß/nicht tugendgemäß oder moralisch/unmoralisch in die Welt gesetzt. Es ergibt sich die Frage nach der Selbst- oder Fremdunterscheidung des Guten bzw. Moralischen als des Guten bzw. Moralischen. Das Gute ist nur unterscheidbar, wenn es zuvor als das Gute unterschieden worden ist. Wie sonst könnte Gutes als Gutes unterschieden werden? Die Unterscheidung des Guten ist als Unterscheidung per se eine kontingente, d. h. weder notwendige noch unmögliche Unterscheidung. Daran kann auch die Unterscheidung des Guten als eine gute Unterscheidung nichts ändern, denn auch das wäre eine kontingente Unterscheidung. Also scheidet Ethik als Begründung des Guten bzw. von Moral aus. Ethik kann keine Metatheorie der Moral abgeben. Kurzum: Moral ist Moral kraft ihrer Unterscheidung als Moral, die ihrerseits nicht moralisch oder ethisch letztunterscheidbar ist. Als Code der Moral unterscheiden wir Achtung/Nichtachtung, d. h., Moral ist moralfrei zu unterscheiden, sie kann nur moralisch wieder moralisiert werden. Es gibt im moralfreien Medium der Moral oder im Möglichkeitshorizont von Moral moralische Kommunikation, kommunizierte Verhaltenszumutungen. »Ein grüner Politiker. Und dann ein Busengrapscher!« Es gibt Kommunikation über Moral, darüber, was Moral, was moralisch ist. Beide Kommunikationen stehen unter Selbstexemtionsverbot und sind per se konfliktuös infiziert. Man ist gegen sexuelle Belästigung der Frau und darf sich dann nicht als Potatscher ertappen lassen. Siehe Schwarzenegger. Die Selbst- bzw. Fremdauszeichnung von Kommunikation als moralisch steht überhaupt unter Motivverdacht: Moralität ist nur schwer kommunikabel. Moralisches Ausflaggen jeder Kommunikation hieße gar: Stillstand der Kommunikation.

Zwischenüberlegung über funktionale Differenzierung und Moral: Der Übergang zu funktionaler gesellschaftlicher Differenzierung entsozialisiert Moral, indem er sie individualisiert und damit universalisiert. Jedes Individuum kann moralische Ansprüche an andere und damit nolens volens an sich selbst geltend machen: »Die Manager wirtschaften doch nur auf unsere Kosten in ihre eigene Tasche.« Das Individuum mag erschreckt die eigene Unmoral moralisieren: »Wenn ich schwarzarbeite, ist das doch wohl was ganz anderes.« Das Individuum kann klammheimlich oder ganz offen erfolgreich auf die Paradoxie ohnehin nicht konfliktfrei einlösbarer moralischer Verpflichtungen spekulieren: Keine sexuelle Diskriminierung der Frau. Klar. Und des Mannes? Keine Chance der Frau mehr auf das Berühren eines knackigen Männerpos? Zugleich entsozialisiert funktionale Differenzierung Moral, indem sie die funktional ausdifferenzierten gesellschaftlichen Teilsysteme primär auf amoralische Codierungen umstellt. Z. B. operiert das politische System mit dem Code Macht haben/keine Macht haben, überlagert durch den Code Regierung/Opposition. D. h., dass keine der beiden Seiten der beiden Unterscheidungen moralisch unterscheidbar ist, also etwa Machtlosigkeit oder Regierung als gut und die jeweilige Gegenseite als böse. Entsprechendes gilt für die anders codiert operierenden Systeme. Die Entmoralisierung der Moral findet schließlich ihre Entsprechung in der Entmoralisierung der Gesellschaft im Sinne des Fortfalls einer moralischen Supercodierung. Gesellschaft ist nicht mehr überzeugend als auf Moral gegründet oder als durch Moral zusammengehalten zu beschreiben. Gleichwohl kann in den gesellschaftlichen Teilsystemen und in Bezug auf sie moralisch kommuniziert werden, und das geschieht ja allenthalben, ohne dass damit ihre je spezifisch codegeführten selbstreferentiellen Operationsweisen unterlaufen oder diese gar begründet werden könnten. Alle sozialen Systeme operieren unter moralisierbarer Amoralität. Welche Moral und wie viel davon, das entscheiden die Systeme selbst: Sexuelle

Belästigung ist für einen per Selbstunterscheidung moralischen, weil grünen Politiker eine amoralische Kommunikation sexueller Interessen; was übrigens an grüner Politik nichts ändert.

Politische Entscheidungen werden z. B. Politikern zugerechnet, auch: politischen Parteien, der Regierung, politischen Ideen usw. Von Politikern erwartet man im Allgemeinen, dass sie gute Entscheidungen treffen, und im Besonderen, dass sie dabei halten, was sie versprochen haben. In einem alten Schlager heißt es: »Danke dem Politiker, der sein Wort noch hält.« Natürlich sollen sie auch noch glaubwürdig sein, also z. B. selbst gut sein. Haben sie versprochen, die Arbeitslosenzahl zu halbieren oder merklich zu senken, müssen sie ein derartiges Versprechen auch einlösen, sonst haben sie wieder einmal gelogen. Gar peinlich, wenn sie sich privat ein Verhalten zurechnen lassen müssen, das Zweifel an ihrer politischen Integrität zu nähren geeignet ist. Man denke an den vergleichsweise harmlos erscheinenden Fall eines Bremer Politikers, der Wanderarbeiter aus dem ehemaligen Ostblock bei der Sanierung eines ihm gehörenden Hauses schwarz einsetzte. Man denke an Willy Brandt, der sich qua Damenzuführung durch Guillaume ins Zwielicht der Gefährdung seiner politischen Integrität gebracht hat. Man denke an Bill Clinton, der im Oval Office »gesündigt« hat. Im Medium öffentlichen Meinung blieb gar unklar, ob es wirklich um bloßen Sex ging, immerhin mit einer Abhängigen. So unterschiedlich jeder einzelne Fall auch liegen mag, stets wird mehr oder weniger erfolgreich auf Moral als übergreifenden Verhaltenscode spekuliert. Das mag an inszenierten Selbsttäuschungen liegen: der Politiker oder/und der öffentlichen Meinung. Das mag eine noch nicht abgetragene Erblast alteuropäischer Rationalität sein: Es gibt das Gute, und man muss es tun – und gut sein. Das mag ein funktionales Äquivalent für sonst nicht mehr mögliche Kritik an amoralisch codierter Politik sein: Moralisches Schattenboxen als Ersatz für fehlende politische Alternativen. Das mag daran liegen, dass Handeln Personen leichter zuzurechnen ist als Systemen. Als ob ein Busengrapscher kein hervorragender Politiker sein, sich ausgezeichnet im Medium der Macht bewegen könnte!

Politik selbst soll moralisch sein, guten Zwecken dienen, dem Bonum commune, oder nur Ideen (immer praktisch). Zwecke sind gut, wenn sie kommunikativ erfolgreich als solche darstellbar oder in der Form von Werten als fraglos geltend anzunehmen sind. In das Medium der Macht lassen sich unterschiedliche Formen einzeichnen. Das Medium ist blind gegenüber Zwecken. Also verschieben sich die politische Kommunikation und die Kommunikation über Politik auf politische Zwecke: Menschenrechte, Gleichberechtigung, blühende Landschaften, halbierte Arbeitslosigkeit, gesicherte Renten. Das ist eine heuchlerische Kommunikation, weil es nach wie vor um Macht und nicht um Zwecke geht, im Medium der Macht über im Prinzip beliebige Zwecke entschieden wird. Die Heuchelei muss freilich entheuchelt werden, z. B. dadurch, dass die in das Medium der öffentlichen Meinung eingezeichnete Form einen gegenteiligen Eindruck erzeugt. »Ja, die Arbeitslosenzahl hätte sich verdoppelt, wenn wir sie nicht halbiert hätten.« Es wird auf Akzeptanz spekuliert. Heuchlerisch muss die Kommunikation allein schon deshalb sein, weil die Erreichbarkeit der Zwecke vermöge Politik für möglich gehalten wird, obwohl dem angesichts funktionaler gesellschaftlicher Differenzierung entschiedene Grenzen gesetzt sind. Wie, um alles in der Welt, soll man auch dem Volk klarmachen, dass Politik nicht darin gipfelt, über gute Zwecke und ihre Realisierung zu befinden, sondern den Schein zu pflegen, als ginge das, ohne damit weiteres Entscheiden zu blockieren? Umso besser, wenn trotzdem Erreichtes an die Fahne der Politik zu heften ist. »Die aktuellen wirtschaftlichen Daten signalisieren, dass wir auf dem richtigen Weg sind.« Im Übrigen ist Vergessen des Wählers funktional einkalkuliert, und den Rest fängt man mit externen Verantwortungszuweisungen auf. »Die Rahmenbedingungen haben sich derart verändert, dass wir beim besten Willen nicht konnten, was wir wollten.« Politik ist in der Tat eine amoralische Veranstaltung, die sich nicht als amoralisch verurteilen lässt, was aber nur geht, wenn es ihr gelingt, sich als moralische Veranstaltung zu präsentieren. Das macht es leicht, sein Heil in Personalisierungen von Moral zu suchen, Politiker mit moralischen Ansprüchen zu überschütten.

Unaufgeklärte alltägliche und wissenschaftliche Annahme ist: Moralische Politik ist möglich und erfordert moralisch einwandfreie Politiker. Wir finden: Beides und der Zusammenhang dazwischen ist nicht mehr begründbar. Dennoch wird so begründet; vielleicht nur, um Nichtbegründbarkeiten zu verdecken. Und dabei spielt nicht einmal böse Absicht eine Rolle.

Literaturhinweise

Die Ausdifferenzierung der Religion. In: Gesellschaftsstruktur und Semantik. Studien zur Wissenssoziologie der modernen Gesellschaft. Bd. 3, Frankfurt a. M. (Suhrkamp), 1989, 2. Nachdr. 2004, S. 259–357, 291–309.

Die Ehrlichkeit der Politiker und die höhere Amoralität der Politik. In: P. Kemper (Hrsg.): Opfer der Macht. Müssen Politiker ehrlich sein? Frankfurt a. M. (Suhrkamp), 1994, S. 27–41.

Ethik als Reflexionstheorie der Moral. In: Gesellschaftsstruktur und Semantik. Studien zur Wissenssoziologie der modernen Gesellschaft. Bd. 3. Frankfurt a. M. (Suhrkamp), 1989, 2. Nachdr. 2004, S. 358–447.

Die Gesellschaft der Gesellschaft. 2 Bände. Frankfurt a. M. (Suhrkamp), 1997, 6. Aufl. 2006, S. 396–405.

Paradigm Lost: Die ethische Reflexion der Moral. (Festvortrag anläßlich der Verleihung des Hegel-Preises der Landeshauptstadt Stuttgart am 23. November 1988 im Neuen Schloß Stuttgart.) Stuttgart (Ferdinand Enke), 1988.

Politik, Demokratie, Moral. In: Konferenz der Deutschen Akademien der Wissenschaften (Hrsg.): Normen, Ethik und Gesellschaft. Mainz (von Zabern), 1997, S. 17–39.

Soziologie der Moral. In: N. Luhmann u. H. Pfürtner (Hrsg.): Theorietechnik und Moral. Frankfurt a. M. (Suhrkamp), 1978, S. 8–116.

»So lügt man mit Statistik!« Von der Instrukttheorie zur Konstrukttheorie der Erkenntnis

Zwei Sätze sind in aller Munde: »Glaube keiner Statistik, die du nicht selbst gefälscht hast. »So lügt man mit Statistik.« Die Bezeichnung Statistik sei als Kürzel für empirische als erfahrungsgeleitete Beschreibbarkeit von Wirklichkeit oder von Weltsachverhalten jedweder Art eingesetzt. Dabei sollen eine Erfassung von Häufigkeiten mittels Zahlen und eine Erfassung von Beziehungen mittels zahlenverwendender Formeln eingeschlossen sein. Beide Sätze unterstellen nun, es gebe Sachverhalte, die so sind, wie sie sind, und die sich grundsätzlich strengerer oder lockerer auf einen quantitativen Begriff bringen lassen. Es gibt eine wahre Wirklichkeit, die sich statistisch adäquat beschreiben oder abbilden lässt. Gelogen oder gefälscht wird bezüglich der beiden Sätze dann, so die landläufige Meinung, wenn Statistiken angesagt sind, die nicht sauber nach den Regeln einer wirklichkeitsadäquaten statistischen Methode, sondern verunreinigt durch Freihandschätzungen gewonnen werden, oder wenn wider besseres Wissen die statistischen Ausdrücke zur Beschreibung der entsprechenden wahren Wirklichkeit so manipuliert werden, dass sie ein ungenaues oder falsches Bild davon vermitteln. Erheblich weiter reichte der Einwand, dass es nicht bloß um gefakte Statistiken, sondern um Statistiken als Fakes, um Statistiken als Artefakte der Erzeugung von Artefakten geht.

Werfen wir zur Vorbereitung unseres Arguments einen eher flüchtigen Blick auf ausgewählte Anleitungen zur Erfassung von Weltsachverhalten oder kurz Theorien und ihr Verhältnis zur Statistik. Sieht man von allenfalls noch im alltäglichen Bewusstsein vorzufindenden Resten des naiven Glaubens an die unmittelbare sinnliche Erfassbarkeit dessen, was ist oder zu sein scheint, ab, ist kaum eine Theorie vorzufinden, die nicht irgendwie auf Vermittlungsschritte bei ihrem Zugriff auf Wirklichkeit angewiesen wäre und die nicht irgendwie Statistik in ihrem Arsenal oder als Zielscheibe hätte. Comtes erfahrungsgewisse Genealogie der Zeitalter der Menschheit findet ihren Abschluss im positiven Stadium, gekennzeichnet durch eine begrifflich als unschuldig erscheinende mathematisch-statistisch vermittelte Beschreibbarkeit tatsächlich obwaltender sozialer Gesetzmäßigkeiten und durch ihre Rückanwendbarkeit zwecks sich vollendender Entfaltung dieser Gesetzmäßigkeiten. Marx setzt einen Begriff von Wirklichkeit voraus, der dem Kopf wirklichkeitsgerecht gegeben, nicht aber die Wirklichkeit ist und seinerseits den Blick auf die Wirklichkeit dirigiert. Diesem Blick offenbaren sich mathematisch-statistisch ausdrückbare Gesetzmäßigkeiten, vom ehernen Lohngesetz bis zum tendenziellen Fall der Profitrate. Ein wesentliches Kennzeichen der Kritischen Theorie ist die Vorstellung, dass die unausweichlich erfahrener bestimmter Wirklichkeit entnommene Begrifflichkeit durch ebendiese erfahrene Wirklichkeit geformt ist, was den Durchgriff auf das verbirgt, was vorgängig als wahre Wirklichkeit dahinter verschüttet liegt. Empirisch-statistisches Räsonieren kann dann nur einen falschen Begriff von Wirklichkeit liefern. Keine Entfremdung? Typischer Fall eines falschen Bewusstseins. Im Umfeld eines der Methodologie des kritischen Rationalismus oder methodologischen Individualismus verpflichteten natur-, sozial- und wirtschaftswissenschaftlichen Denkens wird nicht nur mit einer so und nicht anders seienden Wirklichkeit, sondern auch mit ihrer statistischen Darstellbarkeit gerechnet. Dieser Wirklichkeit wird insbesondere zugerechnet, entweder von in Gesetzesform beschreibbaren Regelmäßigkeiten oder/und von ebenfalls mathematisch-statistisch modellierbaren Zufälligkeiten geprägt zu sein. Nur sei das alles noch nicht oder nicht zureichend bekannt und könne auch nur begrenzt bekannt bzw. erkannt werden, jedenfalls nicht abschließend. Deshalb benötige man Vorabannahmen über die Beschaffenheit von Wirklichkeit, d. h. Theorien, die sich dann an dem vermittels statistischer Heuristiken als wirklich Herausgefundenen bewähren können oder nicht. Bleibt noch alles an Theorien unter dem Vorzeichen von Phänomenologie. Einmal mehr wird Wirklichkeit als irgendwie der Erfahrbarkeit zugängig gesehen, sei es unmittelbar sinnlich vermittelt (aber schon: vermittelt), sei es über sinnhafte Vergewisserung des sinnlich Erfahrbaren: vom frühen Funktionalismus über Durkheim zu Weber und zum früheren Parsons. Dabei kristallisiert sich zunehmend eine Weltsicht heraus, die sich dem auf sie bezogenen Begriff verdankt: späterer Parsons, radikaler Konstruktivismus, Luhmanns operativer Konstruktivismus. Statistiken oder sonstige empirische Belege von mehr als singulärem Vorkommen werden je nach Bedarf zur Bekräftigung richtiger Anschauungen bemüht. Natürlich illustrieren Durkheims Zahlen zum Selbstmord die vorausgesetzte Sozialität einer sozialen Tatsache. Natürlich hat Luhmanns Dame ihr Taschentuch in erkennbarer Absicht absichtlich-unabsichtlich fallen lassen.

Was bleibt? Allgemein kann man nunmehr wissen, dass mit Statistik nur dann zu lügen wäre, wenn überhaupt wahre Wirklichkeit statistisch beschreibbar wäre. Wie sich dessen vergewissern? Wir unterscheiden zu diesem Zweck ganz heroisch eine Instrukttheorie und eine Konstrukttheorie der Erkenntnis. Einer Instrukttheorie der Erkenntnis ordnen wir alle Weltsichten zu, die Weltsachverhalte jedweder Art als etwas ihrer Erfassung vorgängig Gegebenes, als Seiendes unterstellen, das grundsätzlich begrifflich erfassbar und zu erfassen ist. Einer Konstrukttheorie der Erkenntnis ordnen wir alle Weltsichten zu, die Weltsachverhalte jedweder Art als erst mit dem begrifflichen Zugriff auf sie erzeugte Sachverhalte erfassbar machen. Wir sprechen auch von der Theorie der Beobachtung. Beobachten ist uns dabei in einem das Unterscheiden und Bezeichnen von etwas, was es ohne diesen einheitlichen Akt nicht gäbe, z. B. Welt, Wirklichkeit, Beobachtung, kurz: alles. Statistik wäre ein solcher Sachverhalt, auch das, was jeweils statistisch unterfüttert als Sachverhalt ausgegeben wird. Armut wäre ein solcher Sachverhalt und das, was jeweils genauer als Armut statistisch unterfüttert ausgegeben wird. Wirklichkeit ist hiernach nicht beobachtungsunabhängig beobachtbar. Beobachtungstheoretisch gesehen, kann überhaupt nur gelogen werden, weil entweder verschwiegen wird oder, was der Normalfall ist, nicht gewusst ist, dass Wirklichkeit nichts anderes als das sein kann, was dafür gehalten wird, Wirklichkeit nicht beobachtungsunabhängig zugängig ist. Die Wirklichkeit kann ihren Beobachter nicht unvermittelt instruieren: »Schau nur her, ich bin das, was ich bin, und so, wie ich bin.« Selbst der sich als instruiert beobachtende Beobachter müsste seine Instruktion als Konstruktion erkennen: »Ich sehe das, was ich sehe. Das aber sehe ich nur, weil ich es so sehe, wie ich es sehe.« Das sagt eigentlich niemand so deutlich von sich, aber Luhmann.

Sehen wir zwecks Illustration einem empirischen Sozialforscher bei seinem Konstruktionsgeschäft zu. Sein Gegenstand sei Armut. Er sieht nicht, dass er diesen Gegenstand nur sieht, weil er zuvor gesehen wurde. Trotzdem macht er weiter. Er konstruiert mittels des Konstrukts Armut einen der empirischen Erfassung exakter zugängigen Begriff von Armut: »Arm ist diejenige Haushaltsperson, deren bedarfsgewichtetes Geldeinkommen, das ihr fiktiv zugerechnet wird, die Hälfte des durchschnittlichen bedarfsgewichteten Geldeinkommens, das allen in privaten Haushalten lebenden Personen fiktiv zugerechnet wird, nicht erreicht.« Als zu prüfende Hypothese nennt er: »Wirtschaftliche Weltvergesellschaftung lässt den Anteil der in Armut lebenden Personen an der Gesamtbevölkerung auch in fortgeschrittenen Industriegesellschaften zunehmen.« Zwecks diesbezüglicher Datenerhebung wird ein hypothesengerechter Fragebogen konstruiert. Dieser dient der stichprobenmäßigen, hypothesengerechten Erhebung der benötigten Daten. So werden die Daten selbst erst durch die Erhebung als relevante Daten konstruiert. Der Erhebung folgt die hypothesenorientierte Auswertung der Daten mittels statistischer Modelle, d. h., eigene statistische Konstrukte werden in den Dienst der Konstruktion neuer Daten gestellt. Diese Daten bilden die Folie für die Konstruktion von Aussagen; die Daten müssen zum Sprechen gebracht werden. Konstruktion über Konstruktion. Und dennoch wird die Fiktion durchgehalten, wahre Wirklichkeit würde hier nur auf den ihr entsprechenden statistischen Begriff gebracht. Das träfe weiterhin zu, würde die Hypothese nicht bestätigt. Das träfe weiterhin zu, würde einer anderen Hypothese die Chance auf Bewährung gegeben: »Wirtschaftliche Weltvergesellschaftung führt zu einem geringeren Anteil armer Personen an der Gesamtbevölkerung in fortgeschrittenen Industriegesellschaften, als es sonst der Fall wäre.« Solange die Illusion oder Fiktion einer beobachtungsunabhängig zugängigen Wirklichkeit nicht aufgegeben wird, wird gelogen. Wenn doch, dann auch noch. Nur wüsste man's. Das ist der Unterschied, der am Ende einen Unterschied macht, der eine Konstrukttheorie von einer Instrukttheorie der Erkenntnis unterscheidet.

Gelogen wird immer, sagten wir. Die zu Anfang zitierten Sätze stünden, wenn man so will, für einfaches Lügen, unsere Argumente für höherwertiges Lügen. Also lügen wir fröhlich weiter, z. B. mit dem Einwand, sogar abgeklärt aufgeklärte, ihres Lügens gewisse Statistik reduziere ihren Gegenstand wirklichkeitsverkürzend auf doch zu Kleinformatiges, formal Ausgedrücktes, Zahlenmäßiges zumal. Mit Sprache lässt sich, so scheint es, dagegen alles sagen. Totalität von Wirklichkeit in ihrer ganzen Vielfalt ins Visier Nehmendes. Sogar das Unsagbare. Doch ist der bloß sprachliche Zugriff – auch dieser! – überzeugender? Auf einmal lässt sich sehr wenig sagen, ob durch ein Wort oder durch einen formalen Ausdruck. Sprache scheint umfassendere und also allgemeinere, nicht sofort durchsichtige, also anspruchsvollere Konstruktionen zu ermöglichen. Das mag ohnehin nur den überzeugen, der die Möglichkeiten von Statistik nicht im Entferntesten kennt oder der an sie unbegründeterweise noch dem kausal- oder seinswissenschaftlichen Funktionalismus entsprungene Ansprüche stellt. Jedes Wort oder jeder Satz, jeder sprachliche Ausdruck konstruiert und reduziert nicht minder als jeder formale Ausdruck oder jede einstweilen nicht verworfene Hypothese. Konstruiert wird hier wie dort allemal. Willkürlich kann es dabei nicht zugehen. Schließlich verfügen wir nur über die begrifflich geführten Möglichkeiten zur Beobachtung von Wirklichkeit, über die wir verfügen. Ansprüche auf richtige Aussagen kann es überhaupt nicht geben. Es ist an der Zeit, das alles zu sehen, so schwer das auch fällt.

Literaturhinweise

Erkenntnis als Konstruktion. In: Aufsätze und Reden. (Hrsg. v. O. Jahraus.) Stuttgart (Reclam), 1988, Nachdr. 2004, S. 218–242.

Das Erkenntnisprogramm des Konstruktivismus und die unbekannt bleibende Realität. In: Soziologische Aufklärung 5. Konstruktivistische Perspektiven. Wiesbaden (Verlag für Sozialwissenschaften), 1990, 3. Aufl. 2004, S. 31–58.

Die Gesellschaft der Gesellschaft. 2 Bände. Frankfurt a. M. (Suhrkamp), 1997, 6. Aufl. 2006, S. 36–43, 893–912.

Die neuzeitlichen Wissenschaften und die Phänomenologie. Wien (Picus), 1996.

Die Wissenschaft der Gesellschaft. Frankfurt a. M. (Suhrkamp), 1990, 4. Aufl. 2002, S. 369–373, 508–531.

Der Beobachter – neu erfunden

Ich sehe mir einen Baum an, sehe die Sonne aufgehen, betrachte ein Bild, sitze auf einer Bank an der Uferpromenade der Weser und sehe mir vorbeikommende Schiffe an. Wahlbeobachter der *UNO* werden in die Ukraine geschickt. Ein Schiedsrichterobmann des *DFB* beobachtet die Leistung eines Bundesligaschiedsrichters. Ein Soziologe beobachtet teilautonome Gruppenarbeit in einem Automobilwerk. Die Rede ist von Beobachtern, die etwas beobachten, sich Gegenstände oder Vorgänge ansehen. Sie sind fraglos in der Lage, sinnlich und sinnhaft gegenständliche Außenwelt oder äußerliches Geschehen zu erkennen und zu benennen. So die übliche Sicht der Dinge. Erweitern wir gleich die alltägliche Vorstellung von Sehen oder Beobachten. Ich kann sagen: »Ohne Sonne kein Leben auf der Erde.« »Ohne Gehirn kein Denken.« »Ohne Beobachtung keine Erkenntnis.« Usw. Hier wird nicht so etwas wie gegenständliche Außenwelt oder äußerliches Geschehen gesehen, sondern das Sehen auf Aussagen über das Sehen ausgedehnt, worin sogleich das Sehen von gegenständlicher Außenwelt und äußerlichem Geschehen einzuschließen wäre. Beobachten wird zu einem allgemeinen Begriff für sinne- und sinnbeanspruchendes Sehen. Und der, der sieht, wird folglich zu einem sinne- und sinnbeanspruchenden Beobachter. Ich, der ich diesen Text verfasse, der die Dinge so sieht, wie er sie sieht, bin ein solcher Beobachter.

Radikalisieren wir die Vorstellung von Beobachten. »Ein Beobachter beobachtet.« Das sage ich als Beobachter. Was heißt dabei »beobachten«? Ich sage: »In einem etwas unterscheiden und bezeichnen, was es ohne diesen Akt nicht gäbe.« Woher kommt nun dieser oder jeder andere mögliche Beobachter? Was ist seine Existenzgrundlage? Man könnte sagen, ein Beobachter kommt durch die Beobachtung eines Beobachters in die Welt. Die Frage bleibt, denn wieder ist ein Beobachter vorausgesetzt. Man könnte es mit Entwirrungen archimedischen oder cartesischen Typs versuchen. Am Anfang ist der Beobachter. Oder: Am Anfang schuf Gott durch sein Wort Himmel und Erde usw. Dies sind Beobachtungen eines Beobachters! Eines Beobachters! Was aber, wenn dieser des Teufels wäre? Das muss nicht sein, denn man könnte Gott zumuten (beobachten!), sich selbst zu unterscheiden und bezeichnen, und zwar als nicht weiter beobachtbaren Beobachter, als anfangslosen Beobachter, der sich jeder Beobachtung durch einen anderen Beobachter, besonders den Teufel, entzieht. Leise Zweifel regen sich; denn wäre das nicht wieder eine Beobachtung eines Beobachters? Man mag es drehen und wenden, wie man will, es geht nicht anders, als den Beobachter sich selbst vorauszusetzen. Der Beobachter hat keine Existenzgrundlage außer sich selbst? Das riecht nach Tautologie. Beobachter ist Beobachter. Als Beobachter bin ich Beobachter. Allgemein: Etwas ist das, was es ist. Und weiter. Der Beobachter identifiziert sich selbst als das, was er ist, obwohl er das nicht wirklich kann. Denn im Moment seiner Selbstunterscheidung als Beobachter kann er diese Unterscheidung nicht als ihr vorgängig bereits unterschieden unterscheiden. Das ist paradox. Denn er unterscheidet sich ja, blendet seinen blinden Fleck für den Moment aus. Auf diese Weise kann er momenthaft die Frage nach seinem Existenzgrund ignorieren, tautologie- und paradoxieentfaltend weitermachen. Sein Nichtsehenkönnen ist Bedingung seines Sehenkönnens. Er könnte genau dieses alles auch noch beobachten, bliebe jedoch den gleichen Problemen und Problemlösungen verhaftet. Aus derartigen zirkulären Verschlingungen gibt es kein Entrinnen.

Wir wollen unserem verallgemeinerten und zum blinden Seher mutierten Beobachter noch mehr zumuten, nämlich ein System, ein autopoietisches System zu sein. Irgendwie schwingen ja im Begriff des Beobachters immer noch anthropomorphe oder menschliche oder auf Subjekt hindeutende Anklänge mit. Wir sprachen von Wahlbeobachtern. Wir verwendeten den Begriff »ich«. Das war nicht falsch, bedarf aber besonderer Einbettung. Dazu bemühen wir unsere Vorstellung von einem autopoietischen psychischen System als Anknüpfungspunkt. Dieses System erzeugt sich selbst, indem es Gedanken aus Gedanken erzeugt. Die Abstraktion auf System hin blendet umstandslos auf Mensch, Person oder Subjekt verweisenden Bezüge erst einmal ganz aus. Da das psychische System Gedanken durch Gedanken ermöglicht, ist jeder derart selbstermöglichte Gedanke als eine Beobachtung zu bestimmen und somit dem psychischen System der Status eines beobachtenden Systems oder eben Beobachters zuzubilligen. Der Beobachter als System kann sich nun wiederum selbst beobachten, etwa als ein Mensch, als ein Ich oder als eine Person oder als Subjekt, ohne damit seinen systemischen Status zu gefährden. So vermag ich zu beobachten, dass die Sonne aufgeht, dass ich als Ich beobachten kann. So vermag ich zu beobachten, dass ich mich in der Form von Person an Gesellschaft beteilige, mich als solcher Beobachter in meinen Beobachtungsmöglichkeiten von meiner

Beteiligung an Gesellschaft abhängig sehe. Und ein soziales System selbst als Beobachter? Auch das geht. Ein Interaktionssystem mag die Selbst- oder Fremdadressierung als Gruppe oder als ein Wir hervorbringen und so Beobachterstatus erlangen. Entsprechendes wäre für organisationale Systeme geltend zu machen. Aber Gesellschaft selbst ist adressenlos. Der Soziologe als Beobachter der Gesellschaft in der Gesellschaft beobachtet freilich so, als ob sie sich selbst beobachtete, z. B. als Spaßgesellschaft.

Wir haben den Beobachter in eine einzigartige Figur mit einzigartigen Fähigkeiten umgebaut. Einzigartig soll heißen, dass – streng genommen – kein Beobachter mit einem anderen Beobachter identisch sein kann, so ähnlich ihre Selbst- oder Fremdbeobachtungen als Beobachter auch ausfallen mögen. Einzigartig soll heißen, dass – streng genommen – die Beobachtungen der nahezu unübersehbar vorkommenden Beobachter nicht identisch sein können, so ähnlich ihre Beobachtungen auch ausfallen mögen. Für a priori privilegierte Beobachter ist kein Platz gelassen. Dann kann es auch keinen Beobachter geben, der Gesellschaft in der Gesellschaft einzig richtig zu beobachten vermag. Das schließt den systemtheoretischen Beobachter ein. Ist dieser ein neuartiger Schöpfergott? Ja, denn er ist sich selbst genug. Nein, denn er gibt das zu.

Literaturhinweise

Erkenntnis als Konstruktion. In: Aufsätze und Reden. (Hrsg. v. O. Jahraus.) Stuttgart (Reclam), 1988, Nachdr. 2004, S. 218–242.

Das Erkenntnisprogramm des Konstruktivismus und die unbekannt bleibende Realität. In: Soziologische Aufklärung 5. Konstruktivistische Perspektiven. Wiesbaden (Verlag für Sozialwissenschaften), 1990, 3. Aufl. 2004, S. 31–58.

Die Kunst der Gesellschaft. Frankfurt a. M. (Suhrkamp), 1995, 5. Aufl. 2006, S. 92–105.

Die Paradoxie der Form. In: Aufsätze und Reden. (Hrsg. v. O. Jahraus.) Stuttgart (Reclam), 1993, Nachdr. 2004, S. 243–261.

Sthenographies. In: N. Luhmann, U. Maturana, M. Redder u. F. Varela: Beobachter. Konvergenzen der Erkenntnistheorien? München (Fink), 1988, 3. Aufl. 2003, S. 119–137.

Sthenographie und Euryalistik. In: H. U. Gumbrecht u. K. L. Pfeiffer (Hrsg.): Paradoxien, Dissonanzen, Zusammenbrüche. Situationen offener Epistemologie. Frankfurt a. M. (Suhrkamp), 1991, S. 58–82.

»Was ist der Fall?« und »Was steckt dahinter?« Die zwei Soziologien und die Gesellschaftstheorie. *Zeitschrift für Soziologie* 1993, 22 (4): 245–260.

Die Wissenschaft der Gesellschaft. Frankfurt a. M. (Suhrkamp), 1990, 4. Aufl. 2002, S. 68–121.

»Dies ist eine Gruppe von Personen.« Zur Kunst des Beobachtens

Beobachtungen stammen von Beobachtern. Letzteren sind wir soeben begegnet. Ich beobachte als ein im Medium des Sinns operierender systemischer, d. h. hier gedankenprozessierender Beobachter. Das Medium Sprache beanspruchend, unterscheide und bezeichne ich in einem, was es sonst so nicht gäbe: »Dies ist eine Gruppe von Personen.« Sinn, Medium, Sprache, System, Gruppe, Personen sind ihrerseits besondere Beobachtungen. Was also genau sind Beobachtungen?

Mir meiner Beobachtung »Dies ist eine Gruppe von Personen« unterscheide und bezeichne ich genau dies und nichts anderes, z. B. nicht: »Dies ist eine Ansammlung von Menschen.« Kraft Unterscheidung ist »Gruppe von Personen« und nicht »Ansammlung von Menschen« als Sachverhalt in die Welt gesetzt. Beides ist etwas Verschiedenes. Beides ist nicht gleichzeitig zu unterscheiden. Es sei denn, ich unterschiede: »Dies ist eine Gruppe von Personen und keine bloße Ansammlung von Menschen.« Dies wäre allerdings eine völlig neue Beobachtung. Ist erst einmal etwas oder dies und nicht das beobachtet worden, ist damit auch der Anknüpfungspunkt für weitere Beobachtungen gesetzt. So ließe sich z. B. sagen, die Gruppe von Personen beschäftige sich mit der Frage, ob sie ein soziales System darstelle. Dessen ungeachtet könnte in einem neuerlichen Akt des Beobachtens mit der Beobachtung »Dies ist eine Ansammlung von Menschen« gestartet werden. Darauf passt wiederum die Beobachtung, dass jede Beobachtung kontingent, d. h. weder notwendig noch unmöglich ist. Wie man außerdem sofort ahnt, erzeugt jede Beobachtung eine Form, das, was unterschieden wurde, und das, was nicht unterschieden wurde. Das wirkt leicht missverständlich. Grundsätzlich ist mit der Beobachtung »Dies ist eine Gruppe von Personen« nämlich nicht schon gesagt, was auf der nicht bestimmten Außenseite der bestimmten Innenseite »Dies ist eine Gruppe von Personen« anzutreffen ist, außer dass es nicht um eine Gruppe von Personen gehen kann. Die Form wäre: »Dies ist eine Gruppe von Personen/Dies ist keine Gruppe von Personen.« Die bestimmte Außenseite »Dies ist keine Gruppe von Personen« bliebe weiter unbestimmt. Für anschließendes Beobachten stünde die Innenseite der Form für den Akzeptanzwert und die Außenseite für den Rejektionswert.

Wenn ein Beobachter etwas beobachtet, ist das Beobachtete uno actu für ihn gegeben – man könnte auch sagen: real; denn das, was er beobachtet hat, das hat er eben beobachtet, und sonst nichts. Das ist tautologisch. Und weiter: Er hat beobachtet, kann aber im Augenblick seines Beobachtens nicht beobachten, wie er beobachtet, d. h., welche Beobachtung seiner Beobachtung zu Grunde liegt. Er sieht etwa nicht, dass er nur deshalb augenblicklich mit der Beobachtung »Gruppe von Personen / keine Gruppe von Personen« arbeiten kann, weil ihm diese Beobachtungsmöglichkeit vorgegeben ist, denn sonst könnte er sie nicht handhaben. Dennoch beobachtet er, obwohl oder weil er nicht beobachten kann. Er sieht – wie sein Beobachter –, obwohl oder weil er nicht sehen kann, wie er das zu sehen bekommt, was er zu sehen bekommt. Das ist paradox. Der Beobachter kann in der Folge die von ihm verwendete Beobachtung wieder verwenden, in einer neuerlichen Situation wieder die Beobachtung »Gruppe von Personen« handhaben. Die betreffende Beobachtung wäre dann eine bewährte Beobachtung kondensierten und konfirmierten Typs. Es wäre frustrierend, ja entropisch, immer am anfangslosen Anfang, an einem Anfang, der immer schon angefangen haben muss, anfangen zu müssen. Das ändert nichts daran, dass jede Beobachtung eine neue Beobachtung ist: The same is different. Das ändert nichts daran, dass jede Beobachtung Beobachtungen an der Wiege hat, die ihrerseits Beobachtungen an der Wiege haben: Beobachten auf Grund immer schon geschehenen Beobachtens ist selbstrefentielles, in Endlosschleifen eingebundenes Geschehen.

Vertiefen wir unsere Überlegungen in Bezug auf verschiedene Ordnungsebenen von Beobachtung. Meine Ausgangsbeobachtung »Dies ist eine Gruppe von Personen«, und jede Beobachtung ist für sich eine Ausgangsbeobachtung, ist eine Beobachtung erster Ordnung. Sie macht nur sichtbar, was sie sichtbar macht oder was ebendeshalb gesehen wird. Das ist das und nichts anderes; eine schlichte Was-Frage. Nun kann ich mich selbst als Beobachter beim Beobachten beobachten, jedoch nicht gleichzeitig! Als Beobachter zweiter Ordnung, der ich dann bin, handhabe ich z. B. die Beobachtung »Gruppe von Personen / keine Gruppe von Personen«, was möglich, jedoch nicht notwendig oder eben kontingent ist. Das ist abermals eine neue Beobachtung, eine einmalige, augenblickliche, nur mit sich selbst identische Beobachtung. So vermag der Beobachter vermittels einer Beobachtung zu sehen, was er gesehen hat und was nicht. Es geht um eine Wie-Frage. Als Beobachter erster Ordnung kann er die betreffende

Unterscheidung nicht handhaben. Paradoxerweise ist die Beobachtung zweiter Ordnung zugleich eine solche erster Ordnung, sie ist ihr Gegenteil: The same is different. Als Beobachter kann ich noch mehr, nämlich beobachten oder darüber reflektieren, wie ich beobachten kann, wie ich beobachten bzw. nicht beobachten kann. Leitend wäre etwa die Unterscheidung »Gruppe von Personen / keine Gruppe von Personen // Ansammlung von Menschen / keine Ansammlung von Menschen«. Jetzt läge eine Beobachtung dritter Ordnung vor. Noch einmal der Reihe nach: Zuerst wird »Gruppe von Personen«, dann »Gruppe von Personen / keine Gruppe von Personen« und schließlich etwa »Gruppe von Personen / keine Gruppe von Personen // Ansammlung von Menschen / keine Ansammlung von Menschen« unterschieden. Dieses Spiel ließe sich fortsetzen. Jede dieser Beobachtungen bliebe für sich eine Beobachtung erster Ordnung. So sind die Beobachtungen aller Ordnungen immer nur Beobachtungen erster Ordnungen. Eine auflösende Hierarchie von Beobachtungen ist nicht beobachtbar. Die Endlosschleifen bleiben.

Das alles klingt reichlich akademisch. Kurzum: Will man wissen, was Sache ist, ist der Beobachter bei seinem Beobachten zu beobachten. »Ich bin müde.« Wer sagt das? Ich sage das. Stimmt das? »Natürlich bin ich müde!« Bin ich nur deshalb müde, weil ich sage, dass ich müde bin, mich als müde beobachte? Sicher doch! Oder bin ich, d. h., beobachte ich mich als wirklich müde? Na klar. Ich halte kurz ein und sehe, dass ich die Beobachtung müde/nicht müde benutzt habe. Hätte ich, so mein weiteres Sinnen, besser die Beobachtung schlapp/nicht schlapp bemühen sollen? Ach was! Reflexion hin oder her. »Ich bin müde.« Das ist alles. Es geht nicht um Seinsaussagen. Doch um Was-Aussagen (Beobachtungen erster Ordnung) und um Wie-Aussagen (Beobachtungen zweiter Ordnung). Bei alledem wissen wir doch, dass alles, was beobachtet wird, die Leistung eines Beobachters ist, Konstrukt und kein Instrukt ist. Fiktionale Realität oder Realitätsillusion hin oder her. Diese Kunst des Beobachtens will gelernt sein.

Literaturhinweise

Dekonstruktion als Beobachtung zweiter Ordnung. In: Aufsätze und Reden. (Hrsg. v. O. Jahraus.) Stuttgart (Reclam), 1993, Nachdr. 2004, S. 263–296.

Erkenntnis als Konstruktion. In: Aufsätze und Reden. (Hrsg. v. O. Jahraus.) Stuttgart (Reclam), 1988, Nachdr. 2004, S. 218–242.

Das Erkenntnisprogramm des Konstruktivismus und die unbekannt bleibende Realität. In: Soziologische Aufklärung 5. Konstruktivistische Perspektiven. Wiesbaden (Verlag für Sozialwissenschaften), 1990, 3. Aufl. 2004, S. 31–58.

Observing Re-entries. *Protosoziologie* 1994, (6): 4–13.

Die Paradoxie der Form. In: Aufsätze und Reden. (Hrsg. v. O. Jahraus.) Stuttgart (Reclam), 1993, Nachdr. 2004, S. 243–261.

The Paradoxy of Observing Systems. *Cultural Critique* 31 (1995, Fall): 37–55.

Sthenographie. In: N. Luhmann, U. Maturana, M. Redder u. F. Varela: Beobachter. Konvergenzen der Erkenntnistheorien? München (Fink), 1988, 3. Aufl. 2003, S. 119–137.

Sthenographie und Euryalistik. In: H. U. Gumbrecht u. K.L. Pfeiffer (Hrsg.): Paradoxien, Dissonanzen, Zusammenbrüche. Situationen offener Epistemologie. Frankfurt a. M. (Suhrkamp), 1991, S. 58–82.

Die Wissenschaft der Gesellschaft. Frankfurt a. M. (Suhrkamp), 1990, 4. Aufl. 2002, S. 72–87.

Zeichen als Form. In: D. Baecker (Hrsg.): Probleme der Form. Frankfurt a. M. (Suhrkamp), 1993, S. 45–69.

Differenzen, die mit sich selbst anfangen und mit sich selbst enden

Über Stefan Effenberg fand man bisweilen die Aussage: »Der hatte Differenzen mit seinem Trainer.« Es ging um Meinungsverschiedenheiten, um unterschiedliche Auffassungen von Fußball. Angriffsfußball oder Catenaccio? Man sieht: Eine Differenz ist zunächst einfach das, was sie ist, etwas, was einen Unterschied macht. Etwas, was einen Unterschied macht, ist als Beobachtung zu erkennen; sagen wir dennoch einfach Unterscheidung. Angriffsfußball, Catenaccio bzw. Angriffsfußball oder Catenaccio?

Sehen wir uns das Baumuster von Differenzen im Stil einer akrobatischen Trockenübung näher an. Es werde Garten oder Frau oder Angriffsfußball oder System unterschieden. Das sollen keine Unterscheidungen des tautologischen Typs A ist A oder Garten ist Garten oder Frau ist Frau oder Angriffsfußball ist Angriffsfußball oder System ist System sein, sondern bereits enttautologisierte Unterscheidungen des Typs: Wenn A, dann A; oder: Wenn Garten, dann Garten; oder: Wenn Frau, dann Frau; oder: Wenn Angriffsfußball, dann Angriffsfußball; oder: »Wenn System, dann System. Wird so A oder Garten oder Frau oder Angriffsfußball oder System unterschieden, ist mit der jeweiligen Unterscheidung nicht auch schon bekannt, was sonst hätte unterschieden werden können; und doch handelt sich jeweils um Differenzen, um Unterscheidungen von etwas im Unterschied zu etwas anderem. Es geht ja um eine Unterscheidung, die notwendigerweise nur dann eine Unterscheidung ist, wenn es etwas gibt, was mit dieser Unterscheidung nicht unterschieden ist, nämlich die andere Seite der zwei Seiten voneinander trennenden einen Unterscheidung. Wohlgemerkt: Nicht bekannt ist, was die andere Seite denn sein könnte. In diesem Sinne begründet eine bzw. jede Unterscheidung eine Form, eine Zwei-Seiten-Form. Die andere Seite der Form kann hier nicht uno actu als Nicht-A, Nicht-Garten, Nicht-Frau, Nicht-Angriffsfußball oder Nicht-System unterschieden sein, denn das setzte eine eigene Unterscheidung, nämlich des Typs A/Nicht-A usw. voraus. Gleichwohl darf gesagt werden: Die andere Seite von A, von Garten, von Frau, von Angriffsfußball oder von System kann lediglich nicht A, nicht Garten, nicht Frau, nicht Angriffsfußball oder nicht System sein. Nicht anders stellt sich unsere Differenz dar, wenn von vornherein unterschieden wird A/Nicht-A usw. Dies ist eine einzige Unterscheidung. Jetzt ist A/Nicht-A die eine Seite einer Unterscheidung mit zwei Seiten. Statt A/Nicht-A ließen sich auch Garten/Park, Frau/Mann, Angriffsfußball/Catenaccio oder System/Umwelt unterscheiden. Nach wie vor ist lediglich die eine Seite und nicht die andere Seite der Form bestimmt. Nach wie vor geht es um Unterscheidungen, die Zwei-Seiten-Formen erzeugen. Die jeweils andere Seite der Form kann hier noch nicht uno actu als Nicht–A/Nicht-A, Nicht–Garten/Park, Nicht–Angriffsfußball/Catenaccio, Nicht–Frau/Mann oder als Nicht–System/Umwelt unterschieden sein, denn das setzte jeweils eine eigene Unterscheidung voraus.

Ein Ende der Unterscheidungsakrobatik ist noch nicht in Sicht. Ist innerhalb jedweder Differenz von der Innenseite ihrer Form her dieselbe Unterscheidung oder dieselbe nur als andere Unterscheidung wiederholbar? Zunächst gilt allgemein: Nur von einem *marked state* aus – oder diesen als unterschieden annehmend – ist ein *marked state* von einem als ununterschieden unterschiedenen *unmarked state* unterscheidbar, nur von A aus A/Nicht-A oder nur von System aus System/Umwelt oder nur von Recht aus Recht/Unrecht. Insoweit kein Problem. Wenn es eine neue Unterscheidung desselben ist, kann es einfach nicht die alte Unterscheidung desselben sein: The same is different. Also: Unterscheidet sich ein System unter Verwendung einer System-Umwelt-Unterscheidung, ist das eine andere Unterscheidung von System als die diese Unterscheidung ermöglichende vorgängige System-Umwelt-Unterscheidung. Hier tritt eine Unterscheidung in sich selbst ein. *Reentry* nennen wir das. Dasselbe wäre in der Tat nicht mehr dasselbe. Was ist aber mit Differenzen wie Frau/Mann, Angriffsfußball/Catenaccio oder Pkw/Lkw? Hier funktioniert der Kalkül des Wiedereintritts einer Form in eine Form offensichtlich nicht störungsfrei. Eigentlich ließe sich problemlos von Frau wie von Mann aus Frau/Mann bzw. Mann/Frau unterscheiden. Aber würde wirklich etwas anderes unterschieden, wenn von Frau aus Mann bzw. von Mann aus Frau aufgrund einer vorgängigen Unterscheidung von Frau/Mann bzw. Mann/Frau unterschieden würde? Gut, das eine Mal kommt Mann, das andere Mal Frau an erster Stelle, als Akzeptanzwert, vor. Mindestens an differenter biogenetischer Geschlechtlichkeit änderte sich nichts. Es könnte um bloße Gattungsunterscheidungen gehen. Diese sind eher leicht auf den Punkt zu bringen. Z. B. hinter der Unterscheidung Frau/Mann die Unterscheidung Geschlecht, hinter Angriffsfußball/Catenaccio Fußball, hinter Pkw/Lkw Kw. Hier sind keine Paradoxien aufzulösen und blinde Flecken nicht zu verdecken. Gattungs- oder hierarchische Unterscheidungen mag man folglich kaum als wiedereintrittsfähige Unterscheidungen unterscheiden. Hier erweisen sich Differenzen als in Einheiten überführbar. Dagegen sind Differenzen wie System/Umwelt, wahr/unwahr oder Recht/Unrecht anders gebaut, als Einheiten von Differenzen zu unterscheiden. Die Formel von der »Einheit einer Differenz« besagt lediglich, dass Einheit/Differenz als Einheit eine Differenz ist. Sie besagt nicht, dass Differenz ihr aufhebendes Gegenstück in Einheit hat. Die Unterscheidung und Bezeichnung »Einheit einer Differenz« ist ein Form- und kein Substanz- oder Wesensbegriff, eben nur Bezeichnung für eine Differenz, bei der die Differenz trotz Bezeichnung als Einheit das bleibt, was sie ist.

Ein Ende der Unterscheidungsakrobatik ist immer noch nicht in Sicht. Jede Unterscheidung, die als Unterscheidung wiederholt wird, ist dieselbe und doch nicht dieselbe, ganz ohne Zweifel nur bei wiedereintrittsfähigen Unterscheidungen nicht gattungsmäßigen Musters. Wie sieht das bei Seitenwechseln aus? Im Grundsatz gilt ja für jede Differenz, jede Zwei-Seiten-Form, die Möglichkeit des Seitenwechsels, des *crossing* oder Kreuzens einer Grenze. Führt ein Seitenwechsel zu neuen Unterscheidungen, oder ist er lediglich als ein Hin-und-her-Springen zwischen den unterschiedenen Seiten von Unterscheidungen zu beobachten? Der auf ein leeres Blatt Papier gezeichnete Kreis trennt den Kreis, den *marked state*, von dem, was außerhalb seiner Grenze liegt, dem *unmarked state*. Der Schritt in einen *unmarked state* ergibt nur Sinn, wenn dort eine neue Unterscheidung erfolgt, z. B. eine gerade Linie gezogen wird. Entstanden ist eine neue Differenz, *marked state/unmarked state*. Der Seitenwechsel führt zu einer neuen Unterscheidung *marked state/unmarked state*. Oder: Gegeben sei eine System-Umwelt-Unterscheidung, mit Umwelt als Leerkorrelat zu System. Es werde auf die Seite von Umwelt gewechselt und dort unterschieden sinnhafte/nicht sinnhafte Umwelt. Ergebnis ist eine neue System-Umwelt-Unterscheidung. Oder: Man wechsle auf die Seite Unrecht der Recht-Unrecht-Unterscheidung, greife dort rechtens als Unrecht Bestimmtes auf und unterscheide dies als nunmehr kraft Recht rechtens. Der Wechsel in den *unmarked state* oder in die Umwelt oder auf die andere Seite einer Unterscheidung ist ein Wechsel in ein als Niemandsland unterschiedenes Land, dessen Beobachtung zu neuen Entdeckungen von Land führt. Unschuldig kommt man jedenfalls vom Ausflug in ein dann nicht mehr fremdes Land nicht mehr zum ursprünglich allein vertrauten Boden des heimatlichen Ausgangslandes zurück. Vielleicht auch dann nicht, wenn man von Mann aus irgendwie auf die Seite Frau wechselt. Lassen wir das so stehen.

Bleibt noch das Problem von Anfang und Ende. Ist wirklich immer schon etwas unterschieden, wenn unterschieden wird? Na klar, denn wie sollte sonst unterschieden werden: Mann, Frau, Angriffsfußball usw.! Ohne Erstunterscheidung oder ohne Anfang geht nichts, und eine erste Unterscheidung oder ein Anfang ist nur möglich, wenn es zuvor schon eine erste Unterscheidung gegeben hat, ein Anfang schon angefangen oder am Anfang eine Differenz gestanden hat. Das Wort muss da sein, weil sich ohne Wort nicht sagen ließe: »Am Anfang war das Wort.« An Differenzen kommt man nicht vorbei, ohne dass man alles auf einer letzten Differenz sicher aufruhen lassen könnte. Auch nicht Gott, muss er doch unterschieden sein, und sei es durch sich selbst. Wie der Anfang, so das Ende. Ein anfangsloser Anfang ist und bleibt eine Differenz. Ein Ende des anfangslosen Anfangs ist nicht in Sicht, geht es doch auch dabei um eine Differenz. Es müsste ein endloses Ende sein. Statt Angriffsfußball oder Catenaccio kontrollierte Offensive oder Viererkette mit Mittelfeldraute. Gott ist ohnehin als ewig unterschieden. Differenzen haben keinen anderen Ursprung als sich selbst und enden in sich selbst, sind anfangs- und endlos. Die Unterscheidung eines unverletzten oder unmarkierten Raumes oder einer ununterscheidbaren Welt hinter einer unterschiedenen Welt könnte unsicher machen. Ist doch die Rede von unmarkiert, unverletzt oder ununterschieden. Dabei handelt es sich um nichts weiter als um Unterscheidungen. Folglich gehen stets Unterscheidungen Unterscheidungen voraus. Allemal geht es um die Formung von Formen durch Formen. Oder: Am Anfang und am Ende ist die sich selbst implizierende Differenz. Vor oder hinter der Differenz ist nichts zu finden, was nicht wieder Differenz wäre. Das hat doch etwas.

Literaturhinweise

Dekonstruktion als Beobachtung zweiter Ordnung. In: Aufsätze und Reden. (Hrsg. v. O. Jahraus.) Stuttgart (Reclam), 1993, Nachdr. 2004, S. 263–296.

»Distinctions directrices«. In: Soziologische Aufklärung 4. Beiträge zur funktionalen Differenzierung der Gesellschaft Wiesbaden (Verlag für Sozialwissenschaften), 1986, 3. Aufl. 2004, S. 13–31.

Einführung in die Systemtheorie. (Hrsg. v. D. Baecker.) Heidelberg (Carl-Auer), 2002, 3. Aufl. 2006, S. 66–81.

Das Erkenntnisprogramm des Konstruktivismus und die unbekannt bleibende Realität. In: Soziologische Aufklärung 5. Konstruktivistische Perspektiven. Wiesbaden (Verlag für Sozialwissenschaften), 1990, 3. Aufl. 2004, S. 31–58.

Europäische Rationalität. In: Beobachtungen der Moderne. Wiesbaden (Verlag für Sozialwissenschaften), 1992, 2. Aufl. 2006, S. 51–91.

Die Gesellschaft der Gesellschaft. 2 Bände. Frankfurt a. M. (Suhrkamp), 1997, 6. Aufl. 2006, S. 171–189.

Die Gorgonen und die Musen. Zur Dekonstruktion einer Unterscheidung. In: W. R. Dombrowsky u. U. Pasero (Hrsg.): Wissenschaft, Literatur, Katastrophe. Festschrift zum sechzigsten Geburtstag von Lars Clausen. Opladen (Westdeutscher Verlag), 1995, S. 219–224.

Identität – Was oder wie? In: Soziologische Aufklärung 5. Konstruktivistische Perspektiven. Wiesbaden (Verlag für Sozialwissenschaften), 1990, 3. Aufl. 2004, S. 7–30.

Observing Re-entries. *Protosoziologie* 1994, (6): 4–13.

»Und die Moral von der Geschicht?«

Ohne Begriffe geht nichts. Nicht einmal nichts. Viele vertraute Begriffe sind uns bisher begegnet. Etwa Aufklärung, Mensch, Sinn, Kommunikation, Handeln, Geld, Beobachtung u. v. a. m. Was soll an ihrer üblichen Verwendung hindern? Aufklärung ist eben Aufklärung. Sinn ist das, was Sinn hat. Kommunikation ist, wenn wir miteinander reden, wenn Informationen ausgetauscht werden. Beobachten heißt sehen, was passiert. Usw. Doch unversehens erscheint das Vertraute in merkwürdig unvertrauter Form. Aufklärung als Abklärung von Aufklärung. Das geht noch. Aber: Sinn als ein formbares Medium? Kommunikation als Vorgang des Verstehens als Nichtverstehens? Beobachtung als Erzeugung von Wirklichkeiten, die es ohne den Akt des Beobachtens nicht gäbe? Realität als bloße Fiktion? Und dann sind die Begriffe auch noch dichtmaschig vernetzt. Nehmen wir z. B. Sinn. Sinn als Medium, als Form, als formbares Medium, als formbare Form, als differenzlose Einheit der Differenz von Aktualität und Possibilität, als Medium der Beobachtung, als Medium der Operationen psychischer und sozialer Systeme, als Medium des Denkens und der Kommunikation. Usw. Eine kaum übersehbare Vielfalt umgeformter Begriffe, viele Verknüpfungen solcher Begriffe zu neuen begrifflichen Formen: sinnunterscheidende und sinnverwendende Sinnbildungen. Ein heroischer Anspruch auf Theorie scheint durch, auf universelle Theorie, mindestens eine universelle Theorie des Sozialen, fähig, alle anderen Theorien und sich selbst zu beobachten. Selbstredend wieder in Form von einander stützenden, ihrer Vertrautheit entkleideten Begrifflichkeiten wie Theorie autopoietischer Systeme, Trinität von Evolutionstheorie/Kommunikationstheorie/Differenzierungstheorie, Beobachtungstheorie, Theorie des operativen Konstruktivismus als bloßer selbstbezüglicher Vollzug systemischer Unterscheidungen. Und so etwas versteht sich gar noch als empirisch und historisch zugeschnitten. Da soll noch einer durchsteigen. Man kann nur den Kopf schütteln.

Nun gut. Zum Denkgeschäft, zum wissenschaftlichen Denkgeschäft zumal, gehört ein wenig begriffliche Anstrengung. Am besten geht das, wenn man an eingeführte, bewährte begriffliche Anstrengungen anknüpft, diesen gebührliche Reverenz erweist. Spuren muss man nachspuren können. Seit der Antike besteht kein Mangel an Fährtenlegern. Dann kann es nicht angehen, eingeführte, hochbedeutungsschwangere Begriffe (Begriffe!), diese philosophisch hochwichtige, ja bisweilen wie heilig traktierte Erfindung, einfach zu klauen und locker-flockig bis zur Unkenntlichkeit zu entstellen, sie für systemtheoretische Sandkastenspiele zu missbrauchen. Wie kann man nur im Garten der Denklüste beliebig herumwildern, mal hier naschen, mal dort. Das Denken ist doch kein Paradies. Also: Wenn Luhmann etwas Altes sagt, dann sagt er nichts Neues. Dann lieber die Originalfassung. Wenn Luhmann glaubt, etwas Neues zu sagen, dann geht das nicht, weil das Neue im Alten nicht vorgesehen ist. Den langen Schatten des geistigen Erbes entfliehen wollen? Na ja. Aber bitte den Fluchtweg wählen, den die Gefängniswärter für den sichersten halten. Sonst könnte die Flucht womöglich noch gelingen. Als ob's den Baum der Erkenntnis nicht gegeben hätte.

Soll man, gutwillig, wie man trotz allem nun mal ist, und ein wenig kindliche Neugier hat man sich auch noch bewahrt, dem neuen Alten auf der Spur bleiben, obwohl es unterwegs laufend Spurwechsel gibt – ins Reich der Mathematik, der Kybernetik, der Biologie, des Konstruktivismus –, dort fremde Fracht verfremdet aufnehmend? Mit Entgleisungen wäre zu rechnen. Also schnellstmöglich zurück auf die Gleise. Nun, ein paar vorübergehende Richtungswechsel dürfen schon sein, vielleicht auch Loopings. Aber bitte keine nicht enden wollenden Achterbahnfahrten, fahrplanmäßig nicht vorgesehene Stopps an Provinzbahnhöfen, genussvolle Zwischenaufenthalte an den Ufern der Ironie, des Humors, im Sackbahnhof des Teufels. Das riecht zu sehr nach fröhlicher Wissenschaft. Bierernstes Denken ist angesagt, mit Anspruch auf staunensbewehrten Nachvollzug all dessen, was immer schon gedacht, auf den Begriff gebracht wurde, wenngleich die eine oder andere Schraube neu zu justieren war. Gewiss lässt auch die Katze Luhmann das Mausen nicht. Besser: Hier sieht sich jemand ausdrücklich als Ratte in einem Käfig, die andere Käfigratten beobachtet, aus einer besonders gesicherten Ecke heraus.

Warum nicht in diesem Sinne mal in eine andere Welt eintauchen, so tun, als ob das möglich wäre? Warum nicht mal versuchen, die ärgerlichen Fesseln der Vergangenheit abzustreifen, so fest sie auch sein mögen? Was schert mich das und mein Geschwätz von gestern! Unschuldig ist derlei nicht zu haben; zu lang sind die Schatten der bisher für möglich gehaltenen Möglichkeiten. Unschuldig kommt man aus der anderen Welt vermeintlich neuer Möglichkeiten auch nicht wieder zurück in die alte Welt. Sei es nur, weil man jetzt die für möglich gehaltenen Möglichkeiten als mögliche erkannt hat, erkannt zu haben vermeint. Was also sieht die Ratte aus der besonders gesicherten Ecke heraus, was andere Ratten nicht sehen? Ganz einfach, dass andere Ratten nur das sehen, was sie sehen, nicht aber das, was sie nicht sehen. Das aber sieht sie. Das lässt die Eckratte freilich auch für sich gelten. Genau das ist neu. So wird schlicht und einfach Erhebliches in die Welt gesetzt. Oder hat etwa Aristoteles (oder Kant oder Hegel oder Marx oder Habermas) gesagt, dass die Welt, die er sieht, so ist, wie sie ist, weil – nur weil! – er sie so sieht? Mitnichten! Das ist der Unterschied, der einen Unterschied macht.

Derlei Erhebliches befreit nicht davon, zu belegen oder nur plausibel zu illustrieren, welche Welt des Erlebens und Handelns zum Vorschein kommt, wie im Unvertrauten wieder Vertrautheit möglich wird. Zuerst und vor allem mag ein abgeklärt aufgeklärter Blick auf die Welt wie selbstverständlich ermöglicht werden. Man kann sich, entspannt sich zurücklehnend, mit der Unbeobachtbarkeit der Welt anfreunden und diese ebendeshalb umso trefflicher beobachten. Der Urknall ist nur eine Annahme, geboren aus dem Wunsch, der Welt einen Anfang zu geben, ihre Entstehung erklären zu wollen. Als ob die Welt einen Anfang hätte! Oder: Nach der Kritischen Theorie ist die Welt nur deshalb schlecht und unbedingt zum Besseren zu wenden, weil sie als schlecht beobachtet wird. Sonst nichts. Oder: Armut gibt es nur, weil die Unterschiedlichkeit von Lebensbedingungen mit ebendieser Unterscheidung unterschieden wird. »Wenn ich so ein ketzerisches Zeugs abends in meiner WG erzähle«, so ein durchaus nicht völlig abgeneigter Student in einem meiner Luhmann-Seminare, »dann kommt sofort die Reaktion, das sei ja schön und gut, doch was ändere das, was habe man praktisch davon?« Mein Hinweis darauf, dass der Ausgangspunkt selbst schon mal recht praktisch sei, vermochte nicht so richtig zu überzeugen. Ich versuchte es daher aus diesem Anlass oder anlässlich vergleichbarer Situationen erst einmal mit einem Standardbeispiel zum Verstehen. »Hat Ihr Partner nicht schon mal zu Ihnen gesagt, er verstehe Sie nicht? Nunmehr können Sie verstehen, dass Ihr Partner Sie und Sie ihn nicht wirklich verstehen können. Sie müssen Verstehen als Nichtverstehen verstehen, und verstehen dann umso besser, sind in der Lage, verständiger miteinander umzugehen.« Anschließende Anregungen: »Erziehung, Schulen,

Gefängnisse und Therapeuten vermögen den Menschen nicht zu ändern; der kann sich nur selbst ändern.« Oder: »Nehmen Sie ein mittelständisches Unternehmen. Wer beherrscht hier eigentlich wen? Der Unternehmer die Mitarbeiter oder die Mitarbeiter ihren Unternehmer?« Oder: »Gerhard Schröder versprach einst, die Arbeitslosigkeit zu senken, gar zu halbieren. Dabei ist es Sache der Wirtschaft und nicht der Politik, Arbeitskräfte einzustellen oder nicht, so sich das im Medium des Geldes rechnet.« Oder: »Die Globalisierung verschärft die Kluft zwischen arm und reich. Und wenn es ohne Globalisierung noch schlimmer wäre!?«

Was also ist zu tun, was ist vorzuschlagen? Zunächst einmal nichts. Es lohnt sich aber, beobachten zu lernen, Beobachter und ihre Beobachtungen zu beobachten. Dann bekommt man viel von dem zu sehen, was gesehen wird und was nicht. Gerade das von anderen und einem selbst nicht Gesehene lässt das Gesehene im Lichte anderer Möglichkeiten erscheinen. Deshalb muss nicht alles anders gesehen werden. Selbstkritische Distanz sollte sich aber einstellen können, nicht handlungsabstinente Dauerreflexion. Im Alltag kommt man ja ohnehin nicht daran vorbei, laufend Verhaltenszumutungen ausgesetzt zu sein, handeln und entscheiden zu müssen. Das ist zweifellos tragisch, kann man doch jetzt wissen, vorab nicht sicher wissen zu können, ob man sich richtig verhält, richtig handelt, richtig entscheidet, ob man richtig denkt. Das freilich mag zu verständigerem Erleben und Handeln veranlassen. Wenn ich mich der Erkenntnistheorie verschrieben habe, werde ich nicht mehr nach »der« Wahrheit suchen. Wenn ich empirische Sozialforschung betreibe, werde ich mich stets als Konstrukteur sehen und über meine Konstruktionen und ihre Tauglichkeit redlich Auskunft geben. Wenn ich von Politikerbeschimpfungen höre, werde ich den erfahrungsgemäß wenig ankommenden Versuch starten, darüber aufzuklären, dass Politiker gar nicht halten können, was sie zu versprechen sich genötigt sehen. Usw. Die Essays dieses Buches bieten da mancherlei Anregungen.

Es geht doch!

Literaturhinweise

Biographie, Attitüden, Zettelkasten. In: P. Gente, H. Paris u. M. Weinmann (Hrsg.): Short Cuts. Frankfurt a. M (Zweitausendeins), 1987, 4. Aufl. 2002, S. 7–40.

Die Gesellschaft der Gesellschaft. 2 Bände. Frankfurt a. M. (Suhrkamp), 1997, 6. Aufl. 2006, S. 1128–1142.

Ich sehe was, was Du nicht siehst. In: Soziologische Aufklärung 5. Konstruktivistische Perspektiven. Wiesbaden (Verlag für Sozialwissenschaften), 1990, 3. Aufl. 2004, S. 228–234.

Kommunikation mit Zettelkästen. Ein Erfahrungsbericht. In: A. Kieserling (Hrsg.): Universität als Milieu. Bielefeld (Haux), 1981, Nachdr. 1992, S. 53–61.

Das Moderne der modernen Gesellschaft. In: Beobachtungen der Moderne. Wiesbaden (Verlag für Sozialwissenschaften), 1991, 2. Aufl. 2006, S. 11–49.

Ökologie des Nichtwissens. In: Beobachtungen der Moderne. Wiesbaden (Verlag für Sozialwissenschaften), 1992, 2. Aufl. 2006, S. 149–220.

Soziologische Aufklärung. In: Soziologische Aufklärung 1. Aufsätze zur Theorie sozialer Systeme. Wiesbaden (Verlag für Sozialwissenschaften), 1967, 7. Aufl. 2004, S. 66–91.

Vorsicht vor zu raschem Verstehen. Niklas Luhmann im Fernsehgespräch mit Alexander Kluge. In: Alexander Kluge u. a. (Hrsg.): Warum haben Sie keinen Fernseher, Herr Luhmann? Berlin (Kadmos), 2004, 2. Aufl. 2005, S. 49–77.

1993, »Was ist der Fall?« und »Was steckt dahinter?« Die zwei Soziologien und die Gesellschaftstheorie. *Zeitschrift für Soziologie* 22 (4): 245–260.

1990, »Zunächst einmal schlage ich gar nichts vor.« Interview mit Niklas Luhmann – Teil II: Über ökologische Kommunikation und Moral. *Zeitschrift für Entwicklungspädagogik* 13 (3): 24–28.

Register

9, 157, 158, 178

Literatur

Im vorliegenden Buch wird auf folgende Literatur aus der Feder von Niklas Luhmann Bezug genommen:

1964

Funktionale Methode und Systemtheorie. In: Soziologische Aufklärung 1. Aufsätze zur Theorie sozialer Systeme. Wiesbaden (Verlag für Sozialwissenschaften), 7. Aufl. 2004, *Siehe* 31–53.

Funktionen und Folgen formaler Organisation. Mit einem Epilog 1994. Berlin (Duncker & Humblot), 5. Aufl. 1999.

1965

Grundrechte als Institution. Ein Beitrag zur politischen Soziologie. Berlin (Duncker & Humblot), 4. Aufl. 1999.

1967

Soziologie als Theorie sozialer Systeme. In: Soziologische Aufklärung 1. Aufsätze zur Theorie sozialer Systeme. Wiesbaden (Verlag für Sozialwissenschaften), 7. Aufl. 2004, *Siehe* 113–136.

Soziologische Aufklärung. In: Soziologische Aufklärung 1. Aufsätze zur Theorie sozialer Systeme. Wiesbaden (Verlag für Sozialwissenschaften), 7. Aufl. 2004, *Siehe* 66–91.

1968

Selbststeuerung der Wissenschaft. In: Soziologische Aufklärung 1. Aufsätze zur Theorie sozialer Systeme. Wiesbaden (Verlag für Sozialwissenschaften), 7. Aufl. 2004, S. 232–252.

Soziologie des politischen Systems. In: Soziologische Aufklärung 1. Aufsätze zur Theorie sozialer Systeme. Wiesbaden (Verlag für Sozialwissenschaften), 7. Aufl. 2004, S. 154–177.

Zweckbegriff und Systemrationalität. Über die Funktion von Zwecken in sozialen Systemen. Tübingen (Mohr Siebeck) [Nachdr. (1999): Frankfurt a. M. (Suhrkamp), 6. Aufl.].

1969

Die Praxis der Theorie. In: Soziologische Aufklärung 1. Aufsätze zur Theorie sozialer Systeme. Wiesbaden (Verlag für Sozialwissenschaften), 7. Aufl. 2004, S. 253–267.

Klassische Theorie der Macht. Kritik ihrer Prämissen. *Zeitschrift für Politik* 16 (2): 149–170.

Komplexität und Demokratie. In: Politische Planung. Aufsätze zur Soziologie von Politik und Verwaltung. Opladen (Westdeutscher Verlag), 4. Aufl. 1994, S. 35–44.

Legitimation durch Verfahren. Darmstadt (Luchterhand) [Neudr. (2001): Frankfurt a. M. (Suhrkamp), 5. Aufl.].

1970

Gesellschaft. In: Soziologische Aufklärung 1. Aufsätze zur Theorie sozialer Systeme. Wiesbaden (Verlag für Sozialwissenschaften), 7. Aufl. 2004, S. 137–153.

Öffentliche Meinung, In: Politische Planung. Aufsätze zur Soziologie von Politik und Verwaltung. Opladen (Westdeutscher Verlag), 4. Aufl. 1994, S. 9–34.

1971

Sinn als Grundbegriff der Soziologie. In: J. Habermas u. N. Luhmann: Theorie der Gesellschaft oder Sozialtechnologie – Was leistet die Systemforschung? Frankfurt a. M. (Suhrkamp), 10. Aufl. 1990, S. 25–100.

Systemtheoretische Argumentationen. Eine Entgegnung auf Jürgen Habermas. In: J. Habermas u. N. Luhmann: Theorie der Gesellschaft oder Sozialtechnologie – Was leistet die Systemforschung? Frankfurt a. M. (Suhrkamp), 10. Aufl. 1990, S. 291–404.

Wirtschaft als soziales System. In: Soziologische Aufklärung 1. Aufsätze zur Theorie sozialer Systeme. Wiesbaden (Verlag für Sozialwissenschaften), 7. Aufl. 2004, S. 204–231.

1972

Einfache Sozialsysteme. In: Soziologische Aufklärung 2. Aufsätze zur Theorie der Gesellschaft. Wiesbaden (Verlag für Sozialwissenschaften), 5. Aufl. 2004, S. 21–38.

Knappheit, Geld und die bürgerliche Gesellschaft. *Jahrbuch für Sozialwissenschaft* 23 (2): 186–210.

Rechtssoziologie. Reinbek b. Hamburg (Rowohlt). [Nachdr. (1987): Opladen (Westdeutscher Verlag), 3. Aufl.].

Religiöse Dogmatik und gesellschaftliche Evolution. In: K.-W. Dahm, N. Luhmann u. D. Stoodt: Religion. System und Sozialisation. Darmstadt u. a. (Luchterhand), S. 15–132.

Systemtheoretische Ansätze zur Analyse von Macht. In: Systemtheorie. Forschung und Information. Bd. 12. Berlin (Duncker & Humblot), S. 473–482.

1973

Politische Verfassungen im Kontext des Gesellschaftssystems. *Der Staat* 12: 1–22 (1. Teil), 165–182 (2. Teil).

Selbst-Thematisierung des Gesellschaftssystems. In: Soziologische Aufklärung 2. Aufsätze zur Theorie der Gesellschaft. Wiesbaden (Verlag für Sozialwissenschaften), 5. Aufl. 2004, S. 72–102.

(1973): Vertrauen. Ein Mechanismus der Reduktion sozialer Komplexität. Stuttgart (Ferdinand Enke), 4. Aufl. 2000.

1974

Einführende Bemerkungen zu einer Theorie symbolisch generalisierter Kommunikationsmedien. In: Soziologische Aufklärung 2. Aufsätze zur Theorie der Gesellschaft. Wiesbaden (Verlag für Sozialwissenschaften), 5. Aufl. 2004, S. 170–192.

Rechtssystem und Rechtsdogmatik. Stuttgart u. a. (Kohlhammer).

1975

Interaktion, Organisation, Gesellschaft. In: Soziologische Aufklärung 2. Aufsätze zur Theorie der Gesellschaft. Wiesbaden (Verlag für Sozialwissenschaften), 5. Aufl. 2004, S. 9–20.

Komplexität. In: Soziologische Aufklärung 2. Aufsätze zur Theorie der Gesellschaft. Wiesbaden (Verlag für Sozialwissenschaften), 5. Aufl. 2004, S. 204–220.

Macht. Stuttgart (Lucius & Lucius), 3. Aufl. 2003.

Veränderungen im System gesellschaftlicher Kommunikation und die Massenmedien. In: Soziologische Aufklärung 3. Soziales System, Gesellschaft, Organisation. Wiesbaden (Verlag für Sozialwissenschaften), 4. Aufl. 2004, S. 309–320.

1976

Allgemeine Theorie organisierter Sozialsysteme. In: Soziologische Aufklärung 2. Aufsätze zur Theorie der Gesellschaft. Wiesbaden (Verlag für Sozialwissenschaften), 5. Aufl. 2004, S. 39–50.

Evolution und Geschichte. In: Soziologische Aufklärung 2. Aufsätze zur Theorie der Gesellschaft. Wiesbaden (Verlag für Sozialwissenschaften), 5. Aufl. 2004, S. 150–169.

Generalized Media and the Problem of Contingency. In: J. J. Loubser et al. (eds.): Explorations in General Theory in the Social Sciences. Essays in Honor of Talcott Parsons. Vol. II. New York et al. (The Free Press et al.), pp. 507–532.

Ist Kunst codierbar? In: Soziologische Aufklärung 3. Soziales System, Gesellschaft, Organisation. Wiesbaden (Verlag für Sozialwissenschaften), 4. Aufl. 2004, S. 245–266.

1977

Funktion der Religion. Frankfurt a. M. (Suhrkamp), 6. Aufl. 2004.

Interpenetration – Zum Verhältnis personaler und sozialer Systeme. In: Soziologische Aufklärung 3. Soziales System, Gesellschaft, Organisa-

tion. Wiesbaden (Verlag für Sozialwissenschaften), 4. Aufl. 2004, S. 151–169.
Probleme eines Parteiprogramms. In: H. Baier (Hrsg.): Freiheit und Sachzwang. Beiträge zu Ehren Helmut Schelskys. Opladen (Westdeutscher Verlag), S. 167–181.
Theoretische und praktische Probleme der anwendungsbezogenen Sozialwissenschaft. In: Soziologische Aufklärung 3. Soziales System, Gesellschaft, Organisation. Wiesbaden (Verlag für Sozialwissenschaften), 4. Aufl. 2004, S. 321–334.

1978

Die Organisationsmittel des Wohlfahrtsstaates und ihre Grenzen. In: H. Geißler (Hrsg.): Verwaltete Bürger – Gesellschaft in Fesseln. Berlin/Wien (Ullstein), S. 235–253.
Erleben und Handeln. In: Soziologische Aufklärung 3. Soziales System, Gesellschaft, Organisation. Wiesbaden (Verlag für Sozialwissenschaften), 4. Aufl. 2004, S. 67–80.
Grundwerte als Zivilreligion. In: Soziologische Aufklärung 3. Soziales System, Gesellschaft, Organisation. Wiesbaden (Verlag für Sozialwissenschaften), 4. Aufl. 2004, S. 293–308.
Handlungstheorie und Systemtheorie. In: Soziologische Aufklärung 3. Soziales System, Gesellschaft, Organisation. Wiesbaden (Verlag für Sozialwissenschaften), 4. Aufl. 2004, S. 50–66.
Organisation und Entscheidung. In: Soziologische Aufklärung 3. Soziales System, Gesellschaft, Organisation. Wiesbaden (Verlag für Sozialwissenschaften), 4. Aufl. 2004, S. 335–389.
Soziologie der Moral. In: N. Luhmann u. H. Pfürtner (Hrsg.): Theorietechnik und Moral. Frankfurt a. M. (Suhrkamp), S. 8–116.

1979

Schematismen der Interaktion. In: Soziologische Aufklärung 3. Soziales System, Gesellschaft, Organisation. Wiesbaden (Verlag für Sozialwissenschaften), 4. Aufl. 2004, S. 81–100.

1980

Frühneuzeitliche Anthropologie. Theorietechnische Lösungen für ein Evolutionsproblem der Gesellschaft. In: Gesellschaftsstruktur und Semantik. Studien zur Wissenssoziologie der modernen Gesellschaft. Bd. 1. Frankfurt a. M. (Suhrkamp), Nachdr. 2004, S. 162–234.
Gesellschaftliche Struktur und semantische Tradition. In: Gesellschaftsstruktur und Semantik. Studien zur Wissenssoziologie der modernen Gesellschaft. Bd. 1. Frankfurt a. M. (Suhrkamp), Nachdr. 2004, S. 9–71.
Temporalstrukturen des Handlungssystems. Zum Zusammenhang von Handlungs- und Systemtheorie. In: Soziologische Aufklärung 3. Sozi-

ales System, Gesellschaft, Organisation. Wiesbaden (Verlag für Sozialwissenschaften), 4. Aufl. 2004, S. 126–150.

1981

Ausdifferenzierung des Rechts. Beiträge zur Rechtssoziologie und Rechtstheorie. Frankfurt a. M. (Suhrkamp), 2. Nachdr. 1999.

Die Ausdifferenzierung von Erkenntnisgewinn: Zur Genese von Wissenschaft. In: N. Stehr u. V. Meja (Hrsg.): Wissenssoziologie. Sonderheft 20 der *Kölner Zeitschrift für Soziologie und Sozialpsychologie*. Opladen (Westdeutscher Verlag), S. 101–139.

Die Unwahrscheinlichkeit der Kommunikation. In: Soziologische Aufklärung 3. Soziales System, Gesellschaft, Organisation. Wiesbaden (Verlag für Sozialwissenschaften), 4. Aufl. 2004, S. 25–34.

Gesellschaftliche Grundlagen der Macht. Steigerung und Verteilung. In: Soziologische Aufklärung 4. Beiträge zur funktionalen Differenzierung der Gesellschaft. Wiesbaden (Verlag für Sozialwissenschaften), 3. Aufl. 2004, S. 117–125.

Kommunikation mit Zettelkästen. Ein Erfahrungsbericht. In: A. Kieserling (Hrsg.): Universität als Milieu. Bielefeld (Haux), Neudr. 1992, S. 53–61.

Machtkreislauf und Recht in Demokratien. In: Soziologische Aufklärung 4. Beiträge zur funktionalen Differenzierung der Gesellschaft. Wiesbaden (Verlag für Sozialwissenschaften), 3. Aufl. 2004, S. 142–151.

Organisationen im Wirtschaftssystem. In: Soziologische Aufklärung 3. Soziales System, Gesellschaft, Organisation. Wiesbaden (Verlag für Sozialwissenschaften), 4. Aufl. 2004, S. 390–414.

Politische Theorie im Wohlfahrtsstaat. München (Olzog), 1981.

Selbstreferenz und Teleologie in gesellschaftstheoretischer Perspektive. In: Gesellschaftsstruktur und Semantik. Studien zur Wissenssoziologie der modernen Gesellschaft. Bd. 2. Frankfurt a. M (Suhrkamp), Nachdr. 2000, S. 9–44.

Wie ist soziale Ordnung möglich? In: Gesellschaftsstruktur und Semantik. Studien zur Wissenssoziologie der modernen Gesellschaft. Bd. 2. Frankfurt a. M. (Suhrkamp) Nachdr. 2000, S. 195–285.

1982

Autopoiesis, Handlung und kommunikative Verständigung. *Zeitschrift für Soziologie* 11 (4): 366–379.

Liebe als Passion. Zur Codierung von Intimität. Frankfurt a. M. (Suhrkamp), 8. Aufl. 2004.

1983

Darum Liebe. Interview mit D. Baecker. In: P. Gente, H. Paris u. M. Weinmann (Hrsg.): Niklas Luhmann. Short Cuts. Frankfurt a. M. (Zweitausendeins), 4. Aufl. 2002, S. 135–149.

Das sind Preise. Ein soziologisch-systemtheoretischer Klärungsversuch. *Soziale Welt* 34 (2): 153–170.

Der Wohlfahrtsstaat zwischen Evolution und Rationalität. In: Soziologische Aufklärung 4. Beiträge zur funktionalen Differenzierung der Gesellschaft. Wiesbaden (Verlag für Sozialwissenschaften), 3. Aufl. 2004, S. 104–116.

1984

Die Differenzierung von Interaktion und Gesellschaft. Probleme der sozialen Solidarität. In: R. Kopp (Hrsg.): Solidarität in der Welt der 80er Jahre. Leistungsgesellschaft und Sozialstaat. Basel/Frankfurt a. M. (Helbing und Lichtenhahn), S. 79–96.

Die Wirtschaft der Gesellschaft als autopoietisches System. *Zeitschrift für Soziologie* 13 (4): 308–327.

Soziale Systeme. Grundriß einer allgemeinen Theorie. Frankfurt a. M. (Suhrkamp), 12. Aufl. 2006.

1985

Die Autopoiesis des Bewußtseins. In: Soziologische Aufklärung 6. Die Soziologie und der Mensch. Wiesbaden (Verlag für Sozialwissenschaften), 2. Aufl. 2004, S. 55–112.

Die Soziologie und der Mensch. In: Soziologische Aufklärung 6. Die Soziologie und der Mensch. Wiesbaden (Verlag für Sozialwissenschaften), 2. Aufl. 2004, S. 265–274.

Zum Begriff der sozialen Klasse. In: N. Luhmann (Hrsg.): Soziale Differenzierung. Zur Geschichte einer Idee. Opladen (Westdeutscher Verlag), S. 119–162.

1986

Codierung und Programmierung. Bildung und Selektion im Erziehungssystem. In: Soziologische Aufklärung 4. Beiträge zur funktionalen Differenzierung der Gesellschaft. Wiesbaden (Verlag für Sozialwissenschaften), 3. Aufl. 2004, S. 182–201.

Die soziologische Beobachtung des Rechts. Frankfurt a. M. (Alfred Metzner).

»Distinctions directrices«. In: Soziologische Aufklärung 4. Beiträge zur funktionalen Differenzierung der Gesellschaft Wiesbaden (Verlag für Sozialwissenschaften), 3. Aufl. 2004, S. 13–31.

Intersubjektivität oder Kommunikation: Unterschiedliche Ausgangspunkte soziologischer Theoriebildung. In: Soziologische Aufklärung 6. Die Soziologie und der Mensch. Wiesbaden (Verlag für Sozialwissenschaften), 2. Aufl. 2004, S. 169–188.

Kapital und Arbeit. Probleme einer Unterscheidung. In: J. Berger (Hrsg.): Die Moderne – Kontinuitäten und Zäsuren. Sonderband 4 der Zeitschrift *Soziale Welt*. Göttingen (Otto Schwartz), S. 57–78.

Ökologische Kommunikation. Kann die moderne Gesellschaft sich auf ökologische Gefährdungen einstellen? Wiesbaden (Verlag für Sozialwissenschaften), 4. Aufl. 2004.

Systeme verstehen Systeme. In: N. Luhmann u. K. E. Schorr: Zwischen Intransparenz und Verstehen. Fragen an die Pädagogik. Frankfurt a. M. (Suhrkamp), S. 72–117.

1987

Autopoiesis als soziologischer Begriff. In: Aufsätze und Reden. (Hrsg. v. O. Jahraus.) Stuttgart (Reclam), Nachdr. 2004, S. 137–158.

Biographie, Attitüden, Zettelkasten. In: P. Gente, H. Paris u. M. Weinmann (Hrsg.): Short Cuts. Frankfurt a.M (Zweitausendeins), 4. Aufl. 2002, S. 7–40.

Die Unterscheidung Gottes. In: Soziologische Aufklärung 4. Beiträge zur funktionalen Differenzierung der Gesellschaft. Wiesbaden (Verlag für Sozialwissenschaften), 3. Aufl. 2004, S. 236–253.

Sprache und Kommunikationsmedien. Ein schieflaufender Vergleich. *Zeitschrift für Soziologie* 16 (6): 467–468.

Tautologie und Paradoxie in den Selbstbeschreibungen der modernen Gesellschaft. In: Protest. Systemtheorie und soziale Bewegungen. Hrsg. v. K.-U. Hellmann.) Frankfurt a. M. (Suhrkamp), 2. Aufl. 1997, S. 79–106.

The Evolutionary Differentiation Between Society and Interaction. In: J. C. Alexander, B. Giesen, R. Münch a. N. J. Smelser (eds.): The Micro-Macro Link. Berkeley/Los Angeles/London (University of California), pp. 112–131.

Was ist Kommunikation? In: Soziologische Aufklärung 6. Die Soziologie und der Mensch. Wiesbaden (Verlag für Sozialwissenschaften), 2. Aufl. 2004, S. 4–16.

Paradigmawechsel in der Systemtheorie. Ein Paradigma für Fortschritt? In: R. Herzog u. R. Koselleck (Hrsg.): Epochenschwelle und Epochenbewußtsein. Poetik und Hermeneutik XII. München (Fink), S. 305–322.

1988

Die Wirtschaft der Gesellschaft. Frankfurt a. M. (Suhrkamp), 4. Aufl. 2002.

Erkenntnis als Konstruktion. In: Aufsätze und Reden. (Hrsg. v. O. Jahraus.) Stuttgart (Reclam), Nachdr. 2004, S. 218–242.

Frauen, Männer und George Spencer Brown. In: Protest. Systemtheorie und soziale Bewegungen. (Hrsg. v. K.-U. Hellmann.) Frankfurt a. M. (Suhrkamp), 2. Aufl. 1997, S. 107–155.

Neuere Entwicklungen in der Systemtheorie. *Merkur* 42 (4): 292–300.

Paradigm Lost: Die ethische Reflexion der Moral. (Festvortrag anläßlich der Verleihung des Hegel-Preises der Landeshauptstadt Stuttgart am 23. November 1988 im Neuen Schloß Stuttgart.) Stuttgart (Ferdinand Enke).

Sozialsystem Familie. In: Soziologische Aufklärung 5. Konstruktivistische Perspektiven. Wiesbaden (Verlag für Sozialwissenschaften), 3. Aufl. 2004, S. 196–217.

Sthenographie. In: N. Luhmann, U. Maturana, M. Redder u. F. Varela: Beobachter. Konvergenzen der Erkenntnistheorien? München (Fink), 3. Aufl. 2003, S. 119–137.

Therapeutische Systeme – Fragen an Niklas Luhmann. In: F. B. Simon (Hrsg.): Lebende Systeme. Wirklichkeitskonstruktionen in der systemischen Therapie. Berlin/Heidelberg/New York u. a. (Springer), S. 124–138.

Wie ist Bewußtsein an Kommunikation beteiligt? In: Soziologische Aufklärung 6. Die Soziologie und der Mensch. Wiesbaden (Verlag für Sozialwissenschaften), 2. Aufl. 2004, S. 37–54.

1989

Die Ausdifferenzierung der Religion. In: Gesellschaftsstruktur und Semantik. Studien zur Wissenssoziologie der modernen Gesellschaft. Bd. 3. Frankfurt a. M. (Suhrkamp), 2. Nachdr. 2004, S. 259–357.

Ethik als Reflexionstheorie der Moral. In: Gesellschaftsstruktur und Semantik. Studien zur Wissenssoziologie der modernen Gesellschaft. Bd. 3. Frankfurt a. M. (Suhrkamp), 2. Nachdr. 2004, S. 358–447.

Individuum, Individualität, Individualismus. In: Gesellschaftsstruktur und Semantik. Studien zur Wissenssoziologie der modernen Gesellschaft. Bd. 3. Frankfurt a. M. (Suhrkamp), 2. Nachdr. 2004, S. 149–258.

Kommunikationssperren in der Unternehmensberatung. in: N. Luhmann u. P. Fuchs: Reden und Schweigen. Frankfurt a. M. (Suhrkamp), 4. Aufl. 2001, S. 209–227.

Politische Steuerung. Ein Diskussionsbeitrag. *Politische Vierteljahresschrift* 30 (1): 4–9.

Staat und Staatsraison im Übergang von traditionaler Herrschaft zu moderner Politik. In: Gesellschaftsstruktur und Semantik. Studien zur Wissenssoziologie der modernen Gesellschaft. Bd. 3. Frankfurt a. M. (Suhrkamp), 2. Nachdr. 2004, S. 65–148.

Wahrnehmung und Kommunikation sexueller Interessen. In: Soziologische Aufklärung 6. Die Soziologie und der Mensch. Wiesbaden (Verlag für Sozialwissenschaften), 2. Aufl. 2004, S. 189–203.

1990

Das Erkenntnisprogramm des Konstruktivismus und die unbekannt bleibende Realität. In: Soziologische Aufklärung 5. Konstruktivistische Perspektiven. Wiesbaden (Verlag für Sozialwissenschaften), 3. Aufl. 2004, S. 31–58.

Die Weisung Gottes als Form der Freiheit. In: Soziologische Aufklärung 5. Konstruktivistische Perspektiven. Wiesbaden (Verlag für Sozialwissenschaften), 3. Aufl. 2004, S. 77–94.
Die Wissenschaft der Gesellschaft. Frankfurt a. M. (Suhrkamp), 4. Aufl. 2002.
Glück und Unglück der Kommunikation in Familien: Zur Genese von Pathologien. In: Soziologische Aufklärung 5. Konstruktivistische Perspektiven. Wiesbaden (Verlag für Sozialwissenschaften), 3. Aufl. 2004, S. 218–227.
Haltlose Komplexität. In: Soziologische Aufklärung 5. Konstruktivistische Perspektiven. Wiesbaden (Verlag für Sozialwissenschaften), 3. Aufl. 2004, S. 59–76.
Ich sehe was, was Du nicht siehst. In: Soziologische Aufklärung 5. Konstruktivistische Perspektiven. Wiesbaden (Verlag für Sozialwissenschaften), 3. Aufl. 2004, S. 228–234.
Identität – was oder wie? In: Soziologische Aufklärung 5. Konstruktivistische Perspektiven. Wiesbaden (Verlag für Sozialwissenschaften), 3. Aufl. 2004, S. 7–30.
Das Kabelkalb. Ein Gespräch über Kunst. In: N. Luhman, F. D. Bunsen u. D. Baecker: Unbeobachtbare Welt. Bielefeld (Haux), S. 51–66.
The Paradox of System Differentiation and the Evolution of Society. In: J. C. Alexander a. P. Colomy (eds.): Differentiation Theory and Social Change. Comparative and Historical Perspectives. New York et al. (Columbia University), pp. 409–440.
Verfassung als evolutionäre Errungenschaft. *Rechtshistorisches Journal* 9: 176–220.
Weltkunst. In: J. Gerhards (Hrsg.): Soziologie der Kunst. Produzenten, Vermittler und Rezipienten. Opladen (Westdeutscher Verlag), Nachdr. 1997, S. 55–102.
»Zunächst einmal schlage ich gar nichts vor.« Interview mit Niklas Luhmann – Teil II: Über ökologische Kommunikation und Moral. *Zeitschrift für Entwicklungspädagogik* 13 (3): 24–28.

1991
Am Ende der kritischen Soziologie. *Zeitschrift für Soziologie* 10 (2): 147–152.
Das Kind als Medium der Erziehung. Frankfurt a. M. (Suhrkamp), Nachdr. 2006.
Das Moderne der modernen Gesellschaft. In: Beobachtungen der Moderne. Wiesbaden (Verlag für Sozialwissenschaften), 2. Aufl. 2006, S. 11–49.
Das Recht der Gesellschaft. Frankfurt a. M. (Suhrkamp), 4. Aufl. 2002.
Die Form »Person«. In: Soziologische Aufklärung 6. Die Soziologie und der Mensch. Wiesbaden (Verlag für Sozialwissenschaften), 2. Aufl. 2004, S. 142–154.

Soziologie des Risikos. Berlin/New York (de Gruyter), Nachdr. 2003.
Sthenographie und Euryalistik. In: H. U. Gumbrecht u. K.L. Pfeiffer (Hrsg.): Paradoxien, Dissonanzen, Zusammenbrüche. Situationen offener Epistemologie. Frankfurt a. M. (Suhrkamp), S. 58–82.

1992
Die Beobachtung der Beobachter im politischen System: Zur Theorie der Öffentlichen Meinung. In: J. Wilke (Hrsg.): Öffentliche Meinung. Theorie, Methoden, Befunde. Beiträge zu Ehren von Elisabeth Noelle-Neumann. Freiburg i. Br./München (Karl Alber), S. 77–86.
Die operative Geschlossenheit psychischer und sozialer Systeme. In: Soziologische Aufklärung 6. Die Soziologie und der Mensch. Wiesbaden (Verlag für Sozialwissenschaften), 2. Aufl. 2004, S. 25–36.
Europäische Rationalität. In: Beobachtungen der Moderne. Wiesbaden (Verlag für Sozialwissenschaften), 2. Aufl. 2006, S. 51–91.
Ökologie des Nichtwissens. In: Beobachtungen der Moderne. Wiesbaden (Verlag für Sozialwissenschaften), 2. Aufl. 2006, S. 149–220.

1993
Das Paradox der Menschenrechte und drei Formen seiner Entfaltung. In: Soziologische Aufklärung 6. Die Soziologie und der Mensch. Wiesbaden (Verlag für Sozialwissenschaften), 2. Aufl. 2004, S. 229–236.
Dekonstruktion als Beobachtung zweiter Ordnung. In: Aufsätze und Reden. (Hrsg. v. O. Jahraus.) Stuttgart (Reclam), Nachdr. 2004, S. 263–296.
Die Paradoxie der Form. In: Aufsätze und Reden. (Hrsg. v. O. Jahraus.) Stuttgart (Reclam), Nachdr. 2004, S. 243–261.
Gibt es in unserer Gesellschaft noch unverzichtbare Normen? Heidelberg (C. F. Müller).
Politische Steuerungsfähigkeit eines Gemeinwesens. In: R. Göhner (Hrsg.): Die Gesellschaft für morgen. München/Zürich (Piper), S. 50–65.
Quod omnes tangit ... Anmerkungen zur Rechtstheorie von Jürgen Habermas. *Rechtshistorisches Journal* 12: 36–56.
»Was ist der Fall?« und »Was steckt dahinter?« Die zwei Soziologien und die Gesellschaftstheorie. *Zeitschrift für Soziologie* 22 (4): 245–260.
Zeichen als Form. In: D. Baecker (Hrsg.): Probleme der Form. Frankfurt a. M. (Suhrkamp), S. 45–69.

1994
Die Ausdifferenzierung des Kunstsystems. Bern (Benteli).
Die Ehrlichkeit der Politiker und die höhere Amoralität der Politik. In: P. Kemper (Hrsg.): Opfer der Macht. Müssen Politiker ehrlich sein? Frankfurt a. M. (Suhrkamp), S. 27–41.

Die Tücke des Subjekts und die Frage nach dem Menschen. In: Soziologische Aufklärung 6. Die Soziologie und der Mensch. Wiesbaden (Verlag für Sozialwissenschaften), 2. Aufl. 2004, S. 155–168.
Evolution – kein Menschenbild. Die Gesellschaft besteht nicht aus Menschen. *Ethik und Unterricht* 5: 14–18.
Inklusion und Exklusion. In: Soziologische Aufklärung 6. Die Soziologie und der Mensch. Wiesbaden (Verlag für Sozialwissenschaften), 2. Aufl. 2004, S. 237–264.
Metamorphosen des Staates. In: Gesellschaftsstruktur und Semantik. Studien zur Wissenssoziologie der modernen Gesellschaft. Bd. 4. Frankfurt a. M. (Suhrkamp), Nachdr. 1999, S. 101–137.
Observing Re-entries. *Protosoziologie* (6): 4–13.

1995
Die Gorgonen und die Musen. Zur Dekonstruktion einer Unterscheidung. In: W. R. Dombrowsky u. U. Pasero (Hrsg.): Wissenschaft, Literatur, Katastrophe. Festschrift zum sechzigsten Geburtstag von Lars Clausen. Opladen (Westdeutscher Verlag), S. 219–224.
Die Kunst der Gesellschaft. Frankfurt a. M. (Suhrkamp), 5. Aufl. 2006.
Die Realität der Massenmedien. Wiesbaden (Verlag für Sozialwissenschaften), 3. Aufl. 2004.
Die Soziologie des Wissens: Probleme ihrer theoretischen Konstruktion. In: Gesellschaftsstruktur und Semantik. Studien zur Wissenssoziologie der modernen Gesellschaft. Bd. 4. Frankfurt a. M. (Suhrkamp), Nachdr. 1999, S. 151–180.
Geschlecht – und Gesellschaft? *Soziologische Revue* 18 (3): 314–319.
Interventionen in die Gesellschaft? Die Gesellschaft kann nur kommunizieren. in: G. de Haan (Hrsg.): Umweltbewußtsein und Massenmedien. Perspektiven ökologischer Kommunikation. Berlin (Akademie), S. 37–45.
Kausalität im Süden. *Soziale Systeme* 1 (1): 7–28.
The Paradoxy of Observing Systems. *Cultural Critique* 31 (Fall): 37–55.
Über Natur. In: Gesellschaftsstruktur und Semantik. Studien zur Wissenssoziologie der modernen Gesellschaft. Bd. 4. Frankfurt a. M. (Suhrkamp), Nachdr. 1999, S. 9–30.

1996
Die neuzeitlichen Wissenschaften und die Phänomenologie. Wien (Picus).
Statistische Depression. Zahlen in den Massenmedien. In: P. Gente, H. Paris u. M. Weinmann (Hrsg.): Niklas Luhmann. Short Cuts. Frankfurt a. M. (Zweitausendeins), 4. Aufl. 2002, S. 107–112.
Zeit und Gedächtnis. *Soziale Systeme* 2 (2): 307–330.

1997

Die Gesellschaft der Gesellschaft. 2 Bände. Frankfurt a. M. (Suhrkamp), 6. Aufl. 2006.

Disziplinierung durch Kontingenz. Zu einer Theorie des politischen Entscheidens. In: S. Hradil (Hrsg.): Differenz und Integration. Die Zukunft moderner Gesellschaften. (Verhandlungen des 28. Kongresses der Deutschen Gesellschaft für Soziologie in Dresden.) Frankfurt/New York (Campus), S. 1074–1087.

Erziehung als Formung des Lebenslaufs. In: D. Lenzen u. N. Luhmann (Hrsg.): Bildung und Weiterbildung im Erziehungssystem. Lebenslauf und Humanontogenese als Medium und Form. Frankfurt a. M. (Suhrkamp), S. 11–29.

Grenzwerte der ökologischen Politik. Eine Form von Risikomanagement. In: P. Hiller, P. Krücken u. G. Krücken (Hrsg.): Risiko und Regulierung. Soziologische Beiträge zu Technikkontrolle und Umweltpolitik. Frankfurt a. M. (Suhrkamp), S. 195–221.

Politik, Demokratie, Moral. In: Konferenz der Deutschen Akademien der Wissenschaften (Hrsg.): Normen, Ethik und Gesellschaft. Mainz (von Zabern), S. 17–39.

1998

Der Staat des politischen Systems – Geschichte und Stellung in der Weltgesellschaft. In: U. Beck (Hrsg.): Perspektiven der Weltgesellschaft. Frankfurt a. M. (Suhrkamp), S. 345–380.

1999

Öffentliche Meinung und Demokratie. In: R. Maresch u. N. Werber (Hrsg.): Kommunikation – Medien – Macht. Frankfurt a. M. (Suhrkamp), 2. Aufl. 2000, S. 19–34.

2000

Die Politik der Gesellschaft. (Hrsg. v. A. Kieserling.) Frankfurt a. M. (Suhrkamp), 3. Aufl. 2006.

Die Religion der Gesellschaft. (Hrsg. v. A. Kieserling.) Frankfurt a. M. (Suhrkamp), 2. Aufl. 2002.

Die Rückgabe des zwölften Kamels: Zum Sinn einer soziologischen Analyse des Rechts. In: G. Teubner (Hrsg.): Die Rückgabe des zwölften Kamels. Niklas Luhmann in der Diskussion über Gerechtigkeit. Sonderausgabe aus der *Zeitschrift für Rechtssoziologie* 21 (1): 3–60, Stuttgart (Lucius & Lucius).

Organisation und Entscheidung. Wiesbaden (Verlag für Sozialwissenschaften), 2. Aufl. 2006.

2002
Das Erziehungssystem der Gesellschaft. (Hrsg. v. D. Lenzen.) Frankfurt a. M. (Suhrkamp), Nachdr. 2003.
Einführung in die Systemtheorie. (Hrsg. v. D. Baecker.) Heidelberg (Carl-Auer), 3. Aufl. 2006, S. 66–81.

2004
Vorsicht vor zu raschem Verstehen. Niklas Luhmann im Fernsehgespräch mit Alexander Kluge. In: Alexander Kluge u. a. (Hrsg.): Warum haben Sie keinen Fernseher, Herr Luhmann? Berlin (Kadmos), 2. Aufl. 2005, S. 49–77.

Über den Autor

Detlef Krause, Prof. Dr. (i. R.), arbeitete zunächst zehn Jahre als Bergmann, bevor er Sozial- und Wirtschaftswissenschaften in Hamburg, Bochum und Marburg studierte. Von 1974 bis zu seiner Emeritierung Professor für Soziologie in Bremen. Schwerpunkte seiner Arbeit: Wirtschaftssoziologie, Systemtheorie, Rational-Choice-Theorie, empirische Sozialforschung und Statistik.